Kohlhammer

Die Autorinnen

Dr. Nicole Schuster ist Fachjournalistin und Apothekerin. Sie widmet sich der Aufklärungsarbeit im Bereich Autismus.

Ute Schuster ist Pädagogin und arbeitete als Integrationshelferin für Kinder mit Autismus.

Nicole Schuster
Ute Schuster

Vielfalt leben – Inklusion von Menschen mit Autismus-Spektrum-Störungen

Mit praktischen Ratschlägen zur Umsetzung in Kita, Schule, Ausbildung, Beruf und Freizeit

Mit Federzeichnungen von Daphne Großmann

2., erweiterte und überarbeitete Auflage

Verlag W. Kohlhammer

Dieses Werk einschließlich aller seiner Teile ist urheberrechtlich geschützt. Jede Verwendung außerhalb der engen Grenzen des Urheberrechts ist ohne Zustimmung des Verlags unzulässig und strafbar. Das gilt insbesondere für Vervielfältigungen, Übersetzungen, Mikroverfilmungen und für die Einspeicherung und Verarbeitung in elektronischen Systemen.

Pharmakologische Daten, d. h. u. a. Angaben von Medikamenten, ihren Dosierungen und Applikationen, verändern sich fortlaufend durch klinische Erfahrung, pharmakologische Forschung und Änderung von Produktionsverfahren. Verlag und Autoren haben große Sorgfalt darauf gelegt, dass alle in diesem Buch gemachten Angaben dem derzeitigen Wissensstand entsprechen. Da jedoch die Medizin als Wissenschaft ständig im Fluss ist, da menschliche Irrtümer und Druckfehler nie völlig auszuschließen sind, können Verlag und Autoren hierfür jedoch keine Gewähr und Haftung übernehmen. Jeder Benutzer ist daher dringend angehalten, die gemachten Angaben, insbesondere in Hinsicht auf Arzneimittelnamen, enthaltene Wirkstoffe, spezifische Anwendungsbereiche und Dosierungen anhand des Medikamentenbeipackzettels und der entsprechenden Fachinformationen zu überprüfen und in eigener Verantwortung im Bereich der Patientenversorgung zu handeln. Aufgrund der Auswahl häufig angewendeter Arzneimittel besteht kein Anspruch auf Vollständigkeit.

Die Wiedergabe von Warenbezeichnungen, Handelsnamen und sonstigen Kennzeichen in diesem Buch berechtigt nicht zu der Annahme, dass diese von jedermann frei benutzt werden dürfen. Vielmehr kann es sich auch dann um eingetragene Warenzeichen oder sonstige geschützte Kennzeichen handeln, wenn sie nicht eigens als solche gekennzeichnet sind.

Es konnten nicht alle Rechtsinhaber von Abbildungen ermittelt werden. Sollte dem Verlag gegenüber der Nachweis der Rechtsinhaberschaft geführt werden, wird das branchenübliche Honorar nachträglich gezahlt.

Dieses Werk enthält Hinweise/Links zu externen Websites Dritter, auf deren Inhalt der Verlag keinen Einfluss hat und die der Haftung der jeweiligen Seitenanbieter oder -betreiber unterliegen. Zum Zeitpunkt der Verlinkung wurden die externen Websites auf mögliche Rechtsverstöße überprüft und dabei keine Rechtsverletzung festgestellt. Ohne konkrete Hinweise auf eine solche Rechtsverletzung ist eine permanente inhaltliche Kontrolle der verlinkten Seiten nicht zumutbar. Sollten jedoch Rechtsverletzungen bekannt werden, werden die betroffenen externen Links soweit möglich unverzüglich entfernt.

2., erweiterte und überarbeitete Auflage 2022

Alle Rechte vorbehalten
© W. Kohlhammer GmbH, Stuttgart
Gesamtherstellung: W. Kohlhammer GmbH, Stuttgart

Print:
ISBN 978-3-17-041150-0

E-Book-Formate:
pdf: ISBN 978-3-17-041151-7
epub: ISBN 978-3-17-041152-4

Inhalt

Geleitwort zur 1. Auflage 11

Vorwort 13

1 Einführung: Autisten und das Inklusionsgesetz 15
   1.1 Vom Syndrom zum Spektrum 15
   1.2 Wo liegen die Beeinträchtigungen? 16
      1.2.1 Blickpunkt soziale Beziehungen 16
      1.2.2 Blickpunkt Kommunikation 17
      1.2.3 Blickpunkt Verhalten 18
      1.2.4 Komorbide Störungen 18
   1.3 Diskussion: Sind alle Autisten »behindert«? 19
   1.4 Inklusionsgesetz 21
      1.4.1 UN-Konvention aus dem Jahre 2006 über die Rechte von Menschen mit Behinderungen 21
      1.4.2 Integration – Inklusion 22
      1.4.3 Menschen mit Autismus und Inklusion 23
      1.4.4 Inklusion im Ausland 24
   1.5 Interview mit Hansjörg Elsler 31

2 Kindergarten 34
   2.1 Karlas Tagebuch 34
   2.2 Kindergarten – wozu ist der gut? 36
      2.2.1 Kindergarten – Geschichtlicher Abriss 36
      2.2.2 Was nützt ein Kindergarten heute? 37
      2.2.3 Was lernt der Nachwuchs im Kindergarten? 37
   2.3 Besondere Formen des Kindergartens 39
   2.4 Kindergarten von innen 39
      2.4.1 Menschen 39
      2.4.2 Räumliche Ausstattung 40
      2.4.3 Zeitliche Struktur 40
   2.5 Kindergarten und Probleme – Herausforderungen für autistische Kinder 41
      2.5.1 Freispiel 41
      2.5.2 Rollenspiel 42
   2.6 Karlas und Karls Wünsche für einen inklusiven Kindergarten 42
   2.7 Übungen für die Praxis 44

		2.7.1	Lernen durch zuhören	44
		2.7.2	Malen, um Gefühle zu äußern	44
		2.7.3	Bilderbücher: Schlauer als gedacht	44
		2.7.4	Musik kann Gefühle lösen	45
	2.8	Was sollten Eltern beachten?		45
	2.9	Ziele für die Inklusion autistischer Kinder		46
	2.10	Inklusion im Kindergarten: Sinnvoll oder nicht?		47
	2.11	Interview mit Andrea Müller: »Der Weg der Fortschritte braucht Zeit und Geduld«		48
	2.12	Links zum Thema		55
3	**Schule**			**56**
	3.1	Karlas Tagebuch		56
	3.2	Schule von außen		58
		3.2.1	Aufbau Schulsystem	58
		3.2.2	Geschichte der Heilpädagogik	60
		3.2.3	Sonder- und Förderschulen	63
	3.3	Schule von innen		65
		3.3.1	Menschen	65
		3.3.2	Räumliche Ausstattung	72
		3.3.3	Zeitliche Struktur	74
		3.3.4	Unterrichtsfächer	76
		3.3.5	Oft ein Widerspruch: Handschrift und Lesbarkeit:	78
	3.4	Herausforderungen für autistische Kinder		79
		3.4.1	Herausforderung unerwartete Änderungen	79
		3.4.2	Herausforderung Klassenkameraden	79
		3.4.3	Herausforderung Pausen	80
		3.4.4	Herausforderung Länge der Schultage	80
	3.5	Karlas Wünsche für eine inklusive Schule		80
	3.6	Schule barrierefrei für Autisten gestalten		82
		3.6.1	Fantasie und Kreativität anwenden	82
		3.6.2	Sich Hilfe holen	83
		3.6.3	So normal wie möglich behandeln	83
		3.6.4	Tipps für Lehrer	83
	3.7	Übungen für die Praxis		87
		3.7.1	Social Training (Sozialtraining)	87
		3.7.2	Rollenspiele	88
		3.7.3	Teamarbeit	89
		3.7.4	Regeln brechen	91
		3.7.5	Das Autistische in jedem von uns	92
	3.8	Was sollten Eltern bei der Schulwahl beachten?		92
	3.9	Der stille Helfer: Die Schulbegleitung		94
		3.9.1	Ein Tag im Leben einer Schulbegleitung	95
	3.10	Ziele für die Inklusion autistischer Kinder		97
	3.11	Inklusion in der Schule: Sinnvoll oder nicht?		97
	3.12	Links zum Thema		98

4	**Autismus und Studium**	**100**
4.1	Karlas Tagebuch	100
4.2	Universität von außen	101
4.3	Universität von innen	102
	4.3.1 Menschen	102
	4.3.2 Räumliche Struktur	105
	4.3.3 Zeitliche Struktur: Vorlesungen, Seminare und Co.	105
4.4	Studieren oder nicht studieren?	107
	4.4.1 Tipps für die Studienwahl	108
4.5	Herausforderungen für autistische Studierende	110
	4.5.1 Herausforderung Filterschwäche	111
	4.5.2 Herausforderung Begleitung	111
	4.5.3 Herausforderung Teamarbeit	111
	4.5.4 Herausforderung Unplanbarkeit	112
	4.5.5 Herausforderung Verständigung	112
4.6	Nachteilsausgleich	113
	4.6.1 Sonderzulassung zum Studium	113
4.7	Beratungsstellen	115
4.8	Universitäten barrierefrei für Autisten gestalten	116
	4.8.1 Referatsthemen frühzeitig ankündigen	117
	4.8.2 Vorlesungsskripte zur Verfügung stellen	117
	4.8.3 Erlauben der Nutzung von Hilfsmitteln wie Laptops oder Aufzeichnungsgeräten	117
	4.8.4 Praktika durch andere Leistungen ersetzen, auf Exkursionen verzichten	117
	4.8.5 Mehr Pausen	118
	4.8.6 Mehr Zeit bei Prüfungen	118
	4.8.7 Veränderte Prüfbedingungen	118
	4.8.8 Gestaltung von Tafelbildern und Präsentationen	118
	4.8.9 Auf die Akustik achten	119
	4.8.10 Visuelle Hilfsmittel	119
	4.8.11 Sprachschwierigkeiten	119
	4.8.12 Im Gespräch bleiben	119
4.9	Rahmenbedingungen	120
	4.9.1 Studium vorbereiten	120
	4.9.2 Leben als Studentin oder Student	121
	4.9.3 Erste Wohnung oder weiter daheim?	121
	4.9.4 Krankenversicherung	122
	4.9.5 Körperhygiene und Co.	122
	4.9.6 Freundschaften und mehr	124
4.10	Sonderform Fernstudium	125
4.11	Ziele für die Inklusion autistischer Studierender	125
4.12	Inklusion an der Uni: Sinnvoll oder nicht?	126
4.13	Links zum Thema	127

5	**Berufswelt**	129
5.1	Karlas Tagebuch	129
5.2	Arbeitswelt	130
	5.2.1 Beschäftigungsarten	131
	5.2.2 Normaler Arbeitsmarkt versus Behindertenwerkstätten	131
5.3	Berufswelt von innen	132
	5.3.1 Menschen	132
	5.3.2 Räumliche Ausstattung	133
	5.3.3 Zeitliche Struktur	134
5.4	Übergang Schule/Studium – Beruf	135
	5.4.1 Informieren	135
	5.4.2 Entscheiden für einen Beruf	135
	5.4.3 Bewerben	136
	5.4.4 Vorstellungsgespräch	137
5.5	Autismus-typische Bedürfnisse kontra moderne Arbeitswelt	139
5.6	Arbeitswelt barrierefrei für Autisten gestalten	140
	5.6.1 Akzeptanz	140
	5.6.2 Ruhe beim Arbeiten	141
	5.6.3 Klare Aufgaben und Anweisungen	141
	5.6.4 Gründlich einarbeiten	142
	5.6.5 Stressarme Umgebung	142
	5.6.6 Genug Zeit geben	142
	5.6.7 Flexibel sein und Inflexibilität zulassen	143
	5.6.8 Weniger Licht bitte	143
	5.6.9 Nachsicht bei Kommunikationsschwierigkeiten	143
	5.6.10 Mittagspause als kollegenfreie Zone	144
	5.6.11 Geeignete Rahmenbedingungen	145
5.7	Übungen für die Praxis	146
	5.7.1 Tue Gutes und rede darüber	146
	5.7.2 Spreche die Sprache deines Betriebs	147
	5.7.3 Teamwork wagen	147
5.8	Ziele für eine inklusive Arbeitswelt	148
5.9	Projekte und Ansätze	149
5.10	Inklusion in der Arbeitswelt – sinnvoll oder nicht?	150
5.11	»Menschen in die Gesellschaft holen«: Gedanken aus einer Diskussion mit der Autismus-Forschungs-Kooperation in Berlin über Inklusion	151
5.12	Links zum Thema	154
6	**Inklusion auf allen Ebenen**	155
6.1	Karlas Tagebuch	155
6.2	Inklusion in Behörden	157
	6.2.1 Versorgungsamt und Co.	158
	6.2.2 Sozialämter: Kampf um die Schulbegleitung	160
	6.2.3 Bundesagentur für Arbeit	161

		6.2.4 Wünsche und Anregungen für Verbesserungen	161
	6.3	Ärztliche Versorgung	162
	6.4	Freizeit und Vereine	164
	6.5	Präsenz von Autisten in den Medien: Fortschritt oder »Zurschaustellung«?	166
	6.6	Links zum Thema	168
7	**Autismus und Inklusion: Aktueller Stand**		**169**
	7.1	Corona-Pandemie: Auswirkungen der globalen Krise	169
	7.2	Der »autistische Way of Life« als neues Erfolgsmodell?	171
8	**Innovative, experimentelle Ideen für die Praxis**		**173**
	8.1	Selbstversuch: Wie Reize reizen	173
	8.2	Methoden entwickeln und auf Erfolg überprüfen	173
	8.3	Probleme lösen nach dem SOAP-Schema	176

Literaturempfehlungen **178**

Geleitwort zur 1. Auflage

Der Bundesverband autismus Deutschland e. V. engagiert sich seit über vier Jahrzehnten für Menschen mit Autismus. Die Vision einer inklusiven Gesellschaft ist ein wichtiger Teil unserer Arbeit und echte Teilhabe von Menschen mit Autismus unser Ziel.

Durch die Verabschiedung und Ratifizierung der UN-Behindertenrecht-konvention ist der Begriff »Inklusion« nun auch in Deutschland von der abstrakten Ebene der Politik in der Praxis angekommen. Der Weg zu einer inklusiven Gesellschaft ist bereitet. Nun müssen Politik und Praxis darüber verhandeln, wie Inklusion ausgestaltet wird, damit Menschen mit Autismus in Kindergarten, Schule, Ausbildung, etc. in vollem Umfang und tatsächlich »dabei« sein können.

Autismus Deutschland hat sich von Beginn an politisch in der Inklusions-debatte engagiert. Gerade für Menschen mit Autismus, deren Andersartigkeit im Verhalten und in der Wahrnehmung (ihre) gesellschaftliche Teilhabe behindert und damit auch den Besuch der Regelschule oder des Regelkindergartens in Frage stellt, müssen besondere Rahmenbedingungen geschaffen werden, die nicht allein etwa durch bauliche Veränderungen erreicht werden können.

Am Anfang steht die Aufklärung über die Besonderheiten autistischer Menschen und ihre sich daraus ableitenden Bedürfnisse an autismusge-rechten Strukturen in ihrem Lern- und Lebensumfeld. Das Wissen über und das Verständnis der Notwendigkeit, spezifisch zu denken, ist unabdingbar. Am Ende dieses auch immer individuell zu beschreibenden Aufklärungsprozesses kann jedoch auch die Erkenntnis stehen, dass die Gemeinschaft die besonderen Bedürfnisse eines Menschen mit Autismus durch spezifisches Eingehen allein nicht kompensieren kann und gesonderte bzw. »exklusive« Betreuungsformen und -maßnahmen nötig sind, um diesem Menschen (s)ein Mindestmaß an Teilhabe zu ermöglichen.

Bei allem politischen und fachlichen Enthusiasmus über Inklusion darf daher der einzelne Mensch mit seinen Möglichkeiten nicht außer Acht gelassen werden. Er bestimmt die Möglichkeiten von Inklusion. Die Gesellschaft sollte die Bedingungen und das Bewusstsein hierfür schaffen. Gleichzeitig ist aber auch zu jedem Zeitpunkt das Wunsch- und Wahlrecht der Eltern zu berücksichtigen, (gerade) für Kinder und Jugendliche mit erhöhtem Betreuungs- und Förderbedarf, sonderpädagogische Förderung bzw. entsprechende Einrichtungen vorzuhalten.

Das vorliegende Buch »Vielfalt leben« hat in vieler Hinsicht Pioniercharakter, da die Themen »Autismus« und »Inklusion« miteinander verknüpft und bezogen auf Kindergarten, Schule und Berufsleben in dieser thematischen Breite und derart vielschichtig so noch von keiner Autorin/keinem Autor bearbeitet wurden.

Mit diesem Buch leisten die Autorinnen, Nicole und Ute Schuster, wichtige Beiträge zu Aufklärung über Autismus und tragen gleichzeitig zur Bewusstseinsbildung für Inklusion in Kindergarten, Schule und Ausbildung bei. Es ist eine wirklich rundum gelungene und hervorragend strukturierte Sammlung von Fachwissen gepaart mit nachdenklich stimmenden Alltagserfahrungen.

Ein bemerkenswertes Buch, auf das sicher viele Leser bereits gewartet haben werden.

Hamburg, im Mai 2013
Maria Kaminski, Vorsitzende des Bundesverbandes autismus Deutschland e. V.

Vorwort

Mit behinderten Menschen wurde lange ähnlich verfahren, wie in einer griechischen Sage der Riese Prokrustes mit seinen Gästen umgegangen ist. Prokrustes hatte stets alle Reisende willkommen geheißen und in seinem Haus aufgenommen. Er bot ihnen eine Mahlzeit und auch ein Bett zum Schlafen an. Das Problem: Die Menschen, die zu Prokrustes kamen und bei ihm nächtigten, waren nicht alle gleich groß. Bei manchen hingen die Füße über den Bettrand, andere füllten mit ihrer kleinen Größe nur ein Teil des Bettes aus. Prokrustes gefiel das nicht und er griff zu einer grausamen Methode: Bei langgewachsenen Menschen, bei denen Körperteile überstanden, hakte er diese ab. Sehr kleine Personen teilte er in Stücken und verteilte diese so im Bett, dass der Kopf am oberen Ende und die Füße am unteren Ende lagen. Anstelle das Bett passend für den Menschen zu machen, machte er also den Menschen passend für das Bett.

Ähnlich ging die Gesellschaft in den letzten Jahren mit Menschen mit Behinderungen um. Anstelle die Strukturen des sozialen, wirtschaftlichen und schulischen Lebens passend für die Menschen zu machen, sollten Behinderte in Rahmen gezwängt werden, die ihnen eine Teilnahme ermöglichen sollte. Das ist zwar weniger blutig als das Vorgehen des Prokrustes; den Menschen als Individuum achtet aber dieser Zwang zur Anpassung keineswegs.

Heute glaubt man, darüber hinweg zu sein. Überall wird groß von Inklusion gesprochen, also davon, das Umfeld passend für Menschen mit Behinderungen zu machen. Doch was davon ist Realität? Wie weit sind wir wirklich gekommen und was muss noch getan werden? Wie steht es um die Inklusion im Bereich Früherziehung, Bildung, Studium und Ausbildung, Beruf und Freizeit? Wo gibt es noch Barrieren und wie können diese überwunden werden?

Diesen Fragen wird in diesem Buch nachgegangen. Als kurze Hinführung dient in jedem Kapitel eine kleine Erzählung einer Mutter eines Autisten, nennen wir sie Karla. Karla erzählt in Tagebucheinträgen von ihren Gedanken um ihren autistischen Sohn Ben. Sie berichtet von mangelnder Inklusion, von Mut machenden Erlebnissen und den vielen kleinen Kämpfen im Alltag.

Dieses Buch zeigt, was Inklusion ist und wie sie für Menschen mit Autismus-Spektrum-Störungen umgesetzt werden kann. Inklusion ist möglich. Sie muss nur konsequent gewollt werden.

Der Weg, der vor uns liegt, ist noch lang. Es gilt, Ängste und Vorurteile abzubauen. Es gilt, aufzuklären. Das Ziel: Alle Menschen mit Autismus – sofern diese es wollen – in die Gesellschaft aufzunehmen. Sie haben das Recht auf diese Teilhabe.

1 Einführung: Autisten und das Inklusionsgesetz

Um Inklusion für Menschen mit Autismus-Spektrum-Störungen umzusetzen, muss klar sein, wo genau die Einschränkungen dieser Menschen liegen und in welchen Bereichen Änderungen erforderlich sind, um sie in die Gesellschaft zu holen. Im Folgenden sollen Hauptmerkmale des Autismus dargelegt werden.

1.1 Vom Syndrom zum Spektrum

Klassisch wird das autistische Spektrum in verschiedene Untergruppen – das Kanner-Syndrom, das Asperger-Syndrom und den atypischen Autismus – unterteilt. Beim frühkindlichen Autismus (auch Kanner-Autismus) treten erste Auffälligkeiten vor dem ersten Lebensjahr auf. Erstmals beschrieben wurde diese Form 1943 durch den US-amerikanischen Kinderpsychiater Leo Kanner. Betroffene Kinder entwickeln sehr oft keine aktive Sprache oder weisen schwere Sprachstörungen auf. Die Intelligenzentwicklung ist häufig beeinträchtigt. Im Gegensatz dazu ist das Asperger-Syndrom dadurch gekennzeichnet, dass sich die Sprachentwicklung in der Regel normal vollzieht und die Intelligenz durchschnittlich bis überdurchschnittlich ist. Die Bezeichnung dieser Autismusform geht auf den österreichischen Kinderarzt Hans Asperger zurück, der dieses Syndrom 1944 erstmals an Knaben feststellte. Beim atypischen Autismus lässt sich das Störungsbild weder mit dem Kanner- noch mit dem Asperger-Autismus ausreichend beschreiben.

Allen Autismusformen gemein sind Auffälligkeiten in drei Kernbereichen: in der sozialen Interaktion, in der Kommunikation und im Verhalten. Des Weiteren können unspezifische Probleme wie Phobien, Schlaf- und Essstörungen und (Auto-)Aggression vorkommen.

Heute spricht man nicht mehr von einzelnen Autismus-Formen, sondern von einem autistischen Spektrum, da sich viele Patienten nicht klar einer der genannten Untergruppen zuordnen lassen. Autismus als Autismus-Spektrum-Störung ist in den psychiatrischen Klassifikationssystemen DSM-5 und ICD-11 (gültig ab 1. Januar 2022) beschrieben. Wie viele Menschen von einer solchen Störung betroffen sind, ist unklar. Für Deutschland gibt es keine aussagekräftigen Zahlen. Studien aus Ländern wie England und den USA lassen auf bis zu 1 % der Bevölkerung schließen.[1] Aktuell geben die Centers for Disease Control and Prevention (CDC, englisch für ›Zentren für Krankheitskontrolle und -prävention‹) in den USA bei Kindern sogar eine noch höhere Prävalenz an. Die Behörde stützt sich auf Untersuchungen aus 2016 und leitet daraus eine Häufigkeit bei Kindern im Alter von 8 Jahren mit 18,5 pro 1.000 ab, was also bedeutet, dass eins von 54 Kindern betroffen ist. Dabei haben Jungen 4,3 Mal so häufig eine Autismus-Spektrum-Störung wie Mädchen.[2]

Unklar ist bis heute auch, wodurch Autismus genau ausgelöst wird. Als Ursachen werden unter anderem genetische Veränderungen und Veränderungen im Gehirn diskutiert.

1.2 Wo liegen die Beeinträchtigungen?

1.2.1 Blickpunkt soziale Beziehungen

Im Bereich der sozialen Interaktion sind bei vielen Menschen mit Autismus-Spektrum-Störungen die stärksten Einschränkungen festzustellen. Eines der Kernprobleme vieler Autisten liegt darin, dass sie die Gefühle anderer Menschen nicht verstehen und sich nicht in diese hineinversetzen können. Infolgedessen können sie nicht angemessen auf die Emotionen ihrer Mitmenschen reagieren. Sie wissen nicht, wann und wie sie jemanden trösten sollen, wie man Freude teilt oder wie sich Angst äußert. Auf den ersten Blick betrachtet mögen Menschen mit Autismus-Spektrum-Störungen daher als kalt, gefühllos und gleichgültig gegenüber anderen erscheinen. Dem muss klar widersprochen werden. Autisten haben Gefühle. Teilweise sogar intensivere als andere Menschen. Ihr Handicap liegt allerdings im Umgang mit Gefühlen.

Bei kleinen Kindern macht sich Autismus oft zunächst dadurch bemerkbar, dass der Nachwuchs kein Interesse an den Eltern zeigt. Kleinkinder kapseln sich bereits deutlich ab und beschäftigen sich am liebsten allein. Für Außenstehende erscheinen sie unerreichbar in ihrer eigenen Welt. Im Kindergarten spielen sie am liebsten alleine. Es gibt kaum Bemühungen, zu Gleichaltrigen Kontakt aufzubauen.

Auch die nur leicht von der Störung betroffenen Asperger-Autisten können gleich beim ersten Eindruck als auffällig erscheinen. Viele von ihnen meiden Blickkontakte oder haben einen antrainierten Blickkontakt, der aufgesetzt und

---

1 Siehe dazu die Angabe »6–7 Betroffene von 1000 Menschen« von Autismus Deutschland e. V.: http://w3.autismus.de/pages/startseite/denkschrift/was-sind-autis tische-stoerungen/haeufigkeit.php (abgerufen am 31. August 2012).
2 Maenner MJ, Shaw KA, Baio J, et al. Prevalence of Autism Spectrum Disorder Among Children Aged 8 Years – Autism and Developmental Disabilities Monitoring Network, 11 Sites, United States, 2016. MMWR Surveill Summ 2020;69(No. SS-4):1–12. DOI: http://dx.doi.org/10.15585/mmwr.ss6904a1.

unnatürlich wirkt. Manche Betroffene starren ihr Gegenüber auch ununterbrochen an, was in der Regel als sehr unangenehm und unangemessen empfunden wird. Doch nicht nur Blickkontakt, auch körperlichen Kontakt wie Händeschütteln, Umarmungen oder Küssen mögen sehr viele Menschen mit Autismus-Spektrum-Störungen nicht. Die Gründe dafür sind unterschiedlich. Oft ist es das Eindringen einer anderen Person in die eigene Schutzzone, das Angst macht und abgelehnt wird. Auch können sensorische Überempfindlichkeiten dem Zulassen von Berührungen entgegenstehen. Umgekehrt haben jedoch gerade manche Kinder mit Autismus die Angewohnheit, auch fremden Menschen sehr nahe zu rücken, oft unangenehm nahe. Widersprüche im Verhalten autistischer Menschen, wie an diesem Beispiel dargestellt, zeigen, wie unterschiedlich geartet der Autismus sein kann. Bei jedem einzelnen Betroffenen ist er anders ausgeprägt. Das erklärt auch, warum Verallgemeinerungen unmöglich sind und allgemeine Regeln und Hinweise für den Umgang mit diesen Menschen kaum gegeben werden können.

1.2.2 Blickpunkt Kommunikation

Zur Kommunikation gehören sowohl die verbale als auch die nonverbale Kommunikation. In beiden Bereichen treten bei Menschen mit Autismus-Spektrum-Störungen Auffälligkeiten auf. Im verbalen Ausdruck unterscheiden sich Personen, die mit ihrer Diagnose an unterschiedlichen Stellen auf dem Autismus-Spektrum anzuordnen sind, sehr deutlich. Schwer betroffene Menschen (früher als Kanner-Autisten bezeichnet) weisen oftmals keine oder nur eine sehr rudimentäre aktive Sprache auf. Viele Asperger-Autisten hingegen verfügen über hervorragende sprachliche Fähigkeiten und können sich sehr gut und grammatikalisch einwandfrei ausdrücken. Bei ihnen liegen die Auffälligkeiten mehr in der Art, wie sie mit Menschen kommunizieren. Manche von ihnen sind unfähig, in einen richtigen Dialog mit anderen zu treten. Sprache hat bei ihnen hauptsächlich den Sinn, Informationen zu vermitteln. Die Funktion der Sprache als Mittel der Kontaktaufnahme und des sozialen Austausches ist ihnen fremd. Weiter sind Auffälligkeiten wie ein ständiges, wenn auch zumeist unbeabsichtigtes Verletzen von Höflichkeitsregeln, eine seltsame Betonung oder Sprachmelodie sowie eine hölzern und gestelzt wirkende Sprache zu nennen.

Auch im Bereich der nonverbalen Kommunikation sind die Unterschiede zu nicht-autistischen Menschen deutlich. Unter nonverbaler Kommunikation versteht man alles, was mit Gesten, Körpersprache, Betonung und Mimik zu tun hat. In der nonverbalen Kommunikation werden viel stärker als in der verbalen Kommunikation Gefühle transportiert. Da Menschen mit Autismus fast immer Probleme im Umgang mit den eigenen Gefühlen und im Erkennen und Deuten der Gefühle von anderen Menschen haben, ist klar, dass auch der Bereich der Körpersprache ihnen Schwierigkeiten bereiten muss. Viele der Betroffenen lächeln wenig und wenn, dann zu eher ungewöhnlichen und als unpassend empfundenen Gelegenheiten. Die Gestik und Mimik ist häufig sehr beschränkt. Die verwendeten Gesten sind oft unverständlich, ebenso das Mienenspiel. Zu beachten ist, dass die Betroffenen Gesten und Mimik von ihrem Umfeld nicht verstehen. Der in unserer Gesellschaft als Zeichen der Wertschätzung und des Interesses interpretierte Blickkontakt fehlt oft völlig.

1.2.3 Blickpunkt Verhalten

Dass das Verhalten von Menschen mit Autismus-Spektrum-Störung anders ist, fällt Außenstehenden sofort auf. Bei schweren Fällen ist der Autismus ganz offensichtlich. Bei Asperger-Autisten sind die Auffälligkeiten subtiler und werden oft mehr erspürt als verstandesmäßig erfasst.

Schon bei kleinen Kindern fällt auf, dass ihr Spiel eher monoton ist und oft aus dem immer gleichen Manipulieren bestimmter Gegenstände wie eines Kreisels besteht. Fantasie- oder Rollenspiele mit anderen finden so gut wie nie statt. Auffällig sind auch die extremen Reaktionen auf Veränderungen. Sei es, dass der Tagesablauf anders als gewohnt abläuft, sich die Sitzordnung am Esstisch geändert hat oder der Lieblingsbecher nicht zum Trinken zur Verfügung steht: Die Kinder können mit schlimmen Wutausbrüchen, Aggressionen oder aber auch mit Angst und Panik darauf reagieren. Spontane Ausflüge oder flexible Planänderungen sind nicht möglich. Die Kinder brauchen feste Anhaltspunkte, gleichbleibende Strukturen, Routinen und Rituale, um sich in einer ihnen als bedrohlich und verwirrend erscheinenden Welt zu Recht zu finden. Für Familien sind damit immense Einschränkungen in ihrer Alltags- und Freizeitgestaltung verbunden.

Bei älteren Autisten äußern sich die Auffälligkeiten im Verhalten in ihrer Unfähigkeit, Handlungen vorausschauend zu planen und umzusetzen, in ihrer geringen Flexibilität, auf Veränderungen zu reagieren sowie der Unfähigkeit, Zusammenhänge zu überblicken und bei Misserfolgen die Strategie zu wechseln.

Schließlich können auch motorische Schwierigkeiten auftreten. Manche Betroffene fühlen sich wie Gefangene im eigenen Körper. Ihre Körperglieder gehorchen ihnen sehr oft nicht, was die Erledigung von Alltagsaufgaben unmöglich macht. Bei Asperger-Autisten kann eine allgemeine Ungeschicklichkeit und mangelnde Beweglichkeit festzustellen sein.

1.2.4 Komorbide Störungen

Menschen mit Autismus-Spektrum-Störung können komorbide Störungen aufweisen, also psychische Erkrankungen, die parallel zu ihrem Autismus auftreten. Es wird diskutiert, ob durch den Autismus bedingt eine besondere Vulnerabilität (d. h. Verletzlichkeit bzw. Anfälligkeit) für diese Störungen auftreten könnte. Bei kleinen Kindern mit Autismus können sich Fütterungsschwierigkeiten bemerkbar machen. Später verweigern sie viele, manchmal (fast) alle Speisen. Auch im Bereich Schlafen gibt es häufig sehr früh Probleme. Selbstverletzungen und Aggressionen gegenüber anderen sind weitere Auffälligkeiten. Auch ein Hang zu bestimmten Ordnungen und eine exzessive Sammelleidenschaft können vorkommen.

Zu den häufig genannten komorbiden Störungen des Autismus gehören unter anderem folgende:

- Aufmerksamkeitsdefizit-/Hyperaktivitätsstörung (ADHS): Ein ADHS kann vorliegen, wenn Betroffene unter starken Konzentrationsproblemen leiden, leicht ablenkbar und impulsiv sind und ein hyperaktives Verhalten an den Tag legen.
- Depressionen: Depressive Störungen sind durch eine anhaltende Niedergeschlagenheit bis hin zum Gefühl der Sinnlosigkeit des eigenen Lebens geprägt.
- Phobien: Unter den Begriff Phobien fallen psychische Störungen, die durch spezifische oder unspezifische Ängste und/oder durch Panikattacken geprägt sind.
- Zwangsstörungen: Die Zwangsstörung ist dadurch gekennzeichnet, dass ein innerer Drang besteht, bestimmte Dinge zu denken oder zu tun und sich die Betroffenen dem nicht widersetzen können.
- Essstörungen: Zu den Essstörungen gehören unter anderem die Magersucht, Bulimie und das Binge-Eating-Symptom. Allen gemeinsam ist die ständige und vorrangige Beschäftigung mit Essen und dem eigenen Körper.
- Schlafstörungen: Schlafstörungen sind durch eine anhaltende Beeinträchtigung des nächtlichen Schlafes geprägt.
- Prosopagnosie (Gesichtsblindheit): Bei Prosopagnosie besteht die Schwierigkeit, Gesichter (wieder) zu erkennen.

Eine Diagnose der eventuell vorliegenden Störung(en) sollte stets durch fachkundige, erfahrene Ärzte und/oder Psychologen vorgenommen werden. In der Praxis kann es vorkommen – vor allem bei schwächeren Formen des Autismus –, dass (zunächst) nur eine der komorbiden Störungen erkannt wird, der Autismus aber nicht festgestellt wird. So kann es sein, dass einige Menschen mit der Diagnose ADHS oder Magersucht tatsächlich (auch) das Asperger-Syndrom haben.

1.3 Diskussion: Sind alle Autisten »behindert«?

Um zu erörtern, ob Autisten immer als »Behinderte« gelten sollten, sollte zuerst einmal überlegt sein, was eine Behinderung überhaupt ist. Kennzeichnend für den Begriff Behinderung ist, dass die Teilnahme einer Person am gesellschaftlichen und wirtschaftlichen Leben durch bestimmte Barrieren erschwert oder unmöglich gemacht wird. Zu unterscheiden sind hier zwei Modelle: Nach dem medizinischen/biologischen Modell liegt eine Be-hinderung dann vor, wenn ein Mensch ein bestehendes Defizit, also eine wie auch immer geartete Beeinträchtigung aufweist, die ihm Nachteile einbringt und seine Lebensqualität reduziert. Die Behinderung liegt hier also in der Person des Einzelnen. Die meisten Autisten haben zwar eine vorliegende Beeinträchtigung. Aber welcher Mensch hat nicht irgendeine Schwäche, die ihn in bestimmter Weise in seinem »Funktionieren« behindert?

Daneben gibt es das soziale Modell von Behinderung. Demnach liegt eine Behinderung dann vor, wenn eine Person mit funktionellen Besonderheiten durch die Strukturen des gesellschaftlichen Lebens behindert wird. Hier liegt die Frage, ob jemand behindert ist oder nicht, also darin, ob geeignete Strukturen existieren, die auf die besonderen Bedürfnisse eines Individuums antworten. Wieder ist der Begriff sehr weit gefasst. Denn nach dieser Definition wäre eine junge Mutter mit Kinderwagen ohne Fahrstuhl genauso behindert wie ein Rollstuhlfahrer.

Bei der Frage, ob Autismus eine Behinderung ist, sollte klar zwischen schweren Formen des Autismus und leichteren Ausprägungen getrennt werden.

Konfrontiert man Asperger-Autisten mit dem Begriff »Behinderung«, so lehnen viele von ihnen diesen für sich ab. Sie bestehen auf ihr Recht, »neurologisch anders« zu sein. Manche sehen sich sogar als eine evolutive Weiterentwicklung der menschlichen Rasse. Die meisten fühlen sich einfach nicht als Behinderte und wollen auch nicht so genannt werden. Manche fassen es so zusammen, dass nicht sie selbst behindert wären, sie aber von der Gesellschaft behindert würden. Sie lehnen also in erster Linie das medizinische/biologische Modell der Behinderung für sich ab. Und tatsächlich ist nicht von der Hand zu weisen, dass Menschen mit Asperger-Autismus, wenn sie denn in ihren geordneten Bahnen ihren Beschäftigungen nachgehen und sie sich nicht mit sozialer Intervention abmühen müssen, sehr gut und quasi ohne Beeinträchtigungen zurechtkommen. Es mag sein, dass ihre Lebensweise dann auf den Außenstehenden etwas ungewöhnlich und unnormal wirkt. Aber wer hat schon das Recht zu bestimmen, was normal ist? Wenn jemand nicht mit den Kollegen in die Mittagspause gehen möchte: Ist er dann gestört oder nur einfach lieber alleine? Wie viel Small Talk muss man können, um nicht als »autistisch« zu gelten? Ist es Ausdruck einer Störung, sich nicht von anderen Menschen abhängig zu machen und den eigenen Weg zu gehen und dabei auch auf Freundschaften zu verzichten? Oder ist es besser und Ausdruck von Nicht-Autist-Sein, 578 »Freunde« bei Facebook zu »adden«? Ist man dann sozialer als ein Autist, der vielleicht einen guten Freund im wahren Leben hat? Was ist normal? Was ist unnormal? In der heutigen Gesellschaft verlaufen die Grenzen fließend. Viele Menschen mit Asperger-Syndrom mögen zwar bestimmte Eigenarten und Marotten haben; das als unbedingt krankhaft oder Ausdruck einer Behinderung bezeichnen zu müssen, ist aber fraglich.

Nützlich kann der Begriff Behinderung aber immer dann auch für Asperger-Autisten sein, wenn sie für ein vorhandenes Defizit eine bestimmte Unterstützung benötigen. Auch wenn viele von ihnen für sich alleine keine Probleme haben, so können doch Probleme auftreten, wenn sie in Gesellschaft sind. Um diesen Schwierigkeiten vorzubeugen und geeignete Interventionen zur Verfügung stellen zu können, kann die Rede von Autismus als Behinderung angebracht sein. Wie ließe es sich sonst rechtfertigen, dass Kinder mit Asperger-Autismus zum Beispiel einen Nachteilausgleich in der Schule bekommen sollen, wenn doch alles völlig in Ordnung ist? Warum sollen sie Hilfe bekommen, das Kind aus der Alkoholikerfamilie aber nicht, das Kind aus einer Immigrantenfamilie nicht und das Kind mit den ständigen Erkältungskrankheiten auch nicht?

Der Begriff »Behinderung« kann eine Schutzfunktion haben. Werden Autisten aufgrund ihres Verhaltens in der Gesellschaft immer wieder auffällig, so kann dem Umfeld mit der Beschreibung des Autismus als Behinderung vermittelt werden, dass diese Menschen eine Berechtigung zum Anderssein haben und nicht etwa »asozial« sind. Auch am Arbeitsplatz kann es Menschen mit Asperger-Syndrom schützen, wenn sie einen Schwerbehinderten-Status oder die Gleichstellung mit Schwerbehinderten haben.

Es gibt aber auch Menschen mit Asperger-Autismus, die problemlos ihren Alltag bewältigen, einem Beruf nachgehen können, keine nennenswerten Schwierigkeiten mit anderen Menschen haben und für ihre Bedürfnisse hinreichend integriert sind. Bei diesen Menschen erscheint trotz der Diagnose »Asperger-Autismus« der Begriff Behinderung als unpassend.

Ganz anders gestaltet sich die Situation bei schwer betroffenen Menschen mit Autismus. Nach der klassischen Klassifikation sind dies Menschen mit dem frühkindlichen Autismus oder dem Kanner-Autismus. Diese Menschen brauchen oft ihr Leben lang Unterstützung selbst bei simplen Alltagstätigkeiten wie dem Zähneputzen. Sie können sich nicht alleine versorgen, nicht pflegen und auch kein Geld verdienen. Einige von ihnen können nicht sprechen und sich nur mit der Hilfe anderer verständigen. Ein eigenständiges Leben ist für diese Menschen ihr Leben lang unmöglich. Hier den Begriff »Behinderung« heranzuziehen, erscheint als berechtigt.

1.4 Inklusionsgesetz

1.4.1 UN-Konvention aus dem Jahre 2006 über die Rechte von Menschen mit Behinderungen

Im Dezember 2006 hat die UNO-Generalversammlung in New York einen völkerrechtlichen Vertrag verabschiedet, indem es um die Rechte von Menschen mit Behinderungen geht. Laut Artikel 3 des Übereinkommens haben Menschen mit Behinderungen das Recht auf »volle und wirksame Teilhabe an der Gesellschaft und Einbeziehung in die Gesellschaft«[3]. Die unterzeichnenden Staaten des Vertrags haben sich verpflichtet, die Unterschiedlichkeit von Menschen mit Behinderungen zu achten und sie als Teil der menschlichen Vielfalt zu akzeptieren.[4]

Dem bisherigen Ziel, Menschen mit Behinderung nur zu integrieren, setzt die UN-Konvention entgegen, dass Behinderten wie allen anderen Menschen die volle Teilnahme am gesellschaftlichen Leben zusteht. Es darf nicht sein, dass Menschen mit Behinderung sich und ihre Bedürfnisse an die gesellschaftliche Norm

---

3 Vgl. Artikel 3, Absatz c der UN-Konvention.
4 Vgl. Artikel 3, Absatz d der UN-Konvention.

anpassen, um dazuzugehören. Stattdessen steht die Gesellschaft in der Pflicht, sich auf die Bedürfnisse von Menschen mit Behinderungen einzustellen. Dies gilt auch für die Einbeziehung von Menschen mit Autismus-Spektrum-Störungen.

Die UN-Konvention stellt klar, dass es keine Norm des gesellschaftlichen Seins gibt. Folgerichtig darf auch niemand wegen seines So-Seins, seiner Andersartigkeit oder Behinderung diskriminiert oder aus dem gesellschaftlichen Leben ausgeschlossen werden. Das gilt auch für den Bereich Bildung. Menschen mit Behinderungen haben laut Artikel 24 (2) der Konvention das Recht auf einen barrierefreien Zugang zum allgemeinen Bildungssystem. Damit sie erfolgreich an den Bildungsangeboten teilnehmen können, muss ihnen die dazu notwendige Unterstützung gewährleistet werden.[5]

Das bedeutet für Deutschland ein Umdenken. Gemäß der UN-Konvention sollen behinderte und nicht-behinderte Kinder die gleiche Schule besuchen und gemeinsam lernen. Sonderschulen werden damit überflüssig. Die Regelschule muss stattdessen Kindern mit Behinderungen, die eine besondere Unterstützung brauchen, diese anbieten. Bei Kindern mit Autismus-Spektrum-Störung kann das bedeuten, dass ihnen eine Schulbegleitung zur Seite gestellt werden muss.

Laut der UN-Konvention kann eine Behinderung in gleicher Weise wie andere Kategorien der menschlichen Vielfalt wie etwa Nationalität, Geschlecht oder soziales Milieu interpretiert werden. Demzufolge ist es nur schlüssig, dass jede Art von Diskriminierung oder Separation von Behinderten abzulehnen sein muss.[6]

1.4.2 Integration – Inklusion

Integration und Inklusion – ist das dasselbe? Gibt es Unterschiede? Und wenn ja, wo liegen diese?

Auch sechs Jahre nach der Verabschiedung der UN-Konvention über die Rechte von Menschen mit Behinderungen gibt es Unsicherheiten bezüglich dieser Begrifflichkeiten.

Bei der Integration sollen Menschen mit Behinderungen in die Gesellschaft eingebunden werden, indem sie an die Bedingungen der Gesellschaft angepasst werden. Im Gegensatz dazu würdigt die Inklusion die individuellen Bedürfnisse

---

5 Siehe hierzu URL: http://www.hf.uni-koeln.de/data/gbd/File/UNKonvention24.pdf.
6 Für weitere Informationen siehe Ahrbeck, Bernd: Der Umgang mit Behinderung, Stuttgart 2011 S. 28–29.

und Besonderheiten eines jeden Menschen. Das Ziel ist, die im gesellschaftlichen und öffentlichen Leben, etwa in der Schule, geltenden Rahmenbedingungen an die Bedürfnisse und Besonderheiten der Menschen anzupassen. Frei nach Goethe würde dies bedeuten, dass auch autistische Menschen überall von sich sagen könnten: »Hier bin ich Mensch, hier darf ich's sein.«[7]

1.4.3 Menschen mit Autismus und Inklusion

Welche Auswirkungen hat das Inkrafttreten der UN-Konvention von 2006 auf die Lebensrealität von Menschen mit Autismus-Spektrum-Störungen?

Zum einen sollen Bemühungen dahin gehen, heilpädagogische Hilfen möglichst frühzeitig beginnen zu können, um die Folgen der Behinderung abzumildern oder sogar zu beseitigen.

Die Inklusion von Kindern mit Autismus muss schon lange vor Eintritt in die Schule oder den Kindergarten einsetzen. Familien mit einem betroffenen Kind erleben praktisch von Geburt des Kindes an eine tägliche Ausgrenzung. Sei es beim Essen in Gesellschaft, auf dem Spielplatz oder beim Einkaufen: Es kommt immer wieder zu Situationen, in denen Eltern wegen ihres autistischen Kindes abschätzenden Blicken, unangebrachten Kommentaren und offener Ablehnung ausgesetzt sind. Inklusion als ein »gelebtes Zusammensein« in einer Gesellschaft, die Verschiedenheit zulässt[8], ist für diese Eltern noch längst keine Realität.

Im Bereich Schule basiert Inklusion auf zwei Hauptpfeilern: Einer fachgerechten Autismustherapie, die die Schülerin oder den Schüler[9] beim Schulbesuch unterstützt, sowie der Möglichkeit einer Schulbegleitung, die das Kind in der Schule begleitet, ihm den Schulbesuch erleichtert und Barrieren abbaut.[10]

Nach der Schule muss Menschen mit Autismus die Möglichkeit offen stehen, auf dem inklusiven Arbeitsmarkt Fuß zu fassen. Dies beginnt bereits mit der beruflichen Bildung. Falls erforderlich, muss eine Einzelbetreuung zur Verfügung gestellt werden, um eine uneingeschränkte Teilhabe am Arbeitsleben zu realisieren.[11]

Die UN-Konvention thematisiert auch die Lebensführung von Menschen mit Behinderung und betont, was eigentlich selbstverständlich sein sollte. Menschen mit Behinderungen haben das Recht, selber zu entscheiden, wo und mit wem sie leben möchten. Dies trifft auch auf Menschen mit Autismus zu, die eine ständige

---

7 Goethe, Johann Wolfgang: Faust I, Vers 940.
8 Siehe dazu: Schatz, Yvette/Schelbach, Silke: Inklusion beginnt. In: Inklusion von Menschen mit Autismus, Karlsruhe 2011.
9 Im Folgenden wird zur erleichterten Lesbarkeit weitgehend nur die männliche Geschlechtsform angegeben. Gemeint sind aber ausdrücklich beide Geschlechter.
10 Siehe dazu: Frese, Christian: Rechtsansprüche von Menschen mit Autismus im Lichte der UN-Behindertenrechtskonvention, in: Inklusion von Menschen mit Autismus, Karlsruhe 2011.
11 Siehe dazu: Schabert, Martina: Die »Werkstatt für Menschen mit Autismus«. In: Inklusion von Menschen mit Autismus, Karlsruhe 2011.

Betreuung benötigen. Auch ihnen muss das Recht auf Wahlfreiheit einer bestimmten Wohnform zugestanden werden.[12]

Noch sind viele der Forderungen der UN-Konvention in der Mitte der Gesellschaft nicht angekommen. In wie weit sie sich überhaupt für alle Menschen mit Autismus-Spektrum-Störungen realisieren lassen, werden die nächsten Jahre zeigen müssen.

1.4.4 Inklusion im Ausland

Deutschland hat bezüglich der Inklusion von behinderten Menschen noch Handlungsbedarf. Ein Beispiel ist die Beschulung von Kindern mit Behinderungen. Seit Frühjahr 2009 hat in Deutschland jedes Kind ungeachtet einer Behinderung, Verhaltensauffälligkeit oder chronischen Krankheit das Recht darauf, am Regelunterricht mit nicht-behinderten Kindern teilzunehmen. Soweit die Theorie. Die Praxis sieht so aus, dass etwa die Hälfte der Kinder mit einer Behinderung noch eine Sonder- oder Förderschule besuchen. So hatten im Schuljahr 2019/2020 an allgemeinbildenden Schulen mehr als 568 000 Kinder einen sonderpädagogischen Förderbedarf. Über 50 % dieser Schülerinnen und Schüler wurde auf speziellen Förderschulen unterrichtet, die übrigen besuchten integrative Schulen.[13] Zu beachten sind große Unterschiede in den einzelnen Bundesländern.

International sind einige Länder weiter als Deutschland. Doch was machen unsere europäischen Nachbarn und außereuropäischen Partner anders und besser? Wo können wir von ihnen lernen? Im Folgenden soll aufgezeigt werden, wie andere Länder die Herausforderung Inklusion angenommen und welche Lösungen sie gefunden haben, um eine gemeinsame Beschulung zu ermöglichen.

Großbritannien: »Eine Schule für alle«

Schulsystem in Großbritannien

- Unterschiede im Schulsystem von England, Wales, Nordirland und Schottland
- Vorschulzeit: Betreuung zu Hause, Krabbelgruppen (Toddler Group), Kindergarten (Playgroup) oder Vorschule (Nursery School)
- Schulpflicht vom 5. bis zum 16. Lebensjahr
- Primary School: 5. bis 11. Lebensjahr; oft unterteilt in zwei Jahre Infant School und vier Jahre Junior School

---

12 Siehe dazu: Gödecker, Margret: Selbstbestimmtes Wohnen und Leben von Menschen mit Autismus-Spektrum-Störung. In: Inklusion von Menschen mit Autismus, Karlsruhe 2011.
13 Statistisches Bundesamt. Pressemitteilung Nr. N 014 vom 19. Februar 2021, https://www.destatis.de/DE/Presse/Pressemitteilungen/2021/02/PD21_N014_63.html#:.

- Secondary School bis zum 18. Lebensjahr (entspricht in etwa unseren Mittelschulen bzw. Gymnasien)
- das Schuljahr ist in drei Schulphasen (three terms) unterteilt
- pro Jahr zwölf bis 13 Wochen Ferien

Integration/Inklusion ist in Großbritannien schon lange Thema. 1928 gab es erste Initiativen, Regel- und Sonderschulen zusammenzulegen. Die Idee von Spezialklassen an der Regelschule für Kinder mit sonderpädagogischem Förderbedarf lebte in den Nachkriegsjahren wieder auf. Das Bildungsgesetz von 1976 forderte verstärkte Bemühungen zur Integration und ein verbessertes Angebot für Kinder mit besonderem Förderbedarf in Regelschulen. 1981 wurde vereinbart, dass die Regelschule für Kinder mit besonderem Förderbedarf (Special Educational Needs, SEN) der normale Bildungsort sein solle. Für diese Kinder sollen besondere Bildungsmaßnahmen (Special Educational Provision, SEP) ausgearbeitet und umgesetzt werden.

Heute soll in Großbritannien eine Pädagogik der Vielfalt gelebt werden, in der die Verschiedenheit der Menschen nicht nur geachtet, sondern auch als gewinnbringend wertgeschätzt wird. Sogenannte Lernunterstützungslehrer (Learning Support Teacher) sollen Kindern mit Behinderungen helfen, ihre Lernvorhaben an der Regelschule umzusetzen. Mit Lernunterstützung sind dabei alle Maßnahmen gemeint, die dazu beitragen, den Bedürfnissen dieser Schüler Rechnung zu tragen. Zu den unterstützenden Maßnahmen gehören zum Beispiel Veränderungen der Lernmaterialien und individuelle Hilfen, die mit den Betroffenen ausgehandelt werden. Ziel ist es, allen Kindern eine aktive Teilnahme zu ermöglichen, unabhängig von ihren Unterschiedlichkeiten.

Hinweise zur Umsetzung gibt es im »Index für Inklusion«, der 2011 überarbeitet wurde und nun in der dritten Ausgabe vorliegt.[14] Deutsche Übersetzungen liegen vor und können auch für das hiesige Bildungssystem einschließlich der Kindertagesstätten Denkanreize geben.

Japan: Individuelle Unterstützung vs. Gleichbehandlung

Schulsystem in Japan

- vor der Schule: ab zwei Monate Kinderkrippe, Kindergarten im Alter von drei bis fünf Jahren
- Schulpflicht von neun Jahren
- sechs Jahre Grundschule
- drei Jahre Mittelschule

---

14 Siehe dazu Booth, Tony/Ainscow, Mel/Kingston, Denise: Index for Inclusion: developing learning and participation in schools. 3., überarbeitete und erweiterte Auflage 2011.

1 Einführung: Autisten und das Inklusionsgesetz

- 98 % der Schüler besuchen nach der Mittelschule freiwillig eine der weiterführende Schulen
  - nach einer Aufnahmeprüfung drei Jahre Oberschule, Abschluss ist mit unserem Abitur vergleichbar
  - Fachoberschulen mit einer Ausbildungsdauer von fünf Jahren
- während der Schulpflicht kein Sitzenbleiben, jeder Schüler wird automatisch versetzt

Japan hat ein hochentwickeltes Schulsystem. Chancengleichheit und Gleichbehandlung werden in Japan groß geschrieben. 98,2 % aller schulpflichtigen Kinder sind in Regelklassen eingeschult.

Im japanischen Sonderschulwesen gab es bis 2007 drei Schienen: Schulen für Sehgeschädigte, Schulen für Hörgeschädigte sowie Schulen für anders Behinderte, die auch Körperbehinderte, intellektuell Behinderte, sowie Kinder, die einer medizinischen Betreuung bedürfen, aufnahmen. Schulen für Lernbehinderte oder für Kinder mit Störungen im emotionalen Bereich waren nicht vorgesehen. Kinder mit Entwicklungsstörungen wie Lernstörungen, ADHS oder Störungen aus dem autistischen Spektrum wurden ohne weitere Unterstützung in wohnortnahe Regelklassen gegeben. Ein gesetzliches Anrecht auf Unterstützung gab es nicht.

Das hat sich 2007 geändert. Jetzt werden diese Kinder in speziellen Unterstützungsschulen, Unterstützungsklassen oder im schulinternen Tsukyu-Unterricht (Stütz- und Förderunterricht) gefördert. Die notwendigen Kenntnisse in Unterstützungspädagogik erhalten die Lehrer in Aus- und Weiterbildungen. Auch die Lehrziele für Kinder mit Behinderung wurden angepasst. Das Ziel besteht nicht mehr darin, die Schüler nur zu pflegen und zu trainieren, sondern darin, sie zu befähigen, ein selbständiges Leben zu führen.

Die Bemühungen um individuelle Unterstützung zeigen noch nicht überall Erfolge. In Japan gilt nach wie vor, dass der Gedanke der Gleichbehandlung vor das Prinzip der Individualisierung gestellt wird. Das widerspricht einem auf die Bedürfnisse des Einzelnen abgestimmten Vorgehen. Neue Unterrichtsmethoden zielen auf eine Differenzierung von gleichen Themen ab. Differenziert wird dabei nach Unterthemen, Schwierigkeitsgraden, Anforderungsgraden und Unterstützungsgraden.

Das japanische Schulwesen hat den Weg eingeschlagen, eine Schule für alle Kinder anzubieten. Die Herausforderung bleibt, jedes Kind seinen Bedürfnissen gemäß zu fördern.[15]

---

15 Siehe zum integrativen Schulsystem in Japan Gogg, Karin: Integration in Japan. In: Bürli, Alois/Strasser, Urs/Stein, Anne-Dore (Hrsg.): Integration/Inklusion aus internationaler Sicht, Bad Heilbrunn 2009.

USA: Lehrpläne an die Lernvoraussetzungen der Kinder anpassen

Schulsystem in den USA

- Einteilung in die drei Bereiche: Elementary (Primary) Schools, Secondary Education und Postsecondary Education
- Schulpflicht ist Sache der einzelnen Bundesstaaten
- uneinheitliche Dauer der Schulpflicht
- Unschooling (vom Kind geleitetes Lernen) oder Homeschooling (Hausunterricht) als Ersatz für den Schulbesuch
- Elementary Schools umfassen die Klassenstufen vom Kindergarten bis zur vierten, fünften oder sechsten Klasse und manchmal bis zur achten Klasse
- Junior High School als Bindeglied zwischen Elementary School und High School
- High School als Einheitsschule für die sekundäre Ausbildung der Klassenstufen 9 bis 12

1975 wurde erstmals ein Recht auf Bildung für alle Kinder mit Behinderung gesetzlich vorgeschrieben. Eine separate Beschulung soll nur dann stattfinden, wenn der gemeinsame Unterricht in der Regelschule durch Art oder Schweregrad der Behinderung trotz zusätzlicher Hilfen nicht erfolgreich durchgeführt werden kann.

Im Schuljahr 2004/2005 besuchten etwa 96 % der Schüler mit Behinderungen zwischen sechs und 21 Jahren eine Regelschule. Die Mehrheit dieser jungen Menschen, vor allem diejenigen mit spezifischen Lernstörungen oder geistiger Behinderung, verbrachten 80 % oder mehr ihres Schultages gemeinsam im Klassenzimmer mit den anderen Schülern. Die übrige Zeit wurden sie speziell gefördert.

Am Beispiel des Bereichs Lernstörungen sei das Vorgehen der Amerikaner aufgezeigt. Unter Lernstörungen verstehen sie Störungen unterschiedlicher Art, die beim Erwerb des Lesens, Schreiben, Hörverstehens, Sprechens, Argumentierens und Rechnens auftreten können, wie Dyslexie oder Wort-findungsstörungen. Kinder mit Lernstörungen können keine Strategien und Fertigkeiten entwickeln, um erfolgreich zu lernen. Da diese Schüler nach dem Lehrplan der allgemeinen Schulen unterrichtet werden, müssen für sie andere und neue Lehrstrategien entwickelt werden. Es gilt, die Anforderungen des Lehrplans an die Lernvoraussetzungen der Kinder anzupassen.

In den USA laufen Forschungen, um herauszufinden, wie diese Kinder am besten lernen können, ob durch eine vollständige Inklusion oder eine Teilinklusion. Die Teilinklusion sieht eine zeitweise, getrennte Beschulung in Kleingruppen vor. So gibt es für Kinder mit Lernstörungen spezielle Schulprogramme zum Lesen, Schreiben und Rechnen, die in Kleingruppen durchgeführt werden.

Eine geistige Behinderung liegt bei einem IQ von unter 70 vor. In den USA verfolgt man drei wesentliche Handlungsansätze, um diesen Kindern zu helfen:

- Community-Based Instructions: Hier werden Fähigkeiten in realen Situationen trainiert, etwa im Supermarkt oder im öffentlichen Schwimmbad.
- Team Collaboration: Förder-, Pflege- und Therapiemaßnahmen durch die Bezugspersonen sollen in alltäglichen Lebenszusammenhängen durchgeführt werden. Es wird dabei disziplinübergreifend vorgegangen.
- Positive Behavior Support: Um positive Verhaltensänderungen zu erreichen, sollen die Methoden der positiven Verstärkung sowie zwischenmenschliche Unterstützung angewendet werden.[16]

Skandinavische Länder am Beispiel von Finnland: Jeder leistet auf seine Weise einen Beitrag für ein gemeinsames Ziel

Schulsystem in Finnland

- einjährige Vorschule
- neunjährige Schulpflicht beginnend mit dem vollendeten 7. Lebensjahr
- weitere Beschulung für drei Jahre in der allgemeinbildenden Sekundarstufe II mit Abschluss Abitur möglich
- die berufsbildende Sekundarstufe II kann mit einer Berufsausbildung oder Lehre absolviert werden

In den skandinavischen Ländern werden mehr als 90 % aller Kinder mit Förderbedarf an Regelschulen unterrichtet. Die Schulen haben dort eine wesentlich höhere Selbständigkeit als in Deutschland. Es können viele Entscheidungen flexibel auf kommunaler Ebene getroffen werden.

Im finnischen Schulsystem gibt es keine für alle verpflichtenden Tests. Es gibt nur freiwillige Tests, die nicht der Leistungsbewertung der Schüler dienen, sondern der Qualitätsbewertung der Schule und der Lehrkräfte. Das Unterstützungssystem an finnischen Schulen ist gut entwickelt. Jedes Kind hat das Recht auf eine Einzelförderung. Bis zu 25 % der Schüler machen im Laufe ihrer Schulzeit davon Gebrauch. Ein sogenanntes »Schülerpflegeteam«, bestehend aus Beratungslehrern, Sonderpädagogen, Sozialpädagogen und Krankenschwestern, setzt diese Einzelförderung um. Dazu legt es anhand eines Förderplans in Absprache mit den Eltern Art und Umfang der Förderstunden fest. Die Förderstunden finden kurzfristig und parallel zum Unterricht statt.

Teamarbeit wird auch zwischen Klassenlehrern und dem übrigen Lehrpersonal groß geschrieben. Es werden Erfahrungen und Beobachtungen ausgetauscht, so dass ein umfassendes Bild zu einem jeden Kind entsteht. Im Team wird auch der Stundenplan flexibel organisiert. Die Gestaltungsfreiheiten orientieren sich dabei an den Bedürfnissen des Kindes.

---

16 Siehe dazu Benkmann, Rainer/Goll, Harald/Gundermann, Thomas/Opalinski, Saskia: Inklusion von Schülern mit Lernschwierigkeiten in den USA: Bedingungen, Forschungsbefunde und Handlungsansätze. In: Bürli, Alois/Strasser, Urs/Stein, Anne-Dore (Hrsg.): Integration/Inklusion aus internationaler Sicht, Bad Heilbrunn 2009.

Im Unterricht überwiegt die Schülerarbeit die Lehreraktivität. Dadurch können die Lehrer ihre Schüler intensiver beobachten. Bei individuellen Fragen haben sie die Möglichkeit, direkt unterstützend einzugreifen.

Für den regelmäßig stattfindenden Projektunterricht werden klassenübergreifende und jahrgangsgemischte Gruppen gebildet. Dadurch sollen die Kinder erleben, dass egal wie unterschiedlich Fähigkeiten auch sind, ein jeder für das Erreichen eines gemeinsamen Ziels einen wichtigen Beitrag leisten kann. Eine weitere Besonderheit im finnischen Schulsystem: Es gibt kein »Sitzen bleiben« und auch kein »Abschieben« in die nächstniedrigere Schulform. So kann sich jedes Kind auf- und angenommen fühlen und ist als gleichberechtigtes Mitglied der Schulgemeinschaft anerkannt.[17]

Italien: Musterbeispiel für ein seit Jahrzehnten aufgebautes inklusives Schulsystem

Schulsystem in Italien

- Schulpflicht für alle Kinder vom 6. bis zum 18. Lebensjahr
- gemeinsame Beschulung aller Kinder und Jugendliche bis zum 14. Lebensjahr (8. Klasse)
- nach der 8. Klasse können die Jugendlichen zwischen drei Optionen wählen:
  – Besuch eines Gymnasiums (liceo) mit dem Abschluss Abitur
  – Besuch einer Fachoberschule mit dem Abschluss einer Fachprüfung nach 3 Jahren oder Abitur nach 5 Jahren
  – Besuch einer Landesberufsschule mit dem Abschluss »Berufliche Qualifikation«

In Italien ist Inklusion im Schulsystem schon lange gelebte Realität. Dort wurden die Förderschulen und Sonderklassen bereits vor 30 Jahren abgeschafft. Weder an Kindergärten noch an Grund-, Mittel-, Ober- oder Berufsschulen gibt es Sonder- oder Fördereinrichtungen. Das bedeutet: Jedes Kind mit Behinderung muss in die Regelschule gehen – ob das Kind oder die Eltern das wollen oder nicht, ist egal. Und: Kein Kindergarten und keine Schule darf ein Kind mit Behinderung ablehnen. Vielmehr stehen diese Einrichtungen in der Pflicht, geeignete Bedingungen für Menschen mit Behinderungen zu schaffen.

In den Klassen ist es Alltag, dass Schüler mit ganz unterschiedlichem Förderbedarf zusammensitzen. Einerseits gibt es Hochbegabte, die intellektuell herausgefordert werden wollen, andererseits geistesbehinderte Kinder, für die es ein Erfolg sein kann, einen ganzen Satz am Stück zu sprechen. Die Flexibilität des

---

17 Siehe dazu Schumann, Brigitte: Inklusive Bildung in den nordischen Ländern im Kontext gesellschaftlicher Entwicklung. In: Zeitschrift für Inklusion, Nr. 2 (2010).

italienischen Schulsystems ermöglicht es, dass dennoch ein gemeinsames Lernen möglich ist.

Die Regelschulen bieten alternative Unterrichtsziele für Kinder mit Behinderungen an. Sie müssen nicht alle Lehrveranstaltungen mitmachen, die der Rest der Klasse besucht. Stattdessen werden für sie geeignete Alternativen angeboten. Ein Kind, das nicht schreiben kann, beschäftigt sich beispielsweise in der Zeit, in der der Rest der Klasse schriftliche Abfassungen zustande bringen soll, mit mehr spielerischen und künstlerischen Ansätzen. Festgesetzt werden diese speziellen Lernziele in sogenannten individuellen Entwicklungsplänen (IEP). Voraussetzung dafür, dass ein Kind das Anrecht auf einen individuellen Entwicklungsplan und damit verbunden auf veränderte Lernziele hat, ist die Feststellung der Behinderung. Laut Gesetz obliegt dies den verantwortlichen Institutionen, also den Fachkräften vom Gesundheitsamt. Anstelle eines Zeugnisses mit Noten kann es am Schuljahresende für ein Kind mit Behinderung eine Bescheinigung darüber geben, was es alles kann und gelernt hat.

Die Schulen betreiben einen großen Aufwand, Inklusion zu leben, und lassen sich das viel Geld kosten. Wenn jede Schule auf alle möglichen Arten von Behinderungen eingestellt sein muss, muss dafür eine entsprechende Infrastruktur vorhanden sein. Bauliche Maßnahmen sind erforderlich, um etwa die Schule barrierefrei für Rollstuhlfahrer zu gestalten. Für Kinder mit Autismus könnten Ruheräume notwendig sein. Therapeutische Hilfsmittel, Integrationshelfer, ein Bring- und Abholdienst für die Kinder und besondere Schulungen und Fortbildungen für die Lehrer sind weiterhin vonnöten und werden in Italien auch an vielen Schulen konsequent zur Verfügung gestellt.

Das gemeinsame Lernen führt oft zwangsläufig dazu, dass die speziell auf die Behinderung abgestimmten Förderungen eines Kindes leiden. Eine sonderpädagogische Rundumbetreuung ist nicht vorgesehen. Die Lehrkräfte an den Regelschulen sind auch keine auf eine Behinderungsform spezialisierten Sonderschullehrer. An den integrativen Schulen in Italien unterrichten vielmehr Fachlehrer, die ein kurzes Aufbaustudium absolviert haben, in dem alle möglichen Behinderungen angesprochen werden. Die Kenntnisse über diese ganzen Behinderungen können dabei nicht sehr tief reichen, was bedeutet, dass sich die Pädagogen auf jedes neue Kind und dessen Behinderung nicht nur neu einstellen, sondern auch fachlich entsprechend fortbilden müssen. Unterstützt werden sie dabei von Beratungsstellen, Therapeuten und Integrationshelfern.

Eine wichtige Voraussetzung für inklusives Lernen ist in Italien die Einstellung der Menschen. Sie wollen Inklusion. Sie setzen andere Maßstäbe als in Deutschland. Nicht das reine Fachwissen und die persönliche Förderung stehen im Vordergrund. Stattdessen zählen Werte wie eine persönliche Reifung und die Erweiterung des Horizonts.

1.5 Interview mit Hansjörg Elsler

Interview mit Hansjörg Elsler vom »Arbeitskreis Eltern Behinderter« (AEB), der Betroffenenvereinigung in Südtirol[18], und Vater eines schwer mehrfachbehinderten Sohnes

Herr Elsler, warum ist Inklusion wichtig und erstrebenswert?
Seit 1977 gibt es in Italien die gesetzlichen Vorgaben der Integration. Bis aus den Gesetzen gelebte Realität wurde, hat es gut eine Generation gedauert. Unser inklusives Bildungssystem heute ist das Ergebnis eines über 30-jährigen Prozesses. Am Anfang hatten wir gegen so manche Widerstände zu kämpfen. Mittlerweile sind wir so weit, dass wir nicht nur von Integration sondern endlich auch von der Inklusion sprechen können. Diese Entwicklung ist wertvoll für die Gesellschaft als Ganze und ganz besonders für die Menschen mit Behinderungen. Sie kommen früh mit nicht-behinderten Menschen zusammen und fühlen sich zugehörig. Würde man sie hingegen von Anfang an separieren, so hätten diese Menschen im späteren Berufsleben nur wenig Chancen und würden auch in der Freizeit immer außen vor stehen. So aber haben sie die Chance auf eine Anteilnahme in allen Bereichen.

Was betrachten Sie als Grundvoraussetzung für ein inklusives Bildungssystem?
Gesetze, die den Rahmen für ein inklusives Bildungssystem vorgeben, sind unverzichtbar aber längst nicht genug. Inklusion wird erst dann Realität, wenn sie von allen Beteiligten, also vor allem den Lehr- und Fachkräften sowie den Eltern, gewollt und gelebt wird. Von allen Seiten ist Offenheit gefragt. Auch das war ein langer Weg. So mussten Eltern von Kindern mit Behinderungen erst lernen, sich in die Öffentlichkeit zu wagen und für die Rechte ihrer Kinder einzutreten.

Ein Lehrer kann nicht Experte für jede Behinderungsform sein. Wie kann eine Schule trotzdem adäquat auf den einzelnen Schüler mit Behinderung eingehen?
Es ist richtig, dass die Fachlehrer in der Regel keine Experten für Sonderpädagogik sind. Das ist bei uns auch nicht vorgesehen. Die Lehrer erhalten eine Grundausbildung im Bereich Behinderungen. Wir gehen davon aus, dass die richtige und bejahende Einstellung eines Lehrers wichtiger ist als viel Fachwissen. Und diese Einstellung bringen die meisten unserer Lehrer mit. Abstriche muss man freilich bei spezieller Förderung machen. Diesbezüglich können Sonderschulen mehr bieten.

---

18 Südtirol zählt seit 1918 politisch zu Italien, kann sich aber in vielen Bereichen autonom verwalten. Im Bildungsbereich ist Südtirol verpflichtet, die Gesetze des italienischen Staates umzusetzen. Das Gesetz zur gemeinsamen Beschulung aller Kinder und zur Auflösung der Sonderklassen wurde 1977 erlassen.

Es gibt auch Eltern behinderter Kinder, die gegen Inklusion sind, weil sie ihr Kind dort nicht genügend gefördert sehen. Sind diese Ängste berechtigt?
Wenn es um die rein sonderpädagogische Förderung geht, sind diese Ängste nachvollziehbar. Es gibt auch tatsächlich Eltern, die eine spezielle Förderung ihrer behinderten Kinder wünschen, die die Regelschule so nicht leisten kann. Diese Eltern stellen aber eine Minderheit dar. Den meisten ist es wichtiger, dass ihr Kind ganz früh mit nicht-behinderten Kindern zusammen ist und so Normalität erfahren kann.

Gibt es einen Nachteilsausgleich für behinderte Kinder?
Anstelle eines Nachteilsausgleichs schreibt bei uns der Gesetzgeber das zieldifferenzierte Lernen vor. Das bedeutet, dass Kinder einen auf sie zurechtgeschnittenen individuellen Entwicklungsplan bekommen, der ihre Behinderung und Einschränkung berücksichtigt. An der Erstellung arbeitet das Lehrerteam zusammen mit den Eltern und mit Psychologen. Regelmäßig werden die festgelegten Ziele überprüft und gegebenenfalls angepasst. So lernen die Kinder zwar zusammen, aber nicht alle das gleiche.

In Deutschland kommt beim Thema Inklusion oft die Angst auf, dass dadurch viele sehr intelligente Kinder auf der Strecke bleiben. Wie begegnen Sie solchen Bedenken?
Es ist richtig, dass sehr intelligente Kinder zu kurz kommen können. Dies scheint mir aber nicht nur ein Problem des italienischen Schulsystems zu sein. Ideal wäre natürlich ein zieldifferenziertes Lernen nicht nur für behinderte, sondern auch für hochbegabte Kinder.
Da es so eine Lösung (noch) nicht gibt, gehen wir heute offensiv mit solchen Ängsten von Eltern um und sprechen sie offen an einem runden Tisch an. Wir versuchen den Bedenken zu begegnen, indem wir betonen, was vorteilhaft an unserem System ist und wie nicht-behinderte Kinder davon profitieren können. Wir informieren über verschiedene Behinderungsformen und können dadurch Vorurteile abbauen. Im Großen und Ganzen nehmen die negativen Stimmen meiner Erfahrung nach ab. Mehr und mehr Eltern erkennen den Wert der sozialen Komponente von Inklusion an.

In wie fern können Kinder ohne Behinderung vom gemeinsamen Lernen profitieren?
Vom gemeinsamen Lernen profitieren alle Seiten. Schüler ohne Behinderungen profitieren vor allem in ihrer sozialen Entwicklung vom gemeinsamen Lernen. Sie begreifen früh, dass die Gesellschaft sehr vielfältig ist und dass auch Menschen mit Behinderungen dazugehören und als Teil der Gesellschaft anzunehmen sind. Ihre Berührungsängste nehmen ab, sie werden offener und reifen sehr oft durch das gemeinsame Lernen. Viele Kinder gehen dadurch mit anderen Augen durch die Welt. Des Weiteren kann es für sie eine sehr positive Erfahrung sein, wenn sie behinderten Kindern helfen, diesen als Vorbild dienen können und Dankbarkeit entgegengebracht bekommen. Die Kinder mit Behinderungen profitieren, indem sie sich von ihren Mitschülern mitziehen lassen, Verhaltensweisen und Fertigkeiten abgucken und übernehmen.

Welche Fachkräfte sollten zusammenarbeiten, damit Inklusion gelingen kann?
Bei uns arbeiten die Lehrerteams mit speziell ausgebildeten Mitarbeitern für Integration zusammen. Sie haben keinen pädagogischen Auftrag, sondern sind beispielsweise für den Pflegebedarf eines Schülers verantwortlich. In der Realität müssen aber oft auch diese Kräfte pädagogisch tätig werden, da infolge von Sparmaßnahmen Lehrpersonal fehlt.

2 Kindergarten

2.1 Karlas Tagebuch

Ich schreibe das erste Mal in meinem Leben Tagebuch. Warum ich damit anfange? Ich weiß es selbst nicht. Vielleicht, weil ich mir wünsche, dadurch meine Gedanken besser ordnen zu können. Vielleicht in der Hoffnung, dass meine Ängste und Sorgen kleiner werden, wenn ich sie niederschreibe. Vielleicht will ich auch einfach nur Bens Fortschritte dokumentieren. Und die Hoffnung nicht aufgeben, dass es diese überhaupt geben wird.

Aber der Reihe nach.

Heute hat ein neues Jahr begonnen. Und es ist mal wieder Bens Geburtstag, wie immer am 1. Januar, seit unser Sohn heute vor vier Jahren geboren wurde. Vier lange Jahre.

Am Anfang war so viel Freude, so viel Hoffnung. Und jetzt? Seit wir letzten Herbst erfahren haben, dass er das Asperger-Syndrom, also eine Form von Autismus hat, ist nichts mehr wie zuvor. Ben ist behindert. Er wird nie so sein wie andere Kinder in seinem Alter. Es wird nie einfach sein mit ihm. Das ist uns klar.

Das Schlimme ist, dass uns noch nicht mal jemand sagen kann, wie wir ihm helfen können. Mein Mann Karl reagiert darauf, indem er Bens Krankheit völlig ignoriert und sich in seine Arbeit stürzt. Mich lässt er ganz allein – allein mit Ben und der Sorge.

Wie soll alles weitergehen? Ich komme schon jetzt zu Hause kaum noch mit ihm zurecht, bin hilflos, wenn er seine Anfälle bekommt. Zumindest sind wir dann alleine und es merkt niemand etwas von Bens Aussetzern.

Doch jetzt steht der Kindergarten an. Die Nachbarn fragen schon, warum er noch nicht geht. Was soll ich darauf sagen? Es ist mir zu peinlich, ihnen von Bens Krankheit zu erzählen. Lieber schweigen und so tun, als sei alles gut.

Wie aber soll es weitergehen? Ben einfach in einem Kindergarten anmelden und hinschicken? Ich spüre, dass das nicht gut gehen wird. Darüber habe ich letzte Woche mit unserem Kinderarzt gesprochen. Er meinte darauf nur leichthin:

»Warum nicht? Ihr Sohn ist ein wenig autistisch, mehr nicht. Er kann genauso laufen und toben wie andere Kinder auch. Passen Sie nur auf, dass er nicht gewalttätig wird. Aggressionen können bei autistischen Kindern ein Problem sein.«

»Und was ist mit Bens Ängsten, seiner Panik vor Veränderungen? Seiner Furcht vor gelben Gegenständen und seinen Anfällen, wenn er angefasst wird?«

»Das verwächst sich, sobald er erst mal regelmäßig Kontakt mit anderen Kindern hat. Alleine mit der Mutter den ganzen Tag zu Hause zu verbringen, ist sicher auch keine Lösung.«

Das war mir klar. Doch ein normaler Kindergarten mit über 20 anderen Kindern und zwei überlasteten Erzieherinnen pro Gruppe? Oder eine Einrichtung für behinderte Kinder? Zu Hause diskutierten Karl und ich, was wir machen sollen. Karl hatte eine klare Meinung:

»Natürlich geht er in den normalen Kindergarten! Warum auch nicht? Und außerdem: Du willst wieder arbeiten gehen. Das geht nur, wenn der Junge beschäftigt ist.«

Von arbeiten gehen *wollen*, konnte keine Rede sein. Aber ich wusste, was mein Mann meinte: Wir brauchen das Geld. Bens Therapien – Logopädie, spezielle Verhaltenstherapie und Bewegungstherapie – sind teuer und wir müssen viel selbst bezahlen.

»Ist er denn schon so weit? Kann das funktionieren – unser Ben, zusammen mit so vielen anderen Kindern? Er kann doch gar nicht spielen und interessiert sich überhaupt nicht für Gleichaltrige. Und dann sein Sprachproblem …«

»Höchste Zeit, dass er lernt, sich mit der Welt auseinanderzusetzen. Karla, du packst den Jungen zu sehr in Watte. Damit machst du seinen Autismus nur noch schlimmer.«

Das hatte gesessen. Ich drehte mich um und beendete das Gespräch.

Später saß ich im Schlafzimmer und wusste immer noch nicht, wie es weitergehen soll. Kindergarten ja oder nein? Ich fertigte schließlich eine Liste mit Pro und Kontra an:

Pro:

- Jedes Kind sollte in den Kindergarten gehen.
- Ben kann sich dort vielleicht etwas von anderen abgucken.
- Ben wird dort auf die Schule vorbereitet.
- Ich kann vormittags arbeiten gehen.

Kontra:

- Ben hängt so an mir und wir waren noch nie länger als zwei oder drei Stunden voneinander getrennt.
- Ben mag keine anderen Kinder.
- Ben kriegt Panik in einer fremden Umgebung.
- Ben hat Sprachprobleme.
- Mein Gefühl sagt einfach »nein«.

Der letzte Punkt war für mich der ausschlaggebende. Ich fühlte mich bei dem Gedanken nicht wohl, hatte das Gefühl, meinen kleinen Jungen im Kindergarten auszuliefern. Ihn im Stich zu lassen, sein Vertrauen zu missbrauchen und seine Schutzbedürftigkeit zu missachten.
Mein Bauch sagte »nein«.
Doch mein Verstand wendete ein »aber« ein:
Wie soll er dann jemals reif für die Schule werden?
Was ist dann mit meinem Job? Wir brauchen das Geld.
Was ist, wenn ich nie werde loslassen können? Was ist, wenn sich Ben noch stärker auf mich fokussiert?
Einige Stunden später ging ich zurück zu meinem Mann ins Wohnzimmer.
»Wir können es ja mal probieren«, sagte ich. »Und wenn es nicht klappt, dann lassen wir es bleiben.«
»Wovon redest du? Was probieren?«
»Na, Ben in den Kindergarten zu schicken.«
»Natürlich probieren wir das aus. Das haben wir doch gerade schon geklärt!«
Ich seufzte. Nichts hatten wir geklärt. Manchmal hatte ich das Gefühl, Karl hört mir gar nicht richtig zu und geht gar nicht auf mich ein. In solchen Momenten kommt er mir fast selbst ein bisschen autistisch vor.

2.2 Kindergarten – wozu ist der gut?

2.2.1 Kindergarten – Geschichtlicher Abriss

In den letzten 150 bis 200 Jahren, bedingt insbesondere durch die sog. Industrielle Revolution, haben sich zunehmend die herkömmlichen Strukturen von Großfamilien aufgelöst. Für Frauen wurde es spätestens seit den beiden Weltkriegen in der ersten Hälfte des 20. Jahrhunderts immer selbstverständlicher, außerhalb des eigenen häuslichen Umfelds arbeiten zu gehen. Dies brachte das Problem mit sich: Wohin mit dem Nachwuchs? Die Lösung waren Kindergärten, also Einrichtungen, in denen kleine Kinder tagsüber untergebracht und versorgt werden können.

Der erste Kindergarten entstand 1780 in Straubing. Wirklich begründet als Vorschuleinrichtung hat ihn die Ungarin Teréz Gräfin von Brunszvik. Sie hat am 1. Juni 1828 die erste Kinderbetreuungseinrichtung mit dem Namen »Engelgarten« in Buda eröffnet und ihre Ideen in andere europäische Länder, darunter Deutschland, gebracht. Friedrich Wilhelm August Fröbel, der 1840 den ersten Kindergarten in Blankenburg (Thüringen) eröffnete, gilt bis heute als der »Vater des Kindergartens« in Deutschland. Von ihm stammt auch die Bezeichnung »Kindergarten«, die sogar bis ins Englische exportiert wurde. Von da an nahm die Zahl der Kindergärten stetig zu und konnte auch durch ein Kindergartenverbot in vielen deutschen Staaten in der Mitte des 19. Jahrhunderts nur kurzzeitig gebremst werden. In den 1920er-Jahren breitete sich die Montessori-Pädagogik aus, die bis heute die Erziehung in vielen Kindergärten prägt. Die Nationalsozialisten missbrauchten den Kindergarten, um den Nachwuchs früh auf ihre Linie einzustimmen. Nach dem Zweiten Weltkrieg entwickelten sich Kindergärten von reinen Aufbewahranstalten zu Bildungseinrichtungen. Die Reifung und Entwicklung der Kinder rückte immer mehr in den Fokus.

2.2.2 Was nützt ein Kindergarten heute?

Die Frage, ob ein Nutzen und welcher für das Kind damit verbunden ist, einen Kindergarten zu besuchen, mögen sich viele Eltern behinderter Kinder stellen, die ihr Kind zu Hause in der eigenen Obhut und Pflege besser aufgehoben finden. Dennoch, so scheint es, gehört heute der Besuch eines Kindergartens für jedes Kind einfach dazu. Schon ab dem vollendeten dritten Lebensjahr haben Kinder einen gesetzlichen Anspruch auf einen Platz im Kindergarten. Doch was ist eigentlich der Sinn und Zweck des Kindergartens? Werfen wir einen Blick ins Kinder- und Jugendhilfegesetz (Sozialgesetzbuch, achtes Buch (SGB VIII)). Im Paragraphen 22 SGB VIII heißt es, dass Kindergärten, Horte und ähnliche Einrichtungen dazu dienen sollen, die Entwicklung des Kindes zu einer eigenverantwortlichen und gemeinschaftsfähigen Persönlichkeit zu fördern. Die Aufgaben dieser Anstalten, in denen sich Kinder ganz oder halbtags aufhalten können, bestehen in der Betreuung, Bildung und Erziehung des Kindes. Orientierungspunkt sollen dabei die Bedürfnisse und Wünsche der Eltern sein. Das bedeutet unter anderem, dass die Eltern bzw. Erziehungsberechtigten von den Fachkräften und anderen Mitarbeitern der Einrichtungen bei wichtigen Entscheidungen mit einbezogen werden sollen.

Die genaue Ausgestaltung der Institution Kindergarten obliegt den einzelnen Bundesländern. Für die persönliche Entwicklung der Kleinen soll – so die Idee – der Kindergarten einen wertvollen Beitrag leisten.

2.2.3 Was lernt der Nachwuchs im Kindergarten?

Im Kindergarten sollen die Kleinen längst nicht nur spielen. Immer wichtiger werden das Lernen und die Weiterentwicklung in verschiedenen Bereichen.

Sozialer Bereich

Im Kindergarten kommen viele Kinder erstmals längere Zeit mit anderen Kindern in Kontakt. Sie lernen im Zusammenspiel mit den anderen soziale Fertigkeiten wie Freundschaften aufzubauen, Konflikte auszutragen oder Rücksicht zu nehmen. Die Kleinen erkennen, dass man manche Dinge am besten oder auch nur zusammen mit anderen machen kann. Einander helfen und trösten, zusammen lachen und traurig sein – auch das sind wichtige Dinge, die der Nachwuchs hier lernen kann.

Regeln erkennen und einhalten

Ohne Regeln kann weder unsere Gesellschaft im Ganzen noch das Miteinander im Kleinen, in der Familie oder in Gruppen funktionieren. Dies betrifft auch den Kindergarten. Das zu begreifen und Regeln zu erkennen und zu akzeptieren, ist ein wichtiger Lernschritt für Kindergartenkinder.

Umgang mit Gefühlen

Im Kindergarten lernen Kinder, auf die Gefühle fremder Kinder und Erwachsener zu reagieren. Wichtig ist dabei, dass die Kinder zunächst die eigenen Gefühle erkennen und verstehen können. In einem nächsten Schritt können sie die Fähigkeit entwickeln, sich in die Gefühle des Gegenübers hineinzuversetzen.

Zusammen sind wir stärker

Viele Kinder sind heute Einzelkinder. Sie haben daher nicht nur Defizite an sozialen Kompetenzen wie Teilen können, Kooperation und Rücksichtnahme, sie können auch nicht von älteren Kindern zu Hause lernen bzw. das Gefühl genießen, selbst die Älteren zu sein und für die jüngeren Geschwister ein Vorbild zu sein. Der Kindergarten kann hier einiges ausgleichen. Jüngere Kinder lernen hier von den älteren. Doch nicht nur von Älteren können sich die Kleinen etwas abgucken. Wer sich an fremdes Essen nicht herantraut, kann durch mutigere Esser dazu motiviert werden, doch einmal zu probieren. Probleme mit dem Toilettentraining? Wenn andere schon ganz selbstverständlich die Toilette besuchen, kann das Windelkinder anregen, zu zeigen, dass sie das auch können.

Sprachliche Kompetenzen

Kinder mit Autismus weisen sehr oft Einschränkungen in ihrem Sprechvermögen auf. Viele erlernen gar keine eigenständige Sprache oder sprechen erst sehr verzögert. Doch nicht nur autistische Kinder weisen eine Verzögerung der Sprachentwicklung auf, auch bei anderen Kindern wird das zunehmend oft festgestellt. Als Gründe nehmen Experten an, dass sich viele Eltern heute weniger mit ihren Kindern beschäftigen, ihnen weniger vorlesen und weniger Geschichten erzählen. Stattdessen sitzen oft schon Einjährige vor dem »Babysitter« Fernseher. Die Folge: Bei etwa jedem vierten Kind lassen sich Störungen des Spracherwerbs feststellen.

2.3 Besondere Formen des Kindergartens

Neben den Regelkindergärten gibt es auch solche für Kinder und/oder Eltern mit besonderen Bedürfnissen. Auf die Bedürfnisse von behinderten Kindern gehen sonderpädagogische und heilpädagogische Kindergärten ein. Meistens handelt es sich dabei um integrative Formen, d. h. dass die Gruppen aus Kindern mit Behinderungen bzw. speziellem Förderbedarf sowie aus anderen Kindern ohne besonderen Förderbedarf bestehen. Alternative Kindergärten vertreten einen besonderen pädagogischen Ansatz. Beispiele sind Waldkindergärten, Bauernhofkindergärten, Montessorikindergärten oder Waldorfkindergärten. Auf ausländische Kinder ausgerichtet sind mehrsprachige Kindergärten oder Einrichtungen, die nur in der Sprache und nach den Konzepten jener Länder geführt werden.

Auch an spezielle Bedürfnisse der Eltern passen sich Kindergärten an. Ganztägig berufstätige Eltern wünschen sich einen Kindergarten, in dem ihre Kleinen möglichst viele Stunden am Tag betreut werden. Darauf reagieren Kindertagesstätten (auch Tagheime oder Tageskindergarten genannt), in denen der Nachwuchs von morgens bis zum Spätnachmittag gut aufgehoben ist. Noch weiter gehen Einrichtungen, in denen Kinder von früh morgens, manchmal gar schon von 5:30 Uhr an, bis in den späten Abend hinein betreut werden und die sogar Angebote für Samstage und Übernachtungen bereithalten.

2.4 Kindergarten von innen

2.4.1 Menschen

Zu einem Kindergarten gehören viele verschiedene Menschen in ganz unterschiedlichen Rollen. Neben den Kindern, die natürlich die Hauptrolle spielen, können deren Eltern einen entscheidenden Einfluss nehmen. Eine zentrale Rolle kommt den meist weiblichen pädagogischen Fachkräften wie Erzieher, Sozialpädagogen, Kinderpfleger oder Sozialassistenten zu. Hausmeister, Raumpfleger, manchmal auch Köche und Gärtner und gegebenenfalls weiteres Personal sind ebenfalls wichtig, damit ein Kindergarten funktionieren kann.

Den meisten Kontakt im Kindergarten haben die Erzieher mit den Kleinen. Um in einem Kindergarten als Erzieher zu arbeiten, braucht es zwar eine erzieherische Ausbildung, jedoch keinen Nachweis darüber, dass sich die Fachkraft auch mit den speziellen Bedürfnissen behinderter Kinder auseinandergesetzt hat. Inklusion bedeutet allerdings, dass bereits im Kindergarten die Erzieher auch behinderte Kinder angemessen fördern und mit deren Besonderheiten umgehen können. Dies setzt in der Regel mehr als Grundkenntnisse von den Behinderungen der Kinder voraus. Fortbildungen für Kindergärtner bezüglich Störungen wie Autismus sind daher dringend erforderlich, um eine erfolgreiche Inklusion zu garantieren.

2.4.2 Räumliche Ausstattung

Ein Raum, viel Spielzeug, Tische, Stühlchen und fertig ist ein Gruppenraum im Kindergarten. Ganz so einfach ist es freilich nicht. Schließlich verbringen oft um die 30 Kinder im Alter von 3 bis 6 Jahren viele Stunden des Tages in diesen (zuweilen eher engen) Räumen zusammen mit dem pädagogischen Personal. Zur Beschäftigung gibt es Spielzeug, Sportgeräte, Bücher, Bastelutensilien und vieles mehr. Doch ist dieses Angebot adäquat für die Bedürfnisse autistischer Kinder? Die Antwort ist klar nein. Spielzeug und Spielgefährten reichen bei weitem nicht aus für ihr Wohlbefinden. Bei Kindern mit Autismus ist davon auszugehen, dass sie gar nicht längere Zeit mit vielen anderen dicht gedrängt in einem Raum bleiben können, ohne durch die vielen Reize überfordert zu sein. Dringend von Nöten ist eine Rückzugsmöglichkeit. Ein abgedunkelter Raum, auf jeden Fall jedoch Ruhe, sind dazu erforderlich. Es stellt sich dann gleich die Frage, wie die Betreuung in einem solchen Raum zu bewerkstelligen ist. Gibt es eine zusätzliche Erzieherin, einen zusätzlichen Erzieher oder noch besser eine auf Autismus spezialisierte Fachkraft für solche Fälle? Auch sind individuelle Besonderheiten eines jeden autistischen Kindes zu beachten. Es gibt Kinder, die eine bestimmte Art der Beleuchtung nicht ertragen können. Andere mögen sich partout nicht auf einen Stuhl aus einem bestimmten Material setzen. Und wieder andere geraten bei ganz alltäglichen Geräuschen, etwa dem Spülen der Toilette, in Panik. Fehlende Selbstständigkeit bei Tätigkeiten wie dem Essen oder mangelnde Sauberkeit sind weitere Punkte, auf die nicht nur die Erzieher reagieren müssen, sondern an die auch die räumliche Ausstattung angepasst werden muss.

2.4.3 Zeitliche Struktur

Im Kindergarten ist die zeitliche Planung meistens eher locker und unverbindlich. Die Eltern können ihre Kleinen in manchen Kindergärten sogar bringen und abholen, wie es ihnen gefällt. Dennoch befürworten es die meisten Kindergärten, dass sich Eltern an feste Bring- und Abholzeiten halten. Das kann so aussehen, dass etwa bis 8:30 morgens alle Kinder da sein sollen. Je nachdem, ob die Kinder am Mittagstisch teilnehmen, werden sie vorher oder nachher abgeholt. Manche Kinder besuchen den Kindergarten auch nur nachmittags. Wann Kindergärten nachmittags schließen, ist unterschiedlich. Die meisten machen zwischen 16 und 17 Uhr zu. Dabei ist zu beobachten, dass sich Kindergärten mit ihren Bring- und Abholzeiten zunehmend auf arbeitende Mütter und Väter einstellen.

Im Kindergarten gibt es viele Routinen und ein täglich mehr oder weniger flexibel gehandhabtes Zeitschema mit einem bestimmten Programm, das aus unterschiedlichen Tätigkeiten besteht. Der Tagesablauf ist in jedem Kindergarten etwas anders. In der Regel wechseln Phasen des Freispielens mit festem Gruppenprogramm ab. Dazu gehören unter anderem:

- Tätigkeiten mit der ganzen Gruppe im Stuhlkreis wie gemeinsames Singen, Kreisspiele, Vorlesen von Geschichten, Fingerspiele, Geschichten erzählen etc.
- Aktivitäten in Kleingruppen wie Basteln, Malen, Experimentieren, Bewegungserziehung, Theater- und Rollenspiele, Spracherziehung (zunehmend auch in Fremdsprachen), mathematische Übungen, Kochen und Backen
- Aktivitäten im Garten: Fang- und Laufspiele, freies Spielen auf dem Spielplatz, Naturerkundigungen etc.

Für Kinder mit Autismus können diese lockeren Strukturen beängstigend sein. Viele können nicht damit umgehen, wenn sie nicht genau wissen, was wann passieren wird. Sobald ein Kind mit Autismus die Uhr lesen kann, muss man sich darauf einstellen, dass es unter Umständen bis auf die Minute genau wissen will, wie der Ablauf im Kindergarten aussehen wird. Eine so genaue tägliche Übersicht kann aber wahrscheinlich kaum ein Kindergarten anbieten.

2.5 Kindergarten und Probleme – Herausforderungen für autistische Kinder

Zusätzlich zu den oben dargestellten Schwierigkeiten sind folgende Bereiche als problematisch zu beachten.

2.5.1 Freispiel

Beim Freispiel wird von den Kindern erwartet, dass sie sich eigenständig spielerisch, am besten in Gruppen, beschäftigen. Viele autistische Kinder können sich zwar sehr gut selbstständig beschäftigen, allerdings in der Regel nur alleine und nicht mit anderen zusammen. Dann weichen ihre üblichen Tätigkeiten auch häufig von dem ab, was unter »Spielen« im Allgemeinen verstanden wird. Ohne genaue Anleitung und Impulse von außen sind viele autistische Kinder zu dem, was die meisten als Spielen betrachten, wie etwa ein Fantasiespiel[19], nicht fähig.

Spielen ist mehr als nur eine Beschäftigung für den Nachwuchs. Es ist wichtig für die Entwicklung. Insbesondere das Freispiel beeinflusst die Persönlichkeitsentwicklung und hilft, Fertigkeiten zu entwickeln wie Teamfähigkeit oder den Umgang mit Konflikten, die im späteren Leben unerlässlich sind. Nicht zuletzt ist das freie Spielen ein ideales Training für die Fantasie und Kreativität. Autistische Kinder, die nicht spielen können, können sich in diesen Bereichen nicht auf die gleiche Weise entwickeln wie die Gleichaltrigen.

2.5.2 Rollenspiel

Klassisch ist das Vater-Mutter-Kind-Spiel. Hier lernen Kinder, unterschiedliche Rollen anzunehmen. Das setzt voraus, dass sie ihre Eltern bereits aufmerksam genug beobachtet haben, um eine Vorstellung von Rollenbildern zu haben. Wer kocht zu Hause das Essen und staubsaugt? Wer geht arbeiten, wer trifft wichtige Entscheidungen? Und wer bringt das Kind ins Bett und tröstet es, wenn es sich wehgetan hat? Im Rollenspiel projizieren Kinder ihre Vorstellungen in die Rollen hinein und können im Austausch mit anderen die eigenen Rollenvorstellungen weiterentwickeln. So ist es freilich nicht in jeder Familie so, dass die Mami Essen kocht und der Papa das Geld verdient. In dieser Hinsicht erweitern Rollenspiele auch den Horizont.

2.6 Karlas und Karls Wünsche für einen inklusiven Kindergarten

Die ersten Besuche von Ben im Kindergarten endeten in einer Katastrophe. Der Junge ließ niemanden an sich heran und reagierte aggressiv, wenn sich nur eines der Kinder oder eine Erzieherin ihm näherte. Die ganze Zeit über saß er auf dem Boden und schob eine Eisenbahn hin und her. Nach drei Tagen sagte die Erzieherin zu Karla, dass es so nicht weitergehen könnte. »Ben passt hier nicht hin. Nehmen Sie ihn wieder mit nach Hause. Das ist für alle das Beste.«

---

19 Unter Fantasiespiel versteht man kreative Spiele, für die Fantasie und Vorstellungsvermögen erforderlich sind. Nicht-autistischen Kindern fällt es in der Regel leicht, sich in verschiedene Rollen hineinzuversetzen und Gegenständen Eigenschaften zuzuschreiben, die diese nicht besitzen. So kann für sie in ihrem Spiel ein leerer Puppenteller mit Essen gefüllt sein und ein Drahtgestell als Prinzessinnenkrönchen fungieren.

2.6 Karlas und Karls Wünsche für einen inklusiven Kindergarten

Karla und Karl ärgerten sich. Doch sahen sie auch ein, dass ein Kindergartenbesuch auf diese Weise nicht zweckmäßig war. Karla musste ihren Wunsch, wieder arbeiten gehen zu können, vorerst aufgeben. »Ein Kindergarten, den auch Kinder wie Ben besuchen können und in dem sie willkommen sind, wäre toll«, dachte sie und schrieb in ihr Tagebuch ihre Wünsche für einen passenden Kindergarten für Ben:

1. Akzeptanz und Platz für Andersartigkeit.
2. Erzieher, die an allen Kindern interessiert sind und behinderten oder chronisch kranken Kindern Hilfe anbieten wollen und können.
3. Spiel- und Beschäftigungsangebote, die auf die Bedürfnisse von Kindern wie Ben ausgerichtet sind.
4. Eine reizarme Umgebung und Rückzugsmöglichkeiten, die jederzeit aufgesucht werden können.
5. Rücksicht auf individuelle Abneigungen zum Beispiel gegenüber Berührungen, bestimmten Materialien, Reizen und Nahrungsmitteln.

Tipps für Erzieher: Kindergarten mit Autisten

Jedes behinderte Kind und auch jedes Kind mit Autismus-Spektrum-Störung ist anders. Es kann daher keine Standardantwort auf die Frage geben, mit welchen Mitteln die betroffenen Kinder am besten eingeschlossen werden können. Vielmehr ist es erforderlich, dass sich Erzieher individuell auf jedes Kind einstellen und versuchen, dessen Bedürfnisse bestmöglich zu befriedigen. Wer als Erzieher in einem Kindergarten arbeitet und den kleinen Autisten helfen möchte, dem können folgende Punkte als grobe Orientierung dienen:

- Informationen einholen: Je mehr Sie über Autismus wissen, desto besser können Sie helfen.
- Gespräche führen: Besprechen Sie mit den Eltern jedes autistischen Kindes, wie das Krankheitsbild bei ihrem Sprössling ausgeprägt ist, ob das Kind einen bestimmten Pflegeaufwand oder eine Medikation benötigt und ob individuelle Besonderheiten zu berücksichtigen sind. Auch empfiehlt es sich abzuklären, was in einem Notfall zu tun ist.
- Mit Experten zusammenarbeiten: Eine Zusammenarbeit mit Therapeuten oder Ärzten des Kindes kann sinnvoll sein.
- Über Autismus sprechen: Erklären Sie den anderen Kindern, warum das Kind mit Autismus-Spektrum-Störung anders ist als sie. Suchen Sie auch mit den Eltern der anderen Kinder das Gespräch.
- Geeignete Umgebung: Menschen mit Autismus können besondere Ansprüche an die Lichtverhältnisse, den Geräuschpegel oder den Sitzplatz stellen. Verschaffen Sie sich darüber Informationen bei den Eltern und versuchen Sie, die Umgebung an die Bedürfnisse des Kindes anzupassen, so weit dies möglich ist.

- Reize verringern: Minimieren Sie Reizeinflüsse, besonders solche, unter denen das Kind mit Autismus-Spektrum-Störung aus Ihrer Gruppe am meisten leidet.
- Für Auszeiten sorgen: Gehen Sie mit einem autistischen Kind raus oder suchen Sie mit ihm einen abgetrennten Raum auf, wenn es Ruhe braucht.
- Wortwahl überdenken: Formulieren Sie Aufforderungen so, dass das Kind sie versteht und sich angesprochen fühlt.
- Distanz wahren: Fassen Sie das Kind nicht an, wenn es das nicht mag, oder nur, wenn es unbedingt nötig ist.
- Nicht dem Spott ausliefern: Schützen Sie das behinderte Kind vor anderen Kindern, zumal dann, wenn es durch sein Verhalten (zum Beispiel durch Stereotypien) auffällig wird.

Zugänglicheren Kindern mit Autismus-Spektrum-Störung können Sie behutsam helfen, Kontakte aufzubauen. Weigert sich aber ein Kind partout und mag lieber alleine spielen, sollten Sie das akzeptieren.

2.7 Übungen für die Praxis

2.7.1 Lernen durch zuhören

Lesen Sie den Kleinen Geschichten vor, in denen es um soziale Themen wie Konflikte, Gewalt, Rücksichtnahme oder Höflichkeit geht. Gut eignen sich auch Märchen, in denen elementare Bestandteile des Zusammenlebens aufgegriffen werden. Neid und Arglist zeigt beispielsweise das Märchen von Schneewittchen, Zusammenhalt das von Hänsel und Gretel und Hilfsbereitschaft das von Sterntaler.

2.7.2 Malen, um Gefühle zu äußern

Lassen Sie die Kinder ein Bild von ihren Gefühlen malen und die Kleinen erklären, warum sie ein Gefühl auf eine bestimmte Art dargestellt haben.

2.7.3 Bilderbücher: Schlauer als gedacht

Mit Bildern aus geeigneten Bilderbüchern können Sie sich zusammen mit einem autistischen Kind sozialen Handlungen annähern wie aneinander helfen, miteinander streiten oder Freundschaften aufbauen.

2.7.4 Musik kann Gefühle lösen

Veranstalten Sie doch einmal einen Tanznachmittag mit den Kleinen. Geeignete Tanzmusik, die gute Laune macht, gibt es von vielen Kindermusik-interpreten. Viele autistische Kinder gehen aus sich heraus, wenn sie sich zur Musik frei bewegen können. Manche sind nur dann in der Lage, so etwas wie Gefühle zu äußern.

2.8 Was sollten Eltern beachten?

Für Eltern ist es wichtig, sich Zeit für die Auswahl des Kindergartens zu nehmen und darauf zu achten, dass bei dem Personal bereits Erfahrung im Umgang mit autistischen Kindern besteht. Selbstverständlich sollte sein, dass gegenüber behinderten Kindern eine aufgeschlossene und offene Haltung besteht. Das sollte nicht nur auf die Erzieher und die anderen Mitarbeiter zutreffen, sondern bestenfalls auch auf die anderen Kinder und deren Eltern. Je nachdem kann es sinnvoll sein, dass ein Integrationshelfer das Kind im Kindergarten begleitet. Dies ist vor allem dann zu bedenken, wenn das Kind das einzige mit Autismus oder überhaupt mit einer Behinderung in dem Kindergarten ist. Der Integrationshelfer soll dann vermittelnd zwischen dem autistischen Kind und den anderen Kindern auftreten und zusammen mit den Erziehern und den Eltern des Kindes an der Förderung des Kindes arbeiten.

Wenn Eltern Interesse an der Unterstützung durch einen Integrationshelfer haben, kann es möglich sein, diese Kraft über den Kindergarten anzustellen. Nachteilig ist dann, dass die Eltern keinen oder kaum Einfluss auf die Wahl der Person haben. Alternativ können Eltern bei der Behörde einen Antrag stellen und mit einem zugesicherten Budget selbst die Auswahl und Anstellung der Integrationskraft vornehmen.

2.9 Ziele für die Inklusion autistischer Kinder

Richtig umgesetzt kann eine frühe Inklusion eine erste Annäherung an soziales Lernen schaffen. Voraussetzung ist allerdings, dass weder das autistische Kind noch sein Umfeld dabei überfordert sind. Auch die Erwartungen sollten realistisch sein. Es ist illusorisch anzunehmen, dass ein autistisches Kind, dessen Behinderung ja gerade durch Defizite im sozialen und kommunikativen Bereich definiert ist, im Kindergarten auch nur annähernd im gleichen Maße wie ein gesundes Kind soziale Kompetenzen erwerben könnte. So sollte auch niemals versucht werden, das Kind mit den gleichen Maßstäben zu messen wie die Gleichaltrigen. Mit einer solchen Erwartungshaltung würden autistische Kinder und deren Eltern unnötig unter Druck gesetzt werden. Sinnvoller und weniger frustrierend ist es, das individuelle Kind zu betrachten und zu schauen, was genau dieses Kind für Fortschritte machen kann. Oft sind nur kleine Schritte möglich. Doch gerade dann ist jeder auch noch so kleine Schritt in die richtige Richtung eine große Leistung. Ein solcher kleine Schritt kann schon darin bestehen, wenn das Kind ab und zu bereit ist, an Gruppenaktivitäten teilzunehmen. Überzogen ist es hingegen anzunehmen, dass ein Kind mit Autismus in einem inklusiven Kindergarten in der Lage ist, sich vollständig in das Miteinander zu integrieren. Auch die besten Bemühungen können angesichts solcher Vorstellungen nur scheitern und zu Frustrationen und Überforderung auf allen Seiten führen. Also: Realistisch und gelassen bleiben, so lautet die Maxime.

Voraussetzung für eine geeignete Förderung von nicht-behinderten und behinderten Kindern ist, dass sich alle entsprechend ihrer Fähigkeiten entwickeln können. Niemand sollte sich langweilen und niemand überfordert sein. Dass sich das nur mit viel Engagement und Einfühlungsvermögen umsetzen lässt, liegt auf der Hand. Ebenso ist offensichtlich, dass die Kindergruppen eine bestimmte Größe nicht überschreiten dürfen, um diese Förderung garantieren zu können.

2.10 Inklusion im Kindergarten: Sinnvoll oder nicht?

Die Meinungen zum Sinn einer vollständigen Inklusion gehen bereits beim Kindergarten auseinander. Verunsicherung kann entstehen, wenn Inklusion nicht richtig verstanden wird. Es geht nicht darum, ein behindertes Kind an das Leistungsniveau und die Fähigkeiten der Gleichaltrigen anzupassen oder dessen Defizite, Einschränkungen und Besonderheiten beseitigen zu wollen. Vielmehr sollten individuell bei den behinderten Kindern Stärken, Fähigkeiten und positive Eigenschaften gefördert werden und ihnen dabei so weit es geht Normalität ermöglicht werden. An die Kinder dürfen keine zu hohen Erwartungen gestellt werden. Ziel sollte sein, ihnen das Gefühl zu geben, ein gewollter und akzeptierter Teil der Gemeinschaft zu sein. Ob das Kind die Inklusionsbemühungen dann auch annehmen kann, lässt sich kaum beeinflussen. Manche Autisten fühlen sich am Rande der Gemeinschaft am wohlsten und mögen es, das Geschehen von dieser Position aus zu beobachten. Andere wünschen sich hingegen ein gewisses Maß an »Mittendrinsein« statt nur »Dabeisein« und sind dankbar, wenn ihnen dazu die Hand entgegengestreckt wird. In jedem Fall ist wünschenswert, dass die Gesellschaft akzeptiert, wie ein Mensch mit Autismus sich individuell am wohlsten fühlt. Allein schon das Gefühl, stets eingeladen zu sein, am gesellschaftlichen Leben und der Gemeinschaftauch aktiver teilzuhaben, ist für viele Menschen mit Autismus immens wohltuend. Es vermittelt ihnen, gewollt und erwünscht zu sein, aber dennoch respektiert mit ihren individuellen Bedürfnissen und Grenzen. Genau damit kann bereits im Kindergarten begonnen werden und in integrativen Einrichtungen ist die Hoffnung, dass das auch funktioniert, vermutlich am größten. Vorteilhaft an den integrativen Kindergärten ist zudem, dass sie oft festgelegte Abläufe und etablierte tägliche Routinen haben, die Autisten entgegenkommen.

Ein Problem vieler integrativer Einrichtungen ist jedoch, dass höhere Beiträge zu zahlen sind als für konventionelle Kindergärten. Auch lange Wartelisten können die Aufnahme erschweren. Das ist schade, da so bereits im Kindergartenalter das Einkommen bzw. der Wohnort der Familien über die Förderung des Kindes entscheidet.

Auch ein Mangel an Fachkräften lässt es noch als utopisch erscheinen, dass alle Kinder im Kindergarten bestmöglich betreut und gefördert werden. Abhilfe könnte möglicherweise dadurch geschaffen werden, dass in Zukunft spezielle, durch eine künstliche Intelligenz gesteuerte Roboter Betreuungsaufgaben durchführen. Ein Beispiel für eine solche Lösung ist QTrobot (kurz QT), ein Produkt vom luxemburgischen Unternehmen LuxAI. Das Unternehmen haben die Ärztin Aida Nazarikhorram und der KI-Experte Pouyan Ziafati gegründet. Der KI-gestützte Roboter soll es Eltern und Lehrkräften erleichtern, Zugang zu autistischen Kindern zu finden. Die Idee dahinter ist, dass sich viele autistische Kinder beim Lernen leichter auf Technik einlassen können als auf soziale Interaktionen. Es ist für sie von Vorteil, dass Technik berechenbar, nicht wertend und strukturiert ist und außerdem auch nicht ermüdet, ungeduldig oder frustriert wird. Der Roboter kann mit Kindern soziale Interaktionen trainieren, die das Kind später im Kontakt mit anderen Kindern umsetzen bzw. verfeinern könnte. Lernroboter mit künstlicher Intelligenz sind dabei in der Lage, auf Reaktionen des Kindes zu reagieren und die nächste Übungseinheit an den Stand des Kindes anzupassen. Zudem können Roboter wie QT das kulturelle Umfeld, die Sprache, das Alter und den Entwicklungsstand der Kinder berücksichtigen. Mit dem individualisierten Ansatz ist eine optimale Förderung des Kindes in genau dem Tempo möglich, das für das Kind das Beste ist. Während das autistische Kind mit dem Roboter beschäftigt ist, können sich Erzieher um andere Kinder kümmern. Eine Förderung des Kindes mit Autismus wäre somit in einem »normalen« Kindergarten auch ohne spezielles Fachpersonal möglich.[20]

2.11 Interview mit Andrea Müller: »Der Weg der Fortschritte braucht Zeit und Geduld«

Andrea Müller, Mutter eines elfjährigen Sohnes mit Autismus, ist Mitbegründerin des Gesprächskreises Autismus im niedersächsischen Bovenden. In einem Interview erklärt sie, wie wichtig ein richtiger Umgang mit den Kindern von Anfang an ist und wie sehr es oft noch an Informationen und Unterstützung mangelt.

Warum ist eine möglichst frühe Diagnose von Autismus-Spektrum-Störungen vorteilhaft?
Mit einer früh erfolgten Diagnose kann man rechtzeitig in allen nötigen Bereichen gezielt fördern, trotzdem aber auch ein Augenmerk auf eine mögliche Überforderung haben. Das ist wichtig, um das Kind nicht immer wieder aus der Bahn zu bringen und sich Zielen in einem erträglichen Tempo Stück für Stück zu nähern.

Nach der Diagnose sollte so früh wie möglich mit erforderlichen, autis-musspezifischen Therapien, etwa einer Logopädie oder Ergotherapie, angefangen werden. Das Kind profitiert davon, da es eher gefördert, gefordert und motiviert wird. Bei einer späten Diagnose ist es schwieriger, einmal festgefahrene Verhaltensmuster und Ängste wieder aufzulösen. Da autistische Kinder oftmals unter großen und manchmal leider auch anhaltenden Sprachentwicklungsverzögerungen leiden, heißt es gerade hier: Je früher die Diagnose und je eher die Intervention beginnen kann, desto besser! Mit dem Wissen und dem offenen Umgang mit der Diagnose Autismus wird sicher auch die Umwelt sensibler reagieren, was es sowohl den Eltern als auch dem Kind einfacher macht.

---

20 Europäische Investitionsbank. Roboter erleichtert Eltern und Lehrkräften soziale Interaktion mit autistischen Kindern, https://www.eib.org/de/stories/artificial-intelligence-education-robot; Fourtané, Susan. Robotergestützte Therapie für autistische Kinder. 26. August 2018, https://www.wissenschaft-x.com/robot-assisted-therapy-for-autistic-children.

Als einen ganz besonders wichtigen Punkt einer frühen Diagnose sehe ich aber auch die Sicherheit und Erleichterung, die die Eltern dadurch erhalten. Sie wissen nun, warum ihr Kind sich so sonderbar (eben autismustypisch) verhält und warum so viele Probleme im Umgang mit dem Kind auftreten. Sie erfahren, dass nicht sie oder ihre Erziehung Schuld sind und dass sie nichts falsch gemacht haben. Es gibt den Eltern die Möglichkeit, sich früh mit der Diagnose auseinanderzusetzen, sie (manchmal vielleicht auch mit professioneller Hilfe) zu akzeptieren und sich darauf einzustellen.

Ein Blick zurück

Als unser Sohn Hendrik zehn Monate alt war, schauten wir aufgrund seiner oft merkwürdigen Verhaltensweisen das erste Mal im Internet unter Autismus nach. Trotz einer diagnostizierten sensineuralen Hörschädigung hatten wir immer wieder das Gefühl, das Hendrik unter Autismus leidet. Viele Ärzte zauderten, äußerten immer wieder den Verdacht, wollten aber keine endgültige Diagnose (keinen endgültigen »Stempel«) in diese Richtung stellen. Leider dauerte es so bis zur Diagnose des Frühkindlichen Autismus noch einmal zweieinhalb Jahre. Als unser Facharzt, der Hendrik noch heute behandelt, die Diagnose nach langer und gründlicher Untersuchung stellte, war es für uns eine Bestätigung unserer lang gehegten Vermutung und endlich ein Ende unserer Unsicherheit. Mit der jetzt endlich festgestellten und gesicherten Diagnose hatten wir dann plötzlich auch keine Schwierigkeiten mehr, eine Pflegestufe und einen Behindertenausweis zu beantragen. Vorher wurde beides abgelehnt, trotz genau der gleichen Situation zu Hause. Aber jetzt hatten die Symptome einen Namen und eine Schublade bekommen, womit die Behörden dann plötzlich arbeiten konnten.

Unser Glück war, dass unser Sohn durch die Hörschädigung schon sehr früh Logopädie und Frühförderung erhalten hatte. Als Hendrik vier Jahre alt war, benötigte er durch eine Nachreifung der Hörnerven keine Hörgeräte mehr. Viele Dinge, die wir auf die Hörschädigung zurückgeführt hatten, erkannten wir jetzt als Verhaltensweisen, die ebenfalls durch den Autismus hervorgerufen wurden.

Da Hendrik eher Interesse an Dingen als an uns Familienmitgliedern hatte, fing ich irgendwann an, Sachen, die ihn interessierten (Baumstämme, Holz, Säge und andere Werkzeuge) zu malen und richtete so nach und nach dadurch seine Aufmerksamkeit auf mich. Er fing an, mir in einzelnen Wörtern mitzuteilen, was er von mir gemalt haben wollte. Auf diesem Weg kam eine erste kleine Kommunikation zustande. Etwas später begann ich, an meine Malerei Bedingungen zu knüpfen: »Ich male dir das Gewünschte, wenn du vorher ... machst.« Dadurch motiviert, erzielte Hendrik erste kleine Fortschritte in seiner Entwicklung. Aber: Der Weg der Fortschritte braucht Zeit und Geduld und je früher mit den ersten Schritten begonnen werden kann, desto besser.

Was sind aus Ihrer Sicht wichtige Unterstützungen für Eltern von Kindern mit Autismus-Spektrum-Störungen in den ersten Lebensjahren?
Wünschenswert, aber im Moment noch ein Traum, wäre für die Eltern eine unabhängige Institution (z. B. integriert im Gesundheitsamt oder Jugendamt mit einer sicheren Finanzierung) als Anlaufstelle, die die Eltern unentgeltlich und ohne eine Mitgliedschaft über alle wichtigen Dinge nach der Diagnosestellung informiert und an die man sich jederzeit mit allen möglichen und unmöglichen Fragen ohne Hemmungen wenden kann, etwa: Wo bekommen Eltern genauere Informationen über die Autismus-Spektrum-Störung, was erwartet sie jetzt, wie kann der Alltag gemeistert werden? Was kann ich beantragen, was steht mir zu? Wie beantrage ich einen Behindertenausweis und bringt er mir Vorteile? Wie beantrage ich eine Pflegestufe? Habe ich ein Anrecht auf erweiterte Betreuungsleistungen oder auf Verhinderungspflege und was ist das überhaupt? Was ist das persönliche Budget? Welche Arten von Therapien gibt es und kommen sie für uns in Frage? Wie kann ich einen Antrag auf einen Integrationshelfer stellen? Die Liste könnte man noch um viele Punkte erweitern.

Ein Blick zurück

Als wir die Autismus-Diagnose unseres Sohnes Hendrik erhielten, mussten wir uns alleine durch einen undurchsichtigen Dschungel fragen. Wir mussten mühsam alle für uns wichtigen Informationen Stück für Stück zusammentragen. Uns wurden Steine in den Weg gelegt: Wegen der Kostenübernahme der Einzelintegration unseres Sohnes im Kindergarten mussten wir dem Sozialamt damals unterschreiben, dass wir nicht mit weiteren Forderungen an das Amt herantreten würden. Aus diesem Grund fand auch eine Ablehnung der Kostenübernahme einer spezifischen Autismustherapie statt. Auch die Krankenkasse lehnte die Kostenübernahme einer Autismustherapie ab. Also war ich völlig alleingelassen und »therapierte« Hendrik zu Hause aus dem Bauch heraus, mit viel Motivation, positiver Verstärkung, viel Einfühlungsvermögen und Verständnis und stetiger Forderung und Förderung. Ich konnte mich mit Fragen zu Problemen zwar jederzeit an unseren behandelnden Arzt wenden, aber eine Therapie ersetzte das natürlich nicht. Ich habe in dieser Zeit unglaublich viel über Autismus gelesen und mein liebstes Buch ist mit Abstand auch heute noch »Ein guter Tag ist ein Tag mit Wirsing« von Nicole Schuster.[21] Es hat mir bei so manchen Problemen weiter geholfen. Unser Sohn hat einen unglaublich positiven Weg hinter sich und das ist die schönste Belohnung für meinen unermüdlichen Einsatz.

Es wäre in dieser Zeit gut gewesen, wenn wir mehr Unterstützung, Information und Hilfe gehabt hätten. Damit es anderen Eltern nicht so ergeht wie uns, haben eine andere Mutter und ich im Mai 2010 zusammen eine Elternselbsthilfegruppe ins Leben gerufen, in der wir regelmäßig wichtige Informa-

---

21 Erschienen im Weidler Verlag Berlin 2007.

tionen, sowie Freud und Leid, Lachen und Weinen miteinander teilen können. Wir haben untereinander unsere Telefonnummern ausgetauscht, denn manchmal hilft es einem schon weiter, wenn man mit Menschen sprechen kann, die genau wissen, wovon man spricht und die auch das ganze Ausmaß ohne viele Worte begreifen. Oft genügen ein paar aufmunternde Worte oder ein paar gute Ratschläge, damit man wieder Mut schöpft, tief Luft holt und sich dann wieder gestärkt dem Alltag stellen kann. Und dieser Alltag ist sehr anstrengend und von Sorgen begleitet, denn alle Eltern haben ein Ziel vor Augen: Dass sich das autistische Kind später im Erwachsenenalter so gut wie möglich alleine versorgen können wird.

Inklusion sollte nicht erst in der Schule beginnen. Schon im Kindergarten sollten Kinder mit Autismus-Spektrum-Störungen in die Gesellschaft anderer Kinder aufgenommen werden. Wo besteht hier Verbesserungsbedarf?
Ganz eindeutig in einer besseren Information vor Aufnahme des Kindes. Wird ein Kind mit einer Autismus-Spektrum-Störung im Kindergarten integriert, ist es notwendig, dass sich die Erzieher wirklich umfassend mit dem Störungsbild auseinandersetzen, damit tatsächlich eine Integration und eine Förderung ohne Überforderung des autistischen Kindes stattfinden kann und nicht nur ein Nebeneinander entsteht. In meinen Augen ist die Bereitschaft, so ein Kind aufzunehmen, zwar oft gegeben, aber es besteht in Kindergärten immer noch viel zu wenig Wissen über eine Diagnose aus dem Autismus-Spektrum und deren umfassende Auswirkungen, sodass zu viele »Fehler« im Umgang mit autistischen Kindern gemacht werden. Abhilfe würden da vielleicht spezielle Schulungen verschaffen, die Therapeuten oder sogar der behandelnde Facharzt des Kindes mit den Kindergartenmitarbeitern veranstalten. Wichtig bleibt, das Kind individuell mit seinen Schwächen, Schwierigkeiten und auch Stärken zu betrachten. Im Kindergarten muss vielleicht auch berücksichtigt werden, dass eventuell räumliche Änderungen vorgenommen werden müssen, damit sich das betroffene Kind überhaupt wohl fühlen kann. Gerade das ist manchmal nicht so leicht zu vermitteln, da diese Kinder ja keine offensichtlichen Körperbehinderungen/Bewegungseinschränkungen haben, die eine Änderung begründen würden. Trotzdem kann es sein, dass ein Bodenbelag ausgetauscht werden muss (PVC in Teppichboden ist vorteilhaft, da er Lärm schluckt) oder es kann sein, dass ein Vorhang, eine Lichtquelle, Möbel, Farben oder Ähnliches verändert werden müssen. Auch diese Bereitschaft muss vorhanden sein. Wichtig ist auch, eine Ruhezone, also einen Rückzugsort nur für das autistische Kind, zu schaffen, wohin es sich bei Überforderung für eine Weile zurückziehen kann. Kindergartenmitarbeitern ist oft nicht klar, dass die Betreuung eines autistischen Kindes auch eine große personelle Herausforderung mit viel persönlichem Einsatz sein kann und dass das betroffene Kind unter Umständen eine Eins-zu-eins-Betreuung benötigt. Kleine Kinder, die von Autismus betroffen sind, haben auch oft kein oder nur ein sehr eingeschränktes Gefahrenbewusstsein, dem unbedingt Rechnung getragen werden muss. Das kann bedeuten, dass Außentüren oder Gartentore ständig abgeschlossen sein müssen.

2 Kindergarten

Ein Blick zurück

Als Hendrik bei uns im Ort in den Kindergarten kam, war eine Kindergärtnerin besonders für ihn zuständig. Sie war sehr um ihn bemüht und versuchte ihn so genau wie möglich kennenzulernen und zu verstehen, um dann auch sehr genau auf ihn eingehen zu können. In einem langen Gespräch versuchte ich alle Fragen des Kindergartens zu beantworten und Hendriks Besonderheiten darzustellen. Auch ein Ruheraum wurde extra für ihn geschaffen, den er immer wieder, gerade beim Freispiel und dem daraus resultierenden Lärm der anderen Kinder, aufsuchte. Im Laufe seiner Entwicklung benötigte er diesen Raum immer weniger. In Hendriks liebster Spielecke wurde Teppichboden ausgelegt, da dieser Lärm schluckte. Zu Beginn von Hendriks Kindergartenzeit saß er im Außengelände viel alleine unter einem Weidenbusch und spielte dort ganz selbstvergessen. Rückblickend finde ich es noch heute schön, dass die Erzieherinnen dies »ausgehalten« haben und ihm diese Zeit auch gegeben haben, andererseits aber auch immer wieder für, anfangs vorsichtige, Berührungspunkte mit den anderen Kindergartenkindern gesorgt haben. Nach und nach fing er an, sich erst für die Tätigkeiten der Kinder und dann auch für die Kinder selbst zu interessieren und war nicht mehr so oft unter dem Busch anzutreffen.

Ich denke, im Kindergarten sollte ein gutes Maß gefunden werden, wann das Kind gefördert wird und wann es sich einfach mit sich selber beschäftigen und Pause machen darf. Die anderen Kinder akzeptierten Hendrik genau so, wie er war. Wenn er wollte, wurde er in die Spiele eingebunden, brauchte er Pause und »klinkte sich aus«, war das auch völlig in Ordnung. War Hendrik dann wieder bereit, kam er zurück und spielte weiter mit. Das war für die anderen Kinder völlig normal. Oft leisteten sie Hendrik, ohne Aufhebens davon zu machen, Hilfestellung bei Sachen, die er nicht so gut konnte. Durch die gelungene Integration war es einfach selbstverständlich für sie.

Wie reagieren andere Eltern auf ein Kind mit Autismus-Spektrum-Störungen?
Ich weiß von Eltern autistischer Kinder, dass ihnen von Seiten Eltern »neu-rotypischer« Kinder – das Wort »neurotypisch« mag ich eigentlich nicht, denn wer will bestimmen, wer neurotypisch ist und wer nicht? – vorgeworfen wurde, sie würden ihr Kind schlecht erziehen und sie müssten doch nur mal richtig durchgreifen, damit das autistische Kind Benimmregeln lernt und sich angepasst verhält. Alles Andere wäre doch nur eine Ausrede für das Versagen der Eltern. Das kann so weit gehen, dass Eltern durch dieses regelrechte Mobbing so verzweifelt sind, dass sie umziehen.

Ein Blick zurück

Wir sind mit Hendriks Diagnose von Anfang an sehr offen umgegangen und haben jedem, der Interesse zeigte, versucht, die Diagnose Autismus näher zu bringen und zu erklären.

Dadurch hatten wir nie Probleme mit anderen Eltern, da diese ja wussten, was bei Hendrik anders ist. Es gab in all den Jahren keine Eltern, die einen Kontakt mit Hendrik für ihr Kind ablehnten oder die gesagt haben, dass sie es sich nicht zutrauen, Hendrik bei sich zu Hause zu haben, wenn er sich mit einem anderen Kind zum Spielen verabredet hat. Ich habe immer kurz erklärt, welche Probleme eventuell auftauchen könnten und wie man dann damit umgehen kann. Damit war anderen Eltern die Unsicherheit genommen und sie haben sich selber auch mehr im Umgang mit Hendrik zugetraut. Außerdem gab ich den Eltern in der Anfangszeit, als Verabredungen aktuell wurden, auch immer die Sicherheit, dass ich bei Problemen jederzeit telefonisch zu erreichen war oder sogar vorbei kommen würde. Das war aber nie nötig. Ich habe auch immer angeboten, dass die Kinder bei uns zu Hause unter meiner Aufsicht spielen könnten. Wie bei anderen Kindern auch, war es aber meistens ein: »Heute spielen wir bei mir und Morgen bei dir«.

Hendrik hat sich allerdings erst dann mit anderen Kindern nachmittags verabredet, als er von seiner Entwicklung her soweit war. Da war er etwa fünf bis sechs Jahre alt. Auch zu der Zeit gab es noch manchmal ein teilweises Nebeneinanderspielen, aber die Kindergartenkinder kannten das ja und es war völlig normal und in Ordnung für sie.

Kann der Besuch eines normalen Kindergartens Kinder mit Autismus-Spektrum-Störungen auch überfordern?
Ja, auf jeden Fall. Je nach Individualfall muss eine Menge beachtet werden, damit sich das autistische Kind im Kindergarten wohl fühlen kann und nicht nur unter Stress, Überfrachtung oder Angst leidet. Tut es das, würde das Kind in seiner Not versuchen, der Situation irgendwie zu entkommen. Dieses irgendwie äußert sich dann meist in Weinen, Schreien, Aggressionen, selbstverletzendem Verhalten, sich in sich Zurückziehen, Weglaufen, sich Verstecken u. ä. Es ist sehr traurig, wenn es so weit kommen muss. Bei guter Information über Autismus kann der Kindergarten aber gezielt darauf achten, dass die Gefahr einer Überforderung so gut wie möglich ausgeschlossen wird.

Ist es für Eltern leichter, wenn ihre autistischen Kinder Freunde haben?
Ich kann mir schon vorstellen, dass es viele Eltern erleichtert, wenn ihr von Autismus betroffenes Kind Freunde hat und Freundschaften halten kann. Es ist normaler, nicht alleine sein zu wollen und vielleicht bedeutet es für die Eltern ein Stück Normalität bei ihrem ansonsten gar nicht normalen Zusammenleben mit ihrem autistischen Kind.

Ein Blick zurück

Wir haben uns über das Thema Freundschaften nie viel Gedanken gemacht. Für uns war immer am Wichtigsten, dass Hendrik sich wohl und geliebt fühlt. Wenn er alleine sein wollte, weil er Zeit für sich benötigte oder weil er

> gedanklich mit einer für ihn sehr wichtigen Sache beschäftigt war, dann hat die gesamte Familie das akzeptiert. Vielleicht sind wir dabei aber auch so entspannt, weil Hendrik (jetzt 11 Jahre alt) noch zwei Schwestern (14 und 7 Jahre alt) hat, wir drei Hunde haben und deswegen insgesamt viel Trubel bei uns herrscht und man eigentlich nie alleine ist. Es war schon immer so, dass Hendrik von seinen Schwestern bei vielen Aktivitäten mitgezogen und ganz selbstverständlich in alle Ideen einbezogen wurde. Dadurch hat er für den Umgang mit seinen Freunden aus der Schule viel gelernt, was er jetzt ganz automatisch umsetzt.

Tiere können einen positiven Effekt auf Kinder mit Autismus-Spektrum-Störungen haben. Können Sie das aus Ihrer Erfahrung bestätigen?
Ja, das haben wir auch bei Hendrik erlebt. Einer unserer Hunde, der Mops Murmel, gehört ganz allein Hendrik. Er hat ihn sich ein Jahr lang ganz heiß und innig gewünscht, es musste ein Mops sein und er sollte Murmel heißen. Wir haben dem Wunsch dann irgendwann, als mein Mann und ich »mürbe« waren, nachgegeben.

Wir waren erst sehr skeptisch, da Hendrik nie Hunde angefasst hat. Wir hatten immer schon ein oder zwei Hunde, und kam einer an ihm vorbei, hat er beide Hände gehoben, weil er das Fell einfach nicht berühren mochte. Das Gefühl von Fell an seiner Hand fand er scheußlich. Doch der Einzug von Murmel hat alles geändert. Hendrik knuddelt und spielt mit ihm und selbst nach drei Jahren ist Hendriks Liebe zu dem Hund unverändert groß. Jeden Tag geht er bei Wind und Wetter mit ihm raus und hat unter unserer Aufsicht und Kontrolle gelernt, Verantwortung für den Hund zu übernehmen. Es macht sehr viel Spaß, das Hendrik-Murmel-Team im selbstverständlichen Miteinander zu erleben.

Manchmal muss man vielleicht auch ungewöhnliche Wege gehen, um dadurch Veränderungen herbei zu führen. Als Hendrik klein war, hätten wir niemals gedacht, dass er irgendwann einmal die Nähe zu uns oder zu einem Tier suchen würde. Inzwischen braucht er diese Nähe und er kommt regelmäßig zum

Kuscheln zu uns und bekommt und verteilt auch gerne mal einen Kuss. Noch vor zwei Jahren hat er meine Küsse auf seiner Wange zwar toleriert, aber diesen Kuss mit dem Ärmel hinterher abgewischt. Seitdem Murmel da ist, hat sich das verändert.

2.12 Links zum Thema

- https://www.neuraxwiki.de/artikel/details/479_Autismus_im_Kindergarten_und_in_der_Schule.html
- www.autismushamburg.de/kindergarten.html
- www.autismusstuttgart.de/alltag.html
- www.kindergartenexperte.de/ratgeber-fuer-eltern/gesundheit/kinder-mit-behinderung/autismus/
- https://www.lernando.de/magazin/54/Autismus-bei-Kindergarten-und-Grundschulkindern-Was-Eltern-und-Fachkraefte-hierzu-wissen-sollten
- https://www.westermann.de/landing/kompetent-erziehen/Autismus
- https://autismus-kultur.de/autismus/autismus-symptome-bei-kindern.html
- https://www.kita.de/wissen/autismus-kind/
- https://www.einzigartig-eigenartig.de/kindergarten_und_schule.html
- https://www.white-unicorn.org/?mod=eingewoehnung
- www.haz.de/Hannover/Aus-der-Stadt/Uebersicht/Kindergarten-fuer-autistische-Kinder
- www.autismus-langen.de/fachkundige/FB_28_06_2012_Kita.pdf
- www.autismus-fortbildungen.de/page3.html
- www.autismushamburg.de/erfahrungsberichte.html

3 Schule

3.1 Karlas Tagebuch

Liebes Tagebuch,
nach langer Zeit melde ich mich wieder. Bens Kindergartenzeit neigt sich dem Ende zu. Er ist nun fünf Jahre alt. Der Start in den Kindergarten verlief holprig und bis zuletzt bereitete sein Aufenthalt dort Probleme. Oft musste ich den Jungen früher abholen. An manchen Tagen war ein Besuch auch gar nicht möglich. Im Kindergarten ging das, da zeigte man Verständnis dafür und Ben war auch nicht das einzige Kind, das außerhalb der normalen Abholzeiten gelegentlich heimgeholt wurde. Doch jetzt steht Bens Einschulung bevor. Und damit endet auch die Zeit, dass ich unser Kind einfach zu Hause lassen kann, wenn es morgens einen reizbaren Eindruck macht und ich weiß, dass der Tag mit ihm schwierig werden wird. In der Schule kann ich den Jungen auch nicht regelmäßig früher abholen. Mit dem Schulbeginn wird vieles anders. Und da frage ich mich: Wird Ben das schaffen? Werde ich die Kraft haben, Tag für Tag mit ihm Gefechte auszuführen und ihn dazu zu bringen, in die Schule zu gehen? Werden die Lehrer Verständnis zeigen? Und ganz grundsätzlich: Auf welche Schule überhaupt mit unserem Kind? Die Regelschule, die Sonderschule? Ben ist sehr intelligent, das wird uns immer wieder bestätigt. Aber für den Besuch der Regelschule muss man mehr als intelligent sein. Man muss auch sozial sein können, sich an Regeln halten und sich integrieren können. All das kann Ben nicht.

Mein Mann Karl ist wie so oft in den letzten Jahren keine große Stütze. Wir sprechen kaum noch miteinander und wenn, dann hauptsächlich über Belanglosigkeiten. Karl zieht sich zunehmend zurück. Er fühlt sich zurückgesetzt, da ich fast alle Zeit mit Ben verbringe. Abends bin ich dann so geschafft, dass ich für ihn, für seine Bedürfnisse und Probleme keine Kraft mehr habe. Das geht nun schon so, seit Ben auf der Welt ist. Wir entfernen uns immer mehr voneinander. Ich leider darunter. Karl leidet darunter. Aber mein Kind aufgeben, um meine Ehe zu retten? Das kommt für mich nicht infrage. Für Ben kämpfe ich wie eine Löwin. Und ich möchte, dass sich Karl als Bens Vater auch mehr kümmert. Und so nahm ich vor ein paar Tagen meinen Mut zusammen und sprach das Thema »Schule« an. Doch Karl zeigte wie gewöhnlich wenig Bereitschaft, mit mir über Ben zu sprechen. »Du machst doch sonst auch alles alleine mit dir und Ben aus. Warum nicht jetzt?« Der Kommentar tat weh.

Hilfe finde ich nur bei einer guten Freundin. Ich habe sie über unseren Kinderarzt kennengelernt. Ninas Sohn hat das Down-Syndrom. Das verbindet.

Nina meint, ich sollte mich zunächst sowohl an einer Regelschule als auch an einer Sonderschule informieren. Und das habe ich auch gemacht. An der Regelschule reagierte der Schulleiter eher abweisend auf meine Fragen. Er würde Ben aufnehmen, aber nur unter der Voraussetzung, dass damit kein besonderer Aufwand verbunden sei. Rücksicht auf ein Kind mit Behinderung könne man an seiner Schule nicht nehmen, dafür würde man ihm hier einen »normalen« Start ins Leben ermöglichen. An der Sonderschule hingegen war man bereit, auf Ben einzugehen und auch Aufgaben der Pflege und Erziehung zu übernehmen. Hier war Ben ein behindertes Kind von vielen und würde nicht weiter auffallen. Zudem lag die Sonderschule nur zwei Straßen von unserem Haus entfernt. Ich tendierte zur Sonderschule. Um mir die Entscheidung zu erleichtern, fertigte ich eine Liste mit Pro und Kontra zur Sonderschule an:

Pro:

- In der Sonderschule nehmen alle Rücksicht auf Ben.
- In der Sonderschule ist Ben mit seiner Behinderung nichts Besonderes und fällt nicht (unangenehm) auf.
- In der Sonderschule ist Ben nicht peinlich.
- Ich kann mich eher darauf verlassen, dass mein Sohn in fachkundigen Händen ist.

Kontra:

- Ben ist sehr intelligent. In einer Sonderschule kommt seine intellektuelle Förderung zu kurz.
- In der Sonderschule besteht die Gefahr, dass man ihm zu viel »autistisches Verhalten« durchgehen lässt und damit seine Entwicklung blockiert.
- Es fehlen Ben Vorbilder ohne Behinderung, an denen er sich orientieren könnte.

Liebes Tagebuch,
heute habe ich mich entschieden. Es war eine reine Bauchentscheidung. Ich will Ben trotz allem auf die Regel-Grundschule schicken und versuchen, ob wir es gemeinsam hinbekommen können. Denn wenn wir jetzt nicht die Regelschule wagen, und auf diesen Versuch will ich es ankommen lassen, dann wird Ben wahrscheinlich nie mehr die Möglichkeit dazu haben. Ein Wechsel in eine Sonderschule ist immer möglich. Doch ob ich eine Regelschule finden werde, die Ben, wenn er erst einmal als Sonderschüler »abgestempelt« ist, noch aufnehmen wird, bezweifle ich.

Die Entscheidung für die Regelschule macht mir Angst. Mute ich mir und meinem Jungen zu viel zu? Überfordere ich uns und vor allem ihn mit meinem Ehrgeiz?

Doch wie soll ich mich entscheiden in meinem Dilemma? Ben ist ein Junge, der aus jedem Raster fällt. Weder typischer Sonderschüler noch ein Kind, das für die Regelschule so ohne weiteres geeignet ist. Ben ist anders. Und für dieses Anderssein scheint es im deutschen Schulsystem derzeit keinen Platz zu geben. Man müsste einen Platz schaffen für solche Kinder. Eine Schule, auf der alle willkommen sind. Auf der alle Kinder gefordert und gefördert werden, ihnen aber auch Grenzen aufgezeigt und sie vor allem als das akzeptiert werden, was sie sind: Kinder mit individuellen Stärken und Schwächen.

3.2 Schule von außen

3.2.1 Aufbau Schulsystem

Die Ausgestaltung des Schulsystems obliegt in der Bundesrepublik Deutschland den Regierungen der einzelnen Bundesländer. Dadurch entsteht ein uneinheitliches Schulsystem. Einigkeit besteht noch nicht einmal in der Art und Anzahl der Schularten und der Dauer der Schulpflicht.

So entsteht folgendes Bild von der Schullandschaft Deutschlands, das aufgrund seiner Komplexität nur annähernd wiedergegeben werden kann:

Bundesland	Schularten	Allgemeine Dauer der Schulpflicht[22]
Baden-Württemberg	Grundschule Werkreal- und Hauptschule Realschule Gymnasium Gemeinschaftsschule Sonderschule Berufliche Schulen	12 Jahre oder 9 Jahre Vollzeitschulpflicht plus drei Jahre Berufsschulpflicht
Bayern	Grundschule Mittelschule Realschule Wirtschaftsschule Gymnasium Förderschule Berufliche Schulen Schulen besonderer Art Schule für Kranke	12 Jahre oder 9 Jahre plus ein Berufsvorbereitungsjahr oder bis zum 21. Lebensjahr

---

22 Die Angaben sehen Ausnahmen und Sonderregelungen vor.

Berlin	Grundschule Integrierte Sekundarschule Gymnasium Modellprojekt: Gemeinschaftsschule Förderschule Berufliche Schulen	10 Jahre
Brandenburg	Grundschule Oberschule Gesamtschule Gymnasium Oberstufenzentren inklusive beruflicher Gymnasien Förderschule Berufliche Schulen	10 Jahre Vollzeitschulpflicht plus Berufsschulpflicht bis zum Ende des Schuljahres, in dem der Schüler das 18. Lebensjahr vollendet hat
Bremen	Grundschule Sekundarschule Gesamtschule Gymnasium Förderschule Berufliche Schulen	12 Jahre
Hamburg	Grundschule Stadtteilschule Gymnasium Sonderschulen Berufliche Schulen	11 Jahre
Hessen	Grundschule Gesamtschule Hauptschule Realschule Mittelstufenschule Gymnasium Förderschule Berufliche Schule	10 Jahre Vollschulzeitpflicht
Mecklenburg-Vorpommern	Grundschule schulartunabhängige Orientierungsstufe Regionale Schule Gymnasium Gesamtschule Förderschule Berufliche Schulen	9 Jahre (Berufsschulpflicht bis zum Ende des Schulhalbjahres, in dem der Schüler das 18. Lebensjahr vollendet hat)
Niedersachsen	Grundschule Hauptschule Realschule Oberschule Gesamtschule Gymnasium Förderschule Berufliche Schulen	12 Jahre

3 Schule

Nordrhein-Westfalen	Grundschule Hauptschule Realschule Gesamtschule Sekundarschule Gymnasium Förderschule Berufliche Schulen	10 Jahre plus Berufsschule oder Schulpflicht bis zum 18. Lebensjahr
Rheinland-Pfalz	Grundschule Realschule/Realschule plus Hauptschule Integrierte Gesamtschule Gymnasium Förderschule Berufliche Schulen	12 Jahre
Saarland	Grundschule Realschule Gesamtschule Gymnasium Förderschule Berufliche Schulen	9 Jahre Vollzeitschulpflicht plus drei Jahre Berufsschulpflicht
Sachsen	Grundschule Mittelschule Gymnasium Förderschule Berufliche Schulen	12 Jahre oder 9 Jahre Vollzeitschulpflicht plus drei Jahre Berufsschulpflicht
Sachsen-Anhalt	Grundschule Sekundarschule Gesamtschule Gymnasium Förderschule Berufliche Schulen	12 Jahre
Schleswig-Holstein	Grundschule Gemeinschaftsschule Regionale Schule Gymnasium Förderschule Berufliche Schulen	9 Jahre plus Berufsschulpflicht mindestens bis zum 18. Lebensjahr
Thüringen	Gemeinschaftsschule Grundschule Regelschule Gymnasium Förderschule Berufliche Schulen	10 Jahre

3.2.2 Geschichte der Heilpädagogik

Im Altertum war es bis auf wenige Ausnahmen üblich, Menschen mit Behinderungen auszusetzen oder direkt zu töten. Eine besonders strenge Selektion Neugeborener fand zum Beispiel in Sparta und Athen statt. Auch in Rom verfuhr man auf grausame Weise mit behinderten Menschen. Das Zwölftafelgesetz, das erste niedergeschriebene Recht im alten Rom, hat Eltern die Tötung eines behinderten Kindes nahegelegt. Menschen mit Missbildungen wurden damals öffentlich vorgeführt und auf Narrenmärkten zur Belustigung ausgestellt. In anderen Kulturen, zum Beispiel in Mesopotamien und Ägypten, galten Missbildungen und Behinderungen als Strafe Gottes und wurden geächtet.

Erst das Christentum führte einen langsamen Wandel herbei. In Klöstern und Armenhäusern nahm man sich der Schwachen, Kranken und Behinderten als Zeichen der Nächstenliebe an. Behinderungen und unheilbare Krankheiten interpretierten die meisten Menschen allerdings weiterhin als Zeichen des Bösen und betrachteten sie als Hexen- oder Teufelswerk. Aus diesem Grund zählten auch Menschen mit Behinderungen zu den Opfern der Hexenverfolgungen. Im Zuge von Hexenprozessen wurden sie gefoltert und öffentlich auf dem Scheiterhaufen verbrannt. Mit dem Zeitalter der Aufklärung kamen im 18. Jahrhundert erste heilpädagogische Ansätze auf, die den Umgang mit und die Sichtweise auf Menschen mit Behinderungen veränderten. Ins Interesse rückten einerseits Ursachen von Behinderungen, vor allem die der Geistesschwäche, andererseits auch eine adäquate Erziehung und Förderung der Betroffenen.

Im 17. Jahrhundert entstanden in Deutschland erste Schulgesetze, gegen Ende des 18. Jahrhunderts galt in fast allen deutschen Staaten eine Schulpflicht. Durch die Pflicht zur Beschulung aller Kinder fielen Kinder mit geistigen Einschränkungen stärker auf und es galt, Methoden zu entwickeln, diese Kinder trotz ihrer Beeinträchtigungen zu beschulen. Ein Vorreiter auf diesem Gebiet war der Schweizer Pädagoge Johann Heinrich Pestalozzi (1746–1827), der sich für die Erziehung und Unterbringung von geistig schwachen Kindern in Heimen einsetzte. Die grundsätzliche Bildungsfähigkeit behinderter Menschen zweifelten auch im 18. Jahrhundert noch viele Menschen an. Sie waren überzeugt, dass es den Behinderten an den zur Bildung erforderlichen Voraussetzungen mangle und sie weder Verstand, Wille noch andere menschliche Wesenszüge besäßen. Dadurch sei jede Art des Bildungsversuchs von vorneherein zum Scheitern verurteilt. Dem entgegen stand in der ersten Hälfte des 19. Jahrhunderts das Engagement von Lehrern, Geistlichen und einigen Medizinern, die dessen ungeachtet private Erziehungsanstalten für Menschen mit Beeinträchtigungen gründeten. 1816 eröffnete der österreichische Privatlehrer Gotthard Guggenmoos (1775–1838) in Halle bei Salzburg eine Anstalt für »schwachsinnige Kinder«. Es folgte 1838 die »Rettungsanstalt für schwachsinnige Kinder«, gegründet von Pfarrer Karl Georg Haldewang (1803–1862) im Schwarzwald. Ein weiterer Pionier in der Förderung behinderter Menschen war der Arzt Karl Heinrich Rösch (1808–1866). Er gründete eine Anstalt, an die er Menschen mit leichter Behinderung, später auch höhergradig Behinderte und geistig Behinderte aufnahm. Die Gründung ähnlicher Einrichtungen deutschlandweit folgte.

3 Schule

Einen furchtbaren Rückschritt führten im sog. Dritten Reich die Nationalsozialisten herbei. Bei Beeinträchtigungen sprachen sie von »lebensunwertem Leben«. Laut Adolf Hitler unterbinde Krankenpflege und die Pflege von Schwachen den natürlichen Ausleseprozess und sei abzulehnen. Es kam zu Zwangsterilisationen infolge des »Gesetzes zur Verhütung erbkranken Nachwuchses« von 1933 und zu erzwungenen Abtreibungen als Reaktion auf das Gesetz »Erweiterung zum Gesetz zur Verhütung erbkranken Nachwuchses« von 1935. Während körperlich Behinderte oft noch als Arbeitskräfte genutzt werden konnten, verschärfte sich besonders die Situation für jene Behinderte, die arbeitsunfähig waren und dem Staat keinen wirtschaftlichen Nutzen einbringen konnten. 1939 erteilte Hitler den Eu-thanasiebefehl für »unheilbare Kranke«. Es kam zu Massentötungen von Menschen mit Beeinträchtigungen. Selbst vor der Ermordung von Kindern schreckten die Nationalsozialisten nicht zurück (Kindereuthanasie). Eine Meldepflicht für alle geistig oder körperlich behinderten Insassen von Anstalten sollte helfen, alles »lebensunwerte Leben« zu erfassen. Oftmals erfuhren die Angehörigen nicht, was mit ihren behinderten Verwandten geschehen war. Sie erhielten eine Urne mit der verbrannten Asche des Getöteten und die Mitteilung einer erfundenen Todesursache.

Überraschenderweise existierte dennoch ein Sonderschulwesen im Dritten Reich. Für Kinder mit Behinderungen bestand eine Schulpflicht, die häufig in Heimen umgesetzt wurde. Das Ziel war, auch diese Kinder gemeinschaftstüchtig zu machen und sie zu befähigen, für ihren Lebensunterhalt selbst arbeitend aufzukommen, anstelle auf Kosten der Allgemeinheit zu leben.

Nach Kriegsende 1945 zerbrach das Hilfsschulsystem der Nationalsozialisten und es kehrte erst einmal der Zustand von vor der NS-Zeit zurück. »Bildungsunfähige« Menschen wurden von der Schulpflicht befreit. Schwerbehinderte Menschen wurden von der Außenwelt isoliert in Anstalten verwahrt. Auch in den 50er-Jahren änderte sich wenig und bis auf vereinzelte Hilfsschulen und private Initiativen, die sich um die Beschulung von Menschen mit Behinderungen kümmerten, standen diese im Schulsystem außen vor. Eine heilpädagogische Betreuung fand kaum statt. Ein Einschnitt war die Gründung der »Lebenshilfe für das geistig behinderte Kind« 1958 in Marburg. Hier schlossen sich Eltern von geistig behinderten Kindern mit Fachpersonal zusammen, um die Lebenssituation dieser Kinder und ihrer Familien zu verbessern. Ein erster Erfolg der Initiative war, dass der Begriff »geistig behindert« die vorherigen Bezeichnungen »schwachsinnig« oder »blödsinnig« ersetzte. 1960 zerschlug sich vorerst die Hoffnung, dass eine Konferenz der Kultusminister die Befreiung von der Schulpflicht für behinderte Kinder aufheben und auch für diese eine adäquate Förderung verpflichtend machen würde. In den 60er-Jahren entstanden neue soziale Gesetze, unter anderem das Körperbehindertengesetz und das Bundessozialhilfegesetz. Zudem änderten viele Bundesländer allmählich ihre Schulgesetze. Immer mehr Sonderklassen sowie Schulen eigens für Menschen mit geistigen Behinderungen wurden eingeführt. Vorreiter waren hier vor allem die Länder Hessen, Bayern und Baden-Württemberg. Finanzielle Unterstützung erhielten Einrichtungen für Menschen mit Behinderungen unter anderem von der 1964 gegründeten »Aktion Sorgenkind«. Auch die Wissenschaft interessierte sich nun zunehmend für geistig behinderte Menschen. In Mainz entstand der erste Lehrstuhl für Geistigbehindertenpädagogik.

In den 1970er-Jahren wurde das Beschulungssystem für betroffene Kinder weiter ausgebaut. Auch Menschen mit schwersten geistigen Behinderungen wurden nun einbezogen. Der Fokus lag in diesem Jahrzehnt auf Rehabilitation, Förderung und Therapie. Es entstanden zunehmend Arbeitsplätze für Menschen mit Behinderungen. Dies war nicht zuletzt eine Folge von der Einführung einer Einstellungspflichtquote. Im gesellschaftlichen Leben blieben Menschen mit geistigen Behinderungen aber nach wie vor isoliert. Erste Ansätze zur Integration erfolgten erst in den 1980er-Jahren. Nun entstanden auch Modelle eines gemeinsamen Lernens von Kindern mit und ohne Behinderungen. Grundlage des integrativen Lernens war das Normalisierungsprinzip. Normalisierung impliziert hier nicht, dass der Mensch mit Behinderung normalisiert werden soll, sondern seine Lebensbedingungen, wozu auch die Bedingungen an der Schule gehören. 1994 wurde im Grundgesetz festgelegt, dass in der Bundesrepublik Deutschland niemand wegen seiner Behinderungen diskriminiert und benachteiligt werden darf.[23]

Inzwischen ist einiges vom Integrationsgedanken umgesetzt worden. Viele Kindergärten und Schulen praktizieren die gemeinsame Erziehung und den gemeinsamen Unterricht von behinderten und nicht-behinderten Kindern. Jetzt gilt es die nächste Stufe, die der Inklusion und der Wertschätzung der Vielfältigkeit der Menschen, zu nehmen.

Bis behinderte und nicht behinderte Menschen ganz selbstverständlich den gesellschaftlichen, beruflichen und öffentlichen Alltag gemeinsam verbringen, muss sich noch einiges ändern. Beispiel Beschulung Bis heute werden etliche Kinder mit Behinderungen nicht in der Regelschule unterrichtet, sondern müssen eine Sonder- oder Förderschule besuchen.

3.2.3 Sonder- und Förderschulen

Förderschule, Sonderschule, Förderzentrum oder Schule mit sonderpädagogischem Förderschwerpunkt – das sind alles Begriffe für dieselben Einrichtungen. Es geht dabei um Schulen speziell für Kinder mit Behinderungen, Lernschwierigkeiten und bestimmte Erkrankungen, die am normalen Schulunterricht nicht teilnehmen können, da dort die geeignete Unterstützung fehlt. Förderschulen sind im Gegensatz zu Regelschulen sehr oft spezialisiert und auf die Bedürfnisse einer bestimmten Fördergruppe oder Behinderungsart zugeschnitten. Beispielsweise gibt es eigene Förderschulen für sehbehinderte oder gehörlose Kinder.

Wie Schulen mit sonderpädagogischem Förderschwerpunkt ausgestaltet sind, obliegt den einzelnen Bundesländern, was zu deutschlandweit uneinheitlichen Regeln führt. Aufgabe der Länder ist es zum Beispiel, ein Verfahren zur Beurtei-

---

23 Siehe zur Geschichte der Heilpädagogik Stange Bianca u. a.: Heilpädagogik – Geschichte.: URL: http://www.sonderpaedagoge.de/geschichte/deutschland/gb/nr2.htm (abgerufen September 2012) sowie Ellger-Rüttgardt, Sieglind Luise: Geschichte der Sonderpädagogik: Eine Einführung. Stuttgart 2007.

lung zu erstellen, ob bei einem Kind ein Förderbedarf besteht, den nur eine Sonderschulform erfüllen kann.

Das Konzept der Förderschulen kritisieren vor allem Menschen, die darin einen Widerspruch zur UN-Konvention über die Rechte von Menschen mit Behinderungen sehen. Die UN-Konvention fordert ein inklusives Bildungssystem, was bedeutet, dass behinderte und nicht-behinderte Kinder zusammen lernen sollen. Heute haben Eltern, deren Kind einen besonderen Förderbedarf hat, in Deutschland noch viel zu selten die Wahl zwischen einer Beschulung in einer integrativen Regelschule und einer Förderschule. Auffällig ist zudem, dass je nach Behinderung ein großer Teil der Sonderschüler aus niedrigeren sozialen Schichten stammen. Beispielsweise kommen acht bis neun von zehn Kindern mit Lernbehinderungen aus ärmeren Familien.[24] Insgesamt sind etwa 19 % der Kinder aus der Unterschicht auf einer Förderschule, wohingegen nur 1 % aus der Oberschicht diese Schulen besuchen. Dies lässt anzweifeln, in wie weit wirklich Chancengleichheit für alle Menschen mit Behinderungen besteht.

Sonderschule = abgeschoben?

Sonderschule – das klingt für viele wie ausgesondert, aussortiert. Neue Bezeichnungen als Förderschule oder Schule mit sonderpädagogischem Förderschwerpunkt sollen dem entgegenwirken. Trotz ihres schlechten Images darf nicht vergessen werden, dass es an Sonderschulen viele äußerst engagierte Pädagogen gibt, die nach neuen und anerkannten Richtlinien Kinder mit Behinderungen unterrichten.

Argumente für eine Förderschule:

- Manche Beeinträchtigungen benötigen mehr Aufmerksamkeit, als die Regelschule aktuell flächendeckend bieten kann.
- Kostenpunkt: Alle Regelschulen komplett behindertengerecht umzugestalten und das dortige Lehrpersonal aufzustocken und fortzubilden, kostet viel Geld.
- Es gibt (noch) nicht überall Schulbegleiter, die bei vielen Kindern mit Behinderungen den Besuch einer Regelschule überhaupt erst möglich machen.
- Die Mitschüler (und deren Eltern!) neigen noch zu oft dazu, ein Kind, das irgendwie anders ist und beispielsweise eine Beeinträchtigung aufweist, zu mobben und auszuschließen.
- Förderschulen kooperieren eng mit Experten aus Medizin, Sozial- und Jugendhilfe, was bei Regelschulen noch nicht im gleichen Maß gegeben ist.
- Für Eltern und Schüler bieten Förderschulen vielfältige Beratungs- und Unterstützungsangebote.

Fazit: Im deutschen Schulsystem, wie es derzeit strukturiert ist, besteht für Förderschulen vielerorts eine Notwendigkeit, von deren Expertise Eltern und deren Kinder mit Behinderungen profitieren. Nicht wenige Schüler mit Behinderun-

---

24 Weiß, Hans: Kinder in Armut als Herausforderung für eine inklusive Perspektive. In: Zeitschrift für Inklusion, Nr. 4 (2010).

gen würden auf so mancher Regelschule in der Masse untergehen. Dennoch: Für viele Eltern bleibt ein fader Beigeschmack, wenn sie ihre Kinder auf eine andere Schule als die Regelschule schicken sollen. Warum darf mein Kind nicht mit allen anderen zusammen lernen? Warum wird den anderen Schülern die Vielfältigkeit der Menschen vorenthalten, indem Behinderte ausgesondert werden? Warum kann Inklusion nicht auch bedeuten, dass Schüler ohne Beeinträchtigungen Zugang zu Förderschulen bekommen?

3.3 Schule von innen

3.3.1 Menschen

In der Schule dreht sich alles um die Jungen und Mädchen, die hier täglich etwas lernen sollen. Lehrer vermitteln ihnen den Unterrichtsstoff. Das Lehrpersonal besteht an der Grundschule aus Grundschul-Pädagogen und an den weiterführenden Schulen aus Fachlehrern. Während die Grundschullehrer meistens alle Fächer unterrichten, haben sich die Fachlehrer an Gymnasien, Gesamtschulen, Real- und Hauptschulen auf bestimmte Fächer spezialisiert. Auf Förderschulen unterrichten Lehrer mit sonderpädagogischer Ausbildung. Sie vermitteln nicht nur Wissen, sondern übernehmen je nach Ausrichtung auch die Pflege oder therapeutische Aufgaben. Lehrer für Körperbehindertenpädagogik sollten beispielsweise häufig auch Kenntnisse in der Physiotherapie, Krankengymnastik, Beschäftigungs- oder Arbeitstherapie besitzen. Lehrer, die Blinde oder Gehörlose unterrichten, benötigen Kenntnisse in der Blindenschrift bzw. Gebärdensprache.

Damit der Schulbetrieb reibungslos läuft, müssen aber noch mehr Menschen als das Lehrpersonal mitwirken:

- Schulleiter: Er ist für den organisatorischen Ablauf zuständig, entscheidet in wichtigen Fragen, leitet Konferenzen und repräsentiert die Schule nach außen hin.
- Sekretärinnen: Sie stehen in der Schule den Schülern und deren Eltern bei allen kleinen und großen Fragen als Ansprechpartner zur Verfügung. Sie vergeben Termine bei der Schulleitung, verwalten die Termine des Schulleiters, sind für die telefonische Erreichbarkeit der Schule verantwortlich und empfangen Gäste.
- Hausmeister: Ihre Aufgaben reichen oft weit über die gewöhnlichen Hausmeisteraktivitäten hinaus. Neben der Instandhaltung der Gebäude und Einrichtungen verkaufen sie an vielen Schulen kleine Snacks in der Pause, verwahren Gefundenes und Verlorenes und können den Schülern in manchen Fällen auch als Gesprächspartner und Ratgeber zur Verfügung stehen.
- Reinigungsfachkräfte: Raumpfleger säubern nach jedem Schultag die Klassenräume, leeren Mülleimer aus, putzen die Tafel und füllen auf Toiletten Papier und Seife wieder auf.

- Mensa-Mitarbeiter: In vielen Schulen gibt es einen Mittagstisch. Das Personal dort sorgt dafür, dass das Essen gekocht bzw. aufgewärmt wird, dass die Ausgabe an die Kinder reibungslos abläuft und das Geschirr nach dem Essen wieder eingesammelt und gesäubert wird.
- Busfahrer: Die Schulbusfahrer sammeln morgens die Schüler an den Bushaltestellen im Umkreis ein und bringen sie nach Unterrichtsende wieder zurück. Sie erleben die Kinder täglich unverstellt und vor allem nach Schulschluss sehr ausgelassen und oft auch überdreht.

Die Liste der oben genannten Personen stellt keinen Anspruch auf Vollständigkeit. All die genannten Personen müssen jedoch einen festen Beitrag leisten, wenn an Schulen Inklusion gelebt werden soll. Im Falle des Autismus bedeutet das folgendes:

Lehrpersonal

Lehrer benötigen eine geeignete pädagogische Grundhaltung, wenn sie Schüler mit Autismus angemessen unterrichten wollen. Bei vielen Lehrern fehlt es jedoch schon an ganz fundamentalem Wissen zum Autismus. Noch zu oft ist dem Lehrpersonal nicht bewusst, was sich hinter dem Begriff »Autismus« verbirgt, wie mannigfaltig die Ausprägungsformen von Autismus-Spektrum-Störungen sein können und dass Menschen mit Autismus nicht nur Defizite, sondern auch ganz individuelle Stärken haben. Schon der Begriff »Asperger-Syndrom« ist vielen Lehrern unbekannt. Hinzu kommt, dass nicht wenige Lehrer Vorurteile gegenüber Autisten haben, die oft noch durch Reportagen in den Medien genährt werden, die ein sehr einseitiges und meist auf Härtefälle reduziertes Bild des Autismus vermitteln. Überraschend für viele Lehrer ist, dass Autisten so unterschiedlich sein können. Beängstigend wirkt auf sie, dass es nicht den einen richtigen Umgangsweg mit allen Autisten gibt, sondern quasi jeder Mensch mit Autismus eine neue Herausforderung darstellt und es stets aufs Neue gilt, dessen Bedürfnissen und Fähigkeiten gerecht zu werden.

Autismus ist für das Umfeld keine leicht zu greifende Störung. Bei Menschen mit Körperbehinderungen mag es oft schon reichen, an den entscheidenden Stellen Aufzüge zu bauen, den Bürgersteig abzuflachen und Rampen zu errichten, um ihnen eine Teilnahme am gesellschaftlichen Leben zu ermöglichen. Bei Autisten gibt es nicht die eine Rampe, die alle benutzen können. Das macht es schwer. Auf der anderen Seite macht gerade das die Beschulung von Kindern mit Autismus-Spektrum-Störungen auch so spannend.

Es sind ganze Bücher geschrieben worden, die Tipps und Hinweise geben, wie Lehrer am besten mit autistischen Schülern umgehen. Zur Vertiefung sei an dieser Stelle auf die entsprechende Fachliteratur verwiesen, die Sie im Anhang dieses Buches finden. Ein Patentrezept für den Umgang mit Autisten kann jedoch kein Buch der Welt vermitteln. Die im individuellen Fall richtige Umgangsform können Lehrer allein durch Kontakt mit den Betroffenen selbst erwerben. Wer sich einlässt auf die Welt eines Menschen mit Autismus, sich intensiv mit ihm beschäftigt, wird mit der Zeit erspüren können, wie dieser Mensch funktioniert, was er braucht und was zu vermeiden ist, um ihn nicht übermäßig zu belasten. Es ist klar, dass dies im Schulalltag aus Zeitgründen oft nicht ausreichend möglich ist. Den Verfasserinnen dieses Buches ist durchaus bewusst, dass Lehrer es mit einer Klasse von oft über 30 Schülerinnen und Schülern zu tun haben, von denen nicht wenige Problemfälle sind. Von elementarer Bedeutung für den Schulbesuch erscheint daher die Person der Schulbegleiterin oder des Schulbegleiters. Diese Experten für Autismus können leisten, wozu Lehrer zeitlich und von der Ausbildung her oft nicht in der Lage sind: Sie vermitteln zwischen dem Kind mit Autismus-Spektrum-Störung und seinem Umfeld und unterstützen dessen Integration.

Schulbegleiter

Eine Schulbegleitung ist für die Dauer des gesamten Schultags an der Seite des zu betreuenden Schülers und unterstützt ihn durch ihre Anwesenheit häufig auch auf dem Schulweg. Ihre Aufgabe ist es, die durch die Behinderung bedingten Defizite des Kindes auszugleichen. Bei Kindern mit Autismus bedeutet das häufig in erster Linie, dass die Schulbegleiter eine Vermittlerrolle in sozialen und die Kommunikation betreffenden Angelegenheiten einnehmen müssen. Sie beugen Konflikten und Missverständnissen vor, helfen den Lehrkräften mit ihrem Wissen über Autismus aus, verbessern den Austausch zwischen Lehrern und dem autistischen Kind, achten darauf, dass das Kind in der Klasse auf- und angenommen wird, und tun ihr Bestes, es in heiklen Situationen und vor Mobbing zu schützen.

Das Aufgabengebiet von Schulbegleitern für Kinder mit Autismus-Spektrum-Störungen ist sehr mannigfaltig. Bei individuellen Problemen eines Kindes etwa beim Notieren von Hausaufgaben oder beim schnellen Mitschreiben von Diktiertem, unterstützen sie das Kind und schreiben zum Beispiel selbst die Hausaufgaben auf, um sie dem Kind später für daheim mitgeben zu können. Schüler, die keiner verbalen Sprache mächtig sind, verhilft der Integrationshelfer zu einem Austausch und einer Teilhabe im Unterricht über die gestützte Kommunikation. Hat ein Kind extreme Angst vor Berührungen, so ist es eine große Erleichterung, wenn im Klassenzimmer die Schulbegleitung neben ihm sitzt, die Rücksicht auf Berührungsängste nimmt. Fühlt das Kind sich unwohl und bekommt vielleicht Kopf- oder Bauchschmerzen, weil die Mitschüler zu laut und zu unruhig sind, dann kann die Schulbegleitung zusammen mit ihm den Unterricht verlassen. Das Kind kann sich dann in einem dafür bestimmten »Erholungsraum« oder durch den Aufenthalt im Freien auf dem Schulhof oder in angrenzenden Grünflächen erholen. Auch im Sportunterricht sind Schulbegleiter wertvoll. Sie können bei Problemen mit bestimmten Bewegungsabläufen in aller Ruhe alleine mit dem Kind üben. Wird dem Kind der Lärm in der Turnhalle zu viel, können sie mit ihm einen ruhigeren Ort aufsuchen. Auch bei praktischen Dingen, die zum Schulalltag gehören, etwa der Einnahme einer Pausenmahlzeit, greifen Schulbegleiter ein und achten darauf, dass das Kind seine Energiereserven auffüllen kann. Zudem können sie mit auf Klassenfahrt fahren und den autistischen Kindern dadurch die Teilnahme an diesem Gemeinschaftserlebnis ermöglichen. Im Kontakt mit anderen Kindern sollten sie immer dann einschreiten, wenn Missverständnisse oder (handfeste) Konflikte drohen. Sie sollten ihrem Kind aber auch die Freiräume geben, alleine mit den Klassenkameraden Zeit zu verbringen und diese besser kennenlernen zu können.

Viele Schulbegleiter machen es durch ihre Arbeit überhaupt erst möglich, dass Kinder mit Autismus eine Regelschule besuchen können. Im Idealfall führt ihr Wirken dazu, dass sich autistische Verhaltensweisen des Kindes bessern und es sozial sehr gut integriert wird.

Wichtig: Schulbegleiter übernehmen nicht die Aufgabe eines Lehrers und sind nicht für den schulischen Erfolg eines Schülers verantwortlich. Sie lösen keine Aufgaben für das Kind und überwachen weder Lehrer noch andere Schüler. (Zum Thema Schulbegleitung siehe auch ▶ Kap. 3.9.)

Eltern

Alle Eltern wollen grundsätzlich das Beste für ihr Kind. Dieser Anspruch kann mit dem Inklusionsgedanken kollidieren. Die Einstellung vieler Eltern entspricht dem Dilemma der Windkraftanlagen: Die meisten Menschen sind für Windenergie. Doch vor dem eigenen Haus will kaum jemand ein Windrad stehen haben. So ergeben auch Umfragen[25], dass die Mehrheit der Deutschen für Inklusion ist. Viele Eltern lehnen es jedoch ab, dass ein Kind mit Autismus in die Klasse ihres nicht-behinderten Kindes aufgenommen wird. Das Fatale: Eltern haben einen großen Einfluss auf die Meinung ihrer Kinder. Die Einstellung gegenüber Behinderten, die Kinder im Elternhaus erleben, übernehmen sie sehr häufig. Umso wichtiger ist es, dass Eltern ihren Kindern den Willen zur Inklusion vermitteln und sie zum Miteinander ermuntern. Gerade bei schwer greifbaren und rätselhaft wirkenden Behinderungen, die wie der Autismus oft auch noch ein schlechtes »Image«[26] in der Gesellschaft haben, ist dies schwierig. Lehrer sehen sich dann vor der großen Herausforderung, eine positive Stimmung innerhalb der Elternschaft gegenüber Mitschülern mit Autismus zu schaffen. Helfen können hier Aufklärung, die Bereitschaft, Fragen zu beantworten, und ein ständiges Gesprächsangebot. Je offener über die Behinderung des Kindes gesprochen wird und desto mehr Informationen den anderen Eltern zur Verfügung stehen, desto kleiner werden gewöhnlich die Vorbehalte.

---

25 Siehe hierzu zum Beispiel Umfrage der Aktion Mensch http://www.kobinet-nachrichten .org/cipp/kobinet/custom/pub/content,lang,1/oid,28795/ticket,g_a_s_t (abgerufen 06. September 2012).
26 Die Bezeichnung »Autist« wird gerade in der Politik häufig als Schimpfwort oder degradierende Betitelung von Kontrahenten herangezogen. Siehe hierzu zum Beispiel Schmoelder, Henning: »Autismus« in den Medien (2008), URL: http://autismus-kultur. de/autismus/medien/autismus-in-den-medien.html (abgerufen 06. September 2012).

Klassenkameraden

Seine Mitschülerinnen und Mitschüler können einem Kind mit Autismus das schulische Leben zur Qual werden lassen. Vielerorts ist Mobbing an der Tagesordnung. Kinder mit Autismus, die sich durch ihre Behinderung und ihr Verhalten von der Masse abheben und durch ihr Anderssein auffallen und anecken, werden bevorzugt zum Opfer all jener, die jemanden suchen, den sie ärgern, ausgrenzen, beleidigen, verspotten und leider auch nicht selten körperlich angreifen können. Hier entgegenzusteuern, ist für Lehrer schwer. In einer Klasse, in der ein von Aggressivität geprägtes Klima herrscht, ist es eine sehr schwere und manchmal schier unlösbare Aufgabe, für Akzeptanz und die Integration eines Kindes mit Autismus zu werben. Ein Patentrezept gibt es dafür sicherlich nicht. Förderlich ist sehr oft auch hier Aufklärung. Man lacht und spottet meistens nur über das, was man nicht versteht. Versuchen sollten Lehrer daher, der Klasse zu erklären, warum das Kind mit Autismus anders ist und warum es sich manchmal in den Augen nicht-autistischer Menschen merkwürdig verhält. Die Klasse sollte ermutigt werden, die Welt einmal durch die Augen eines Menschen mit Autismus zu sehen. Auch ein Rollentausch kann helfen. Lehrer können die Kinder auffordern, sich einmal an die Welt des Kindes mit Autismus anzupassen, an sein Tempo, seine Bedürfnisse und seine Wünsche. Als sinnvoll und förderlich kann sich der Besuch eines Autismus-Experten erweisen. Diese Fachkraft kann der Klasse einfühlsam Basiswissen zum Autismus vermitteln. Ebenso kann ein geeigneter Film der Klasse das Phänomen Autismus näher bringen und die Akzeptanz für autismustypisches Verhalten erhöhen.[27]

Inklusion bedeutet aber noch mehr. Das Kind mit Autismus hat das Recht, voll an der Klassengemeinschaft teilzunehmen und von seinen Mitschülern nicht nur akzeptiert, sondern auch vollständig in gemeinsame Tätigkeiten eingeschlossen zu werden. Oft bedarf dies einen Anstoß vonseiten des Lehrpersonals. Es kann vertrauenswürdige und verantwortungsbewusste Schüler bitten, das Kind mit Autismus unter ihre Fittiche zu nehmen. Ebenso ist es möglich, die Kinder nach ihren Hobbys zu fragen und über gemeinsame Interessen mögliche Kontakte für das Kind mit Autismus herauszufinden. Bei Konflikten oder Missverständnissen ist es gut, wenn ein Lehrer ansprechbar ist. Menschen mit Autismus haben häufig Schwierigkeiten, die Gefühle anderer zu deuten oder deren Gedanken und Handlungen vorauszusehen. Andere Schüler können sich durch Verhaltensweisen des Autisten daher leicht verletzt, unangenehm berührt oder gestört fühlen.

Als interaktives Geschehen im Klassenzimmer können Lehrer Rollenspiele oder »Social Training« sowie Projekte zum Thema Körpersprache und ungeschriebene soziale Regeln anbieten. Ein Theaterstück zusammen aufzuführen kann ebenso wie gemeinsame Aktionen die Klassengemeinschaft stärken.[28] Wichtig:

---

27 Zu empfehlen sind zum Beispiel die »Planet Schule«-Sendung »Was ist Autismus?« mit Nicole Schuster als Protagonistin sowie die beiden bisher erschienenen »Quarks und Co«-Sendungen zum Thema Autismus.
28 Beispiele für interaktive Unterrichtsangebote finden sich in 3.7.

Lehrer sollten dem Kind mit Autismus bei solchen Aktionen immer eine Aufgabe geben, die es richtig gut kann. Auf diese Weise kann es sich einbringen und andere Kinder können bestenfalls noch von ihm lernen.

Schulleitung

Viel hängt im Bereich Inklusion davon ab, ob der Schulleiter diese will und aktiv unterstützt. Ein engagierter Schulleiter kann regelmäßig Fortbildungen zum Thema Inklusion, zu Behinderungen allgemein und zu Autismus im Speziellen anbieten. Als Referenten zum Thema Autismus kommen beispielsweise Experten aus einem Autismus-Therapiezentrum und/oder Selbst-Betroffene infrage.

Schulleiter prägen durch ihre eigene Haltung grundlegend, ob eine Schule sich gegenüber Menschen mit Autismus offen gibt oder ob solche Schüler nicht gerne gesehen werden. Natürlich stellt es im ersten Moment eine Herausforderung dar, ein autistisches Kind aufzunehmen. Doch mit Teamarbeit und Engagement und dem Willen zur Inklusion können sich autistische Mitschüler sogar als Bereicherung des Schullebens erweisen.

Sekretärinnen

Die Sekretärin an ihrer Schule kennen einige autistische Menschen besonders gut, da sie wie alle Kinder ins Sekretariat kommen können, wenn sie früher von den Eltern abgeholt werden wollen, wenn sie sich wehgetan haben oder Hilfe benötigen. Beispielsweise kann es vorkommen, dass ein Schüler mit Autismus sich in der Schule verläuft, den Weg ins (neue) Klassenzimmer nicht findet und sich erst einmal ans Sekretariat wendet.

Sekretärinnen sind im Umgang mit ganz unterschiedlichen Menschen geübt und die meisten von ihnen können auf ihre freundlich-verbindliche Art zu fast allen Menschen einen guten Kontakt herstellen. Für Menschen mit Autismus können sie beliebte Anlaufstellen sein, da im Sekretariat niemand mit Noten bewertet wird und sie sich hier bestenfalls so akzeptiert fühlen können, wie sie sind. Zudem erleben die meisten Schüler, die einmal ins Schulsekretariat kommen, die Damen dort als sehr freundlich, was gerade für an Ablehnung gewöhnte Autisten eine angenehme Erfahrung sein kann.

Vorteilhaft ist, wenn Sekretärinnen wissen, dass ein Schüler mit Autismus vor ihnen steht, und sie bestenfalls Kenntnisse besitzen, wie sie auf das Kind reagieren können, wenn dieses verzweifelt oder traurig ist, Schmerzen hat oder vielleicht auch einfach nur gekommen ist, um etwas zu erzählen. An einer Schule, die aktiv Inklusion lebt, sollten daher bestenfalls auch die Sekretärinnen im Umgang mit Menschen mit Autismus-Spektrum-Störungen geschult sein.

Hausmeister

Der Hausmeister oder Schulwart, hält sich meistens im Hintergrund auf, doch sind auch diese Menschen aus dem Schulalltag nicht wegzudenken. Manchmal sind sie geradezu gefürchtet, da sie heftig schimpfen können, wenn Schüler die Schule verschmutzen oder sich anderweitig schlecht benehmen. Für manche Schüler ist der Hausmeister aber auch eine Art guter Kumpel. Viele Hausmeister sind lockerer als die Lehrer, besitzen eine recht gute Menschenkenntnis und haben für die meisten Schüler ein nettes Wort übrig. Sie sehen sich zudem in der vorteilhaften Lage, keine Noten vergeben zu müssen. Sie können Kinder daher rein von der menschlichen Seite beurteilen, ohne sich durch deren Fähigkeiten oder Leistungen im Unterricht ablenken zu lassen.

Es ist gut, wenn Schulwarte über die Anwesenheit von autistischen Schülern an der Schule Bescheid wissen. Sonst könnten sie sich wundern, wenn diese Kinder mit einem erwachsenen Menschen, nämlich ihrer Schulbegleitung, auf dem Pausenhof herumspazieren. Auch in dem Fall, dass die Kinder in der Pause in einem Klassenraum oder in der Bibliothek bleiben dürfen, sollte der Hausmeister informiert sein, ebenso, wenn autistische Kinder während des Unterrichts vermehrt Auszeiten benötigen und das Klassenzimmer verlassen. Hausmeister, die eingeweiht sind, werden das Kind in der Regel nicht anfassen oder ansprechen, wenn es gerade seine Ruhe braucht.

Reinigungspersonal

Die Raumpfleger treten meistens erst dann in Erscheinung, wenn Schüler und viele Lehrer bereits nach Hause gegangen sind. Dennoch kann es wichtig sein, sie auf einen autistischen Schüler hinzuweisen. Das ist zum Beispiel dann der Fall, wenn das Kind nur wenige Reinigungsmittel verträgt, ein von daheim mitgebrachtes Tuch auf seinen Tisch gelegt hat, das nicht entfernt werden darf, oder den Tisch und den Stuhl selbst säubern will, da es den Reinigungsmethoden der Putzfrauen misstraut. In einem solchen Fall sollte das Reinigungspersonal wissen, dass es den Platz eines solchen Schülers besonders behandeln muss.

Mensa-Personal

Wenn autistische Schüler mit ihren Mitschülern zusammen in einer schulinternen Mensa essen, dann kann es zu einer Herausforderung werden, dass viele dieser Kinder recht spezielle Speiserituale haben. In leichten Fällen kann das bedeuten, dass nur einige wenige Speisen rigoros abgelehnt werden. Diese sollte dem Kind dann in der Mensa nicht alternativlos angeboten werden. Oft gestaltet sich das Thema Essen aber komplizierter. Manche Kinder mögen es nicht, wenn sich verschiedene Speisen auf ihrem Teller berühren. In einem solchen Fall sollten die Mensa-Mitarbeiter darauf achten, die einzelnen Speisen, also beispielsweise Kartoffelbrei, Gemüse und Fleisch, mit genügend Abstand voneinander auf einem Teller zu platzieren. Manche Kinder möchten auch gerne ihr eigenes Geschirr und Besteck mitbringen, da sie nur davon essen mögen. Auch das sollte man ihnen gestatten. Sonst könnte man Gefahr laufen, dass diese Kinder in der Schule gar nichts anrühren.

Busfahrer

Auch wenn für Kinder mit Autismus-Spektrum-Störungen das Busfahren in zumeist überfüllten Schulbussen nicht die ideale Weise darstellt, zur Schule zu kommen, müssen dennoch etliche von ihnen die öffentlichen Verkehrsmittel benutzen. Manchmal ist eine Schulbegleitung da, die die Busfahrt zur Schule mit dem autistischen Kind zusammen bewältigt. Wenn Kinder alleine auf sich gestellt sind, ist es sicherlich von Vorteil, wenn die Busfahrer, die die Linien regelmäßig fahren, Bescheid wissen, dass ein Kind mit einer auf den ersten Blick nicht sichtbaren Behinderung, nämlich einer Autismus-Spektrum-Störung, mitfährt. Das kann beispielsweise dann besonders wichtig sein, wenn das Kind im überfüllten Bus leicht einen Panikanfall bekommt, unberechenbar oder extrem aggressiv reagiert und schlimmstenfalls sogar körperliche Gewalt anwendet, wenn es sich gereizt fühlt. Busfahrer sollten auch wissen, dass viele autistische Kinder nicht angefasst werden wollen. Auch wenn das Kind Probleme hat, sich verbal zu verständigen oder im Gegenteil dazu neigt, jedem in voller Länge von seinem Spezialinteresse zu berichten, ist es gut, wenn ein Busfahrer weiß, wie damit umzugehen ist.

Die Aufgabe, die Busfahrer aufzuklären, kann entweder die Schulbegleitung oder ein Elternteil übernehmen, das die ersten Tage mitfährt und mit den Busfahrern spricht. Auch ein Informationszettel, den das Kind an alle Busfahrer austeilt, kann sinnvoll sein. Auf so einem Zettel könnte ein Bild des Kindes kleben mit den Informationen, dass es von einer Autismus-Spektrum-Störung betroffen ist und wie sich das bei ihm ausprägt. Darauf sollte auch zu lesen sein, was das Kind für spezielle Bedürfnisse hat, welche Situationen zu vermeiden sind, da das Kind damit (noch) nicht angemessen umgehen kann und wie in einem Notfall zu reagieren ist, etwa wenn das Kind eine Panikattacke oder einen Wutausbruch bekommt. Gut ist zudem, wenn Kontakte für den Notfall angegeben sind, zum Beispiel die Handynummern der Eltern.

3.3.2 Räumliche Ausstattung

Oft erschweren bauliche Voraussetzungen die Inklusion behinderter Menschen. Viele Schulen sind nicht auf körperlich behinderte Schüler vorbereitet. Es fehlt an Aufzügen, mit denen das Kind in höher gelegene Stockwerke gelangen kann. Es gibt keinen barrierefreien Zugang zu den Toiletten, von Behinderten-WCs ganz zu schweigen. All diese Probleme sind mit Geld und Zeit gut und meist dauerhaft zu beheben.

Doch was ist an räumlichen Besonderheiten zu beachten, um autistischen Schülern einen Schulbesuch zu erleichtern? Eine allgemeine Antwort auf diese Frage zu geben, ist kaum möglich. Dafür sind Menschen mit Autismus-Spektrum-Störungen zu unterschiedlich und haben zu unterschiedliche Bedürfnisse, was die ideale räumliche Ausstattung anbelangt.

Grundsätzlich ist ein Ruheraum, in das sich das Kind besonders in den Pausen zurückziehen kann, wünschenswert. Dieser Raum kann ein Klassenzimmer, eine

Bibliothek oder eine ähnliche Räumlichkeit sein. Wichtig ist, dass es dort wirklich ruhig ist und nicht ständig Menschen rein und raus laufen. Viele Autisten bevorzugen es, wenn dieser Ruheraum abgedunkelt ist. Die Frage nach der richtigen Beleuchtung führt zum nächsten Bedürfnis: Es gibt einen gewissen Anteil von Menschen mit Autismus-Spektrum-Störungen, der große Probleme mit bestimmter elektrischer Beleuchtung hat, beispielsweise mit flackernden und Geräusche von sich gebenden Neonröhren, aber auch mit Helligkeit allgemein und dem grellen Sonnenlicht im Speziellen. Hat ein Kind beispielsweise mit Neonröhren Probleme, dann sollte ein Klassenzimmer mit einer anderen Beleuchtungsart gewählt werden. Kinder, denen Sonnenlicht unangenehm ist, sollten in der Klasse einen sonnengeschützten Sitzplatz bekommen. Es kann dem Kind Erleichterung verschaffen, wenn es auch in geschlossenen Räumen eine Sonnenbrille tragen darf. Wenn dies zum Wohlbefinden des Kindes beiträgt, kann sich das auch auf seinen schulischen Erfolg positiv auswirken.

Der Sitzplatz im Klassenraum ist ein weiterer kritischer Punkt. Hier sollte den individuellen Wünschen und Bedürfnissen eines Kindes wenn möglich Rechnung getragen werden. Es gibt Kinder, die am liebsten ganz vorne bei dem Lehrer sitzen. Dort fühlen sie sich geschützt, da es hier der Lehrer am ehesten und schnellsten merken wird, wenn sie von Mitschülern geärgert werden. Zudem bekommen sie hier akustisch alles direkt und am nächsten mit und haben auch eine unversperrte Sicht auf die Tafel. Andere Kinder mögen genau den Platz ganz vorne nicht. Sie bekommen Panik, wenn sie wissen, dass andere Kinder hinter ihnen sitzen. Dieses Gefühl ist von den immer wiederkehrenden schlimmen Erfahrungen genährt, von hinten mit Papierkügelchen oder Radiergummi-Teilen beworfen zu werden, bespuckt und mit Zetteln beklebt zu werden, auf denen freche Sprüche stehen. Unbedingt zu empfehlen ist es daher, das Kind mit Autismus zu fragen, wo es sich im Klassenraum am wohlsten fühlt. Dabei sollten auch schon genannte Aspekte wie die Lichtverhältnisse berücksichtigt werden. Selbstverständlich sollte auch darauf geachtet werden, dass keine »Chaoten«, sondern möglichst vernünftige Klassenkameraden neben, vor und bzw. oder hinter ihm sitzen. Diese Schüler sollten auch unangemessen erscheinendes Verhalten des Kindes tolerieren und es nicht auslachen oder verspotten. Wertvoll für das Kind mit einer Autismus-Spektrum-Störung ist es, wenn es seinen festen Sitzplatz für möglichst lange Zeit behalten kann. Ständig wechselnde Sitzordnungen oder ein Rotationsprinzip, bei dem die Schüler die Sitzplätze regelmäßig wechseln müssen, stiften nur Verwirrung. Einzelsitzplätze mögen eine einfache Lösung sein. Wenn möglich stellen diese nur die zweite Wahl dar, da das erste Ziel darin besteht, das Kind in die Klasse zu integrieren. Und dazu gehört bestenfalls ein Sitzplatz mit Sitznachbarn.

Grundsätzlich sollte ein geeignetes Klassenzimmer für ein Kind mit Autismus möglichst übersichtlich gestaltet sind. Zu viele Möbel lassen Räume schnell kleiner erscheinen und wirken einengend, zu viele Plakate, Basteleien und Dekorationen können die Aufmerksamkeit auf sich und weg vom Unterricht ziehen. Sinnvoll ist es weiterhin, wenn Arbeitsmaterialen immer an einem festen Platz abgelegt werden, also zum Beispiel Malkästen immer auf dem gleichen Schrank- oder Regalbrett, Geodreieck und Lineal für die Tafel immer an den gleichen Haken an der Wand befestigt werden und der Eimer mit dem Tafelputzwasser immer am selben Platz auf dem Boden steht. Gut einhalten lässt sich solch eine Ordnung, wenn Ablageplätze beschriftet werden und zwar bestenfalls so, dass in jedem Klassenzimmer an der stets gleichen Stelle bestimmte Lagerstätten vorgesehen sind. Beispielsweise kann in jedem Klassenregal das obere Brett für Karteikästen sein, das darunter für Bastelmaterialen, darunter stehen auf Augenhöhe Bücher zum Ausleihen und auf dem untersten ist ein kleines Lager für Krimskram eingerichtet. In jedem Klassenschrank wiederum könnten in jedem Unterrichtsraum die Fächer von oben nach unten markiert sein zur Lagerung von Schreibheften für Klassenarbeiten, Utensilien für die Freiarbeit oder zusammenrollbaren Weltkarten. Wird so eine Ordnung an der ganzen Schule konsequent beibehalten, sind auch Raumwechsel für autistische Kinder ein kleines bisschen weniger anstrengend. Die Orientierung im neuen Unterrichtsraum fällt dann etwas leichter, da es feste Konstanten gibt.

Was den Arbeitsplatz des Schülers mit Autismus betrifft, so sollte dieser ebenfalls nicht zu vollgeladen und sehr übersichtlich sein. Lehrer sollten das Kind dazu anregen, nur die Materialen hervorzuholen, die es für die Lösung der aktuellen Aufgabe braucht. Alles andere verwirrt nur und kann die Aufmerksamkeit auf vorausgegangene oder noch kommende Aufgaben oder Fächer ziehen. Vielleicht lassen sich sogar mit der ganzen Klasse feste Regeln aufstellen? Beispielsweise könnte man überlegen, alle Kinder anzuleiten, nur die Stifte auszupacken, die gerade benötigt werden, und keine fachfremden Hefte und Bücher hervorzuholen. Das kann nicht nur dazu beitragen, für mehr Ordnung und Struktur im Klassenraum zu sorgen, es ist auch für die Schüler sinnvoll. Zudem merken sie auf diese Weise selbst, dass Ordnung und Struktur jedem gut tun. Sie können sich dann vielleicht eher vorstellen, dass Menschen, die wie Autisten Probleme mit zu vielen Reizen auf einmal haben, oft nur mit Ordnung und vielen Kostanten gut arbeiten und funktionieren können. Ohne können viele von ihnen kaum oder gar nicht den Alltag bewältigen. Auch darauf sollte man die Klasse hinweisen.

3.3.3 Zeitliche Struktur

In der Schule schlagen die Uhren anders. Hier dauert eine »Stunde« 45 anstelle 60 Minuten. Der Schulunterricht beginnt morgens zu einer gleichbleibenden, festgelegten Zeit und endet mittags oder nachmittags nach einer bestimmten Anzahl von Unterrichtsstunden, die von Tag zu Tag unterschiedlich sein kann.

Grundsätzlich kommt ein festes Zeitschema Menschen mit Autismus-Spektrum-Störungen, die Routinen und Rituale brauchen, entgegen. Doch tun sich viele schwer, wenn ihnen diese Pläne von außen aufgezwungen werden und man ihnen vorschreibt, um welche Uhrzeit sie aufstehen und in der Schule erscheinen müssen. Auch der uneinheitliche Unterrichtsschluss nach mal fünf, sechs, sieben oder einer anderen Anzahl von Stunden kann verwirrend sein. Generell empfinden viele Schüler mit Autismus-Spektrum-Störungen die Schultage als zu lang und sind oft schon nach wenigen Unterrichtsstunden völlig erschöpft.

Ein weiteres Problem ist die oft fest vorgegebene Zeit, die für einzelne Aufgaben, etwa eine Stillarbeit oder eine Tafelabschrift, aufgebracht werden darf. Es gibt Kinder mit Autismus, die unter enormen Startschwierigkeiten leiden und entweder sehr lange brauchen, bis sie mit einer Handlung anfangen können, oder dies manchmal ohne Impuls von außen (beispielsweise eine Berührung) gar nicht schaffen. Andere Kinder kommen mit zeitlichem Druck generell nicht zurecht. Sie blockieren innerlich, sobald sie wissen, dass sie nur eine begrenzte Zeit zur Verfügung haben. Aus Angst, zu versagen und die Aufgabe in der kurzen Zeit nicht zu ihrer Zufriedenheit vollenden zu können, können sie gar nicht anfangen. Hier ist es wichtig, Druck von den Kindern zu nehmen. Bei Klassenarbeiten kann es in einigen Fällen im Sinne des Nachteilsausgleichs möglich und erforderlich sein, dem Kind mehr Zeit zuzugestehen.

Die etwas gemächlichere Art von vielen Menschen mit Autismus ist lobenswert, wenn sie mit großer Sorgfalt und dem Blick und der Hingabe fürs Detail verbunden ist. Erhöhte Sorgfalt sollten Lehrer nicht nur anerkennen, sie können auch durchaus andere Schüler, die nur oberflächlich und auf die Schnelle arbeiten, ermutigen, sich daran ein Vorbild zu nehmen. Problematisch ist jedoch, dass die sorgfältigere und zeitintensivere Vorgehensweise im Widerspruch zum oft hektischen und schnellen Schulrhythmus steht.

Eine wichtige Rolle spielt der Zeitfaktor auch bei der mündlichen Mitarbeit. Hier ist zu beachten, dass viele autistische Menschen etwas länger brauchen, um eine Frage zu verstehen und eine Antwort darauf zu formulieren. Lehrer sollten dies im Hinterkopf behalten und nicht immer gleich den Schüler dran nehmen, der als erstes aufzeigt, sondern, so oft es geht, etwas mehr Zeit geben, so dass auch das autistische Kind sich ordnen und aufzeigen kann. Ebenfalls im Konflikt mit dem Zeitmanagement im Unterricht kann die Vorliebe mancher Menschen mit Autismus stehen, lange und vom Thema abschweifende Beiträge zu liefern. Dies trifft meistens auf solche zu, die mit dem Asperger-Syndrom diagnostiziert sind. Es drängt sich der Eindruck auf, dass sich diese Kinder vor allem selbst gerne reden hören. Dabei kann es in der Tat durchaus interessant sein, ihren oft sehr tiefgründigen und durchdachten Ausführungen zu folgen; nicht zuletzt deshalb, da einige von ihnen in einer stilistisch sehr anspruchsvollen und interessanten Weise sprechen. Ein zu langer Redebeitrag ist im Unterricht jedoch in der Regel unerwünscht. Schließlich sollen auch andere Schüler noch die Gelegenheit bekommen, ihre Meinung kundzutun und Antworten beitragen zu können. Klare Vereinbarungen, an die sich dann aber auch alle Kinder, nicht nur das Kind mit Autismus, halten sollen, können hier helfen. Beispielsweise könnte man die Redezeit für einzelne Beiträge auf 90 oder 120 Sekunden begrenzen.

Ein anderes Zeitproblem betrifft die Selbstorganisation. Kinder mit Autismus haben oft große Probleme zu überschauen, wie viel Zeit sie für Teilaufgaben verwenden dürfen, um die Gesamtaufgabe in einer vorgeschriebenen Zeit erledigen zu können. Hinweise vom Lehrer, die einen zeitlichen Rahmen als Richtschnur vorgeben, können helfen. Davon profitieren sicherlich nicht nur Kinder mit Autismus-Spektrum-Störungen. Kleine Hilfestellungen des Lehrers können auch vielen ihrer Klassenkameraden zu einer besseren zeitlichen Selbstorganisation verhelfen.

3.3.4 Unterrichtsfächer

Autistische Kinder können grundsätzlich in allen Fächern gut sein. Wo sie sich besonders mit Leistung hervortun und wo es eher hapert, hängt von individuellen Fähigkeiten und Interessen ab. Im Grunde ist das erst mal so wie bei allen anderen Kindern auch.

Eine Ausnahme mag vielleicht der Sportunterricht darstellen. Kinder mit Asperger-Syndrom sind häufig infolge einer motorischen Ungeschicklichkeit unbeholfen und haben mit bestimmten Sportarten große Schwierigkeiten. Viele haben kein Ballgefühl und wirken unbeweglich und steif. Vor allem für Jungen ist es eine entsprechend große Peinlichkeit, wenn sie beim Fußball den Ball andauernd verfehlen oder als Torwart versagen. Erniedrigend wirkt es auf Jungen und Mädchen gleichermaßen, fortwährend als letzte in ein Team gewählt zu werden und bei jedem Fehler Vorwürfe zu hören, dass das Team nur wegen ihnen verlieren würde.

Auch wenn die Idee grundsätzlich gut ist, dass sich Kinder in der Schule sportlich betätigen und bewegen sollen, so sollte dennoch genau darauf geachtet werden, dass die Schüler dabei keinen seelischen Schaden nehmen. Kinder mit Autismus-Spektrum-Störungen, die in jeder Sportstunde aufs Neue nicht nur Ausgrenzungen und Spott, sondern häufig auch offenen Anfeindungen ausgesetzt sind, sollten vor solchen Situationen geschützt werden. Unter Umständen bietet sich ein Alternativprogramm an, vor allem dann, wenn mehr als ein Schüler aus der Klasse betroffen ist. Während der Rest der Klasse eine Ballsportart spielt, könnten diese Kinder Ausdauersport, Entspannungsübungen oder Koordinationstraining unter Aufsicht eines anderen Lehrers durchführen. Eine andere Möglichkeit bestände darin, dass sie mit ihrer Schulbegleitung an der frischen Luft spazieren gehen dürfen. Denkbar wäre zudem, dass autistische Schüler, anstelle aktiv Sport zu betreiben, theoretisch dazu etwas erarbeiten. Bei Ballsportarten könnte man sie auch zum Schiedsrichter ernennen. Dies hat den Vorteil, dass sie sich zusammen mit den anderen auf dem Spielfeld betätigen, in ihrer Position aber nicht mit den Vorwürfen konfrontiert werden können, mit ihrer Ungeschicklichkeit einem Team den Sieg zu verderben. Möglichkeiten gibt es also etliche, um autistischen Kindern den Sportunterricht zu erleichtern.

Wichtig: Die Kinder mit ihren motorischen Einschränkungen akzeptieren und niemals vor den Augen ihrer Mitschüler vorführen. Sie sollten nicht der Scham ausgesetzt sein, etwas vormachen zu müssen, was sie beim wiederholten Male nicht können und bei dem sie sich immer wieder als Versager fühlen müssen. Die seelische Gesundheit des Kindes sollte auch bei einem ambitionierten Sportlehrer im Vordergrund stehen.

Auch in anderen Fächern ist einiges zu beachten:

Beispiel Deutschunterricht

Im Deutschunterricht steht die Arbeit mit Texten im Vordergrund. Viele autistische Kinder verstehen Geschichten anders als diese allgemein ausgelegt werden.

Sie sehen oft nicht den »roten Faden« in einem Text. Die Kinder interessieren sich mehr für scheinbar bedeutungslose Details als essenzielle Zusammenhänge, die die Handlung vorantreiben und die Aktionen der Charaktere erklären. Der Hintergrund davon: Viele Menschen mit Autismus fokussieren auf Gegenstände und nicht auf Menschen. Da die meisten Geschichten aber mit Menschen, deren Handlungen, Gefühlen und Gedanken zu tun haben, entgeht Menschen mit Autismus häufig der eigentliche Sinn eines Textes. Sie können die meisten Details und die genauen Zeit- oder Mengenangaben in der Geschichte wiedergeben; ob es aber um Freundschaft, um Liebe, Streit oder Trauer geht, können sie ungleich schwerer beantworten. Ein weiteres Problem im Deutschunterricht: Viele der Kinder halten sich bei der Textarbeit nicht an Konventionen. Dem vorgeschriebenen Aufbau einer Textanalyse oder Erörterung folgen? Darin sehen sie keinen Sinn. Bei der Beantwortung einer Frage im ersten Satz die Frage wiedergeben? Unnötig in ihren Augen. Autisten sind direkt genug, gleich zum Punkt zu kommen und verzichten auf lange Ausschmückungen.

Beispiel Mathematikunterricht

In Mathematik können Schwierigkeiten auftreten, wenn Transferleistungen gefragt sind, zum Beispiel bei Textaufgaben. Aufgaben, bei denen sich die Schüler zuerst durch verschachtelte Satzkonstruktionen kämpfen müssen und aus für die Lösung unerheblichen Angaben die wesentlichen heraussuchen müssen, sind für Autisten ungeeignet. Daher: Diesen Kindern nur eindeutig formulierte Textaufgaben stellen. Gewöhnungsbedürftig für Lehrer sind zudem die oft kreativen Lösungen vieler Kinder mit Autismus. Sie lösen Aufgaben nicht auf dem Rechenweg, der vorgegeben ist, sondern bevorzugen eine eigene Vorgehensweise zur Lösungsfindung. Lehrer sollten sich die alternativen Lösungswege zumindest ansehen, bestenfalls die kreativen Gedanken mit Sonderpunkten anerkennen. Eine besondere Herausforderung für Mathelehrer sind Kinder, die immer nur die Lösung aufschreiben, nicht aber den Rechenweg. Für sie ist die Lösung so augenscheinlich, dass sie es gar nicht einsehen, den Weg dahin aufzuschreiben. Dies ist nicht zwangsläufig auf Faulheit zurückzuführen. Es gibt tatsächlich Kinder, die beim besten Willen nicht beschreiben können, wie sie eine Rechenaufgabe lösen.

Eine weitere Herausforderung kann im Mathematikunterricht in der Geometrie auftreten. Manchen Kindern fehlt hier die motorische Fertigkeit, sauber gezeichnete geometrische Figuren zu Papier zu bringen. Sofern es möglich ist, kann es hier Erleichterung verschaffen, wenn die Kinder mit einem geeigneten Computerprogramm arbeiten dürfen, um die geometrischen Figuren zu erstellen.

Beispiel Fremdsprachen-Unterricht

Im Bereich Fremdsprachen tritt häufig das Phänomen auf, dass die Kinder recht gut sind, Texte in der fremden Sprache zu schreiben und zu übersetzen, die entsprechenden Wörter und Sätze aber nur schlecht aussprechen können. Hier können sich sprachliche Schwierigkeiten, die bereits beim Erlernen der Muttersprache aufgetreten sind, wiederholen. Vokabeln sind für einige Kinder ein ganz heikles Thema. Das trifft vor allem auf jene Kinder zu, die so intelligent sind, dass ihnen die meisten Zusammenhänge im Unterricht klar vor Augen liegen und ihnen Lösungen nur so zufliegen. Ihnen sind die grammatikalischen Regeln, nach denen eine Sprache wie Latein funktioniert, auf den ersten Blick ersichtlich. Vokabeln hingegen lernen die wenigsten im Vorbeigehen. Hier ist auch für sehr intelligente Kinder mit Autismus angesagt: Wiederholen, wiederholen, wiederholen. Genau dazu sind diese Kinder oft kaum zu bewegen. Diese Unlust und mangelnde Motivation kennen Lehrer auch von anderen Schülern und ebenso wissen sie aus Erfahrung, wie schwer es ist, solche Kinder zu motivieren. Hier zeigt es sich, dass sich Schüler mit Autismus oft gar nicht so sehr von Kindern ohne Autismus unterscheiden.

Speziell bei Kindern mit Autismus-Spektrum-Störungen kann es funktionieren, sie über ihr Spezialinteresse zum Lernen von Fremdsprachen zu motivieren. Interessiert sich ein Kind beispielsweise sehr für Computer oder Naturwissenschaften, kann die Tatsache, dass wichtige Texte dazu nur in Englisch verfügbar sind, ein Anreiz zum Englisch lernen sein. Zu Hause können Eltern die Kinder locken, indem sie erlauben, dass sich das Kind nach einer viertel Stunde Vokabeln lernen eine halbe Stunde mit dem Spezialinteresse beschäftigen darf. Auf eine halbe Stunde Vokabeln lernen könnte eine ganze Stunde Spezialinteresse folgen.

3.3.5 Oft ein Widerspruch: Handschrift und Lesbarkeit:

Mit dem Füllfederhalter bzw. Kugelschreiber auf Papier zu schreiben, fällt Menschen mit Autismus oft schwer. Lehrer merken dies, wenn die Kinder im Unterricht fast nie fertig werden, wenn es darum geht, eine Abschrift zu erstellen oder eine Aufgabe schriftlich zu lösen. Auch ist die Schrift bei vielen geradezu unleserlich. Rechtschreibung kann ein weiteres Problem sein. Manche Kinder schreiben so, wie sie die Wörter hören, ohne den Rechtschreiberegeln Beachtung zu schenken.

Den Kindern kann es Erleichterung verschaffen und im Sinne des Nachteilsausgleichs ist es sehr oft auch durchaus gerechtfertigt, wenn sie mit einem Laptop schriftliche Aufgaben ausführen dürfen. Dies kommt auch den Nerven des Lehrers zugute: Maschinenschrift ist zumindest gut lesbar und es gibt ein Rechtschreibprogramm.

3.4 Herausforderungen für autistische Kinder

Der Schulalltag an einer Regelschule ist voller Herausforderungen für Kinder mit Autismus-Spektrum-Störungen. Die Schule liegt außerhalb ihres vertrauten heimischen Umfeldes, wo sehr vieles nach ihren Regeln ablaufen kann, wo sie sich so lassen können, wie sie sich gerade fühlen, und wo sie im Idealfall einfach so akzeptiert werden, wie sie sind, nämlich als ein Mensch mit besonderen Fähigkeiten, Bedürfnissen, mit besonderen Stärken aber auch Schwächen.

In der Schule ist das anders. Hier muss vieles konformer und nach von außen vorgegebenen Regeln ablaufen. In der Schule ist viel Anpassung gefragt; genau das fällt aber Autisten, die vom Naturell her eher Einzelgänger sind und genau wissen, was sie wollen und vor allem, was sie nicht wollen, ungleich schwerer. Bei einigen von ihnen kann man nahezu von einer Unfähigkeit sprechen, Kompromisse einzugehen und von der eigenen Linie und den eigenen Vorstellungen abzurücken. In der Schule ecken diese Kinder an vielen Stellen an. Auch kann es zu unberechenbaren und unkontrollierbaren Reaktionen kommen, wenn Dinge anders ablaufen, als die Kinder es geplant haben.

3.4.1 Herausforderung unerwartete Änderungen

Das Kind kommt morgens zur Schule und erfährt, dass ein Lehrer, mit dem es heute eigentlich Unterricht gehabt hätte, erkrankt ist. Stattdessen findet ein Ersatzunterricht mit einem Vertretungslehrer statt oder die Stunde fehlt ganz aus, was in der Regel dazu führt, dass der Unterricht an diesem Tag früher beendet ist, das Kind also früher als gewöhnlich nach Hause gehen kann. Was für die meisten anderen Kinder ein Grund zum Jubeln ist, kann für Kinder mit Autismus-Spektrum-Störungen zu einer gewaltigen Herausforderung werden. Alles, was anders als vorgesehen abläuft, ruft in ihnen Stress, höchste Anspannung und Angst hervor. Freuen können sie sich über eine Stunde Freizeitgewinn daher oft nicht.

In solchen Situationen brauchen die Kinder einen besonderen Rückhalt. Es ist gut, wenn jetzt ein Schulbegleiter da ist, um das Kind aufzufangen und ihm Sicherheit zu vermitteln. Auch einige verständnisvolle Mitschüler, die Bescheid wissen, dass das Kind Probleme mit Veränderungen hat, können eine Stütze sein. Grundsätzlich, um das Kind vor unnötigen Spannungen zu bewahren, ist es sinnvoll, Änderungen so früh wie möglich bekanntzugeben. Bei längeren Erkrankungen, geplanten Ausfällen wie Fortbildungen oder Ausflügen, sollten die veränderten Stundenpläne so frühzeitig wie möglich verteilt werden. Schüler mit Autismus-Spektrum-Störungen und deren Eltern haben dann Zeit, sich darauf vorzubereiten und einzustellen.

3.4.2 Herausforderung Klassenkameraden

Klassen mit um die 30 Schüler sind für alle eine Herausforderung – Kinder wie Lehrpersonal. Doch für autistische Kinder mit ihren Einschränkungen im sozialen und kommunikativen Bereich und ihren manchmal extremen Wahrnehmungsempfindlichkeiten sind diese Situationen noch schwieriger zu bewältigen. Um sich ungefähr vorstellen zu können, wie sich autistische Schüler in einer übervollen Klasse fühlen müssen, kann ▶ Kap. 8.1 dieses Buches aufschlussreich sein.

3.4.3 Herausforderung Pausen

Pausen sind unstrukturierte Phasen, in denen die Kinder weitgehend sich selbst überlassen sind. Grundsätzlich sollten Pausen der Erholung dienen. Tatsächlich können sie aber für alle Kinder zum Stressfaktor werden: In kurzer Zeit wollen sie sich mit ihren Freunden über Neuigkeiten austauschen, für den Nachmittag verabreden, nach Hausaufgaben erkundigen, ihr Pausenbrot essen (oft auch noch kaufen), auf die Toilette gehen und vieles mehr. Für Kinder mit Autismus kann das Chaos aus vielen hektisch und vom eigenen Stress getriebenen und durcheinanderlaufenden Kindern eine manchmal schier unerträgliche Belastung sein. Das führt dazu, dass sich viele von ihnen nach der Pause gestresster und ermüdeter fühlen als vor der Pause.

3.4.4 Herausforderung Länge der Schultage

Für Kinder mit Autismus ist der Schultag extrem anstrengend, zumal wenn sie unter starken Wahrnehmungsempfindlichkeiten, einem schwachen Filtereffekt oder besonders großen Problemen mit der Gegenwart von anderen Menschen leiden. Sechs oder sieben Unterrichtsstunden hintereinander können eine Überforderung sein. Eltern erleben ihre Kinder nach einem solchen Unterrichtsmarathon völlig apathisch oder extrem reizbar und aggressiv. In solchen Fällen sollten Eltern mit der Schule zusammen überlegen, wie sich der Unterrichtsalltag für ihr Kind erträglicher gestalten lässt. Eine Abhilfe kann in vielen Fällen eine Schulbegleitung darstellen, mit der das Kind gut harmoniert. Allein deren Anwesenheit kann dem Kind Halt und Sicherheit geben und etwas von der Anspannung nehmen.

3.5 Karlas Wünsche für eine inklusive Schule

Liebes Tagebuch,
viele Jahre sind vergangen. Ben besucht mittlerweile die zehnte Klasse einer Realschule. Er hat eine wahnsinnige Entwicklung hinter sich und will jetzt sogar noch das Abitur machen. Das hätten wir vor einigen Jahren nie für möglich gehalten. Damals hatten wir in unserer Unsicherheit Ben zunächst auf einer Sonderschule angemeldet. Aber bereits nach wenigen Wochen merkten

wir, dass Ben dort unterfordert und unglücklich war. Ich nahm all meinen Mut zusammen und setzte gegen einige Widerstände durch, dass Ben eine Chance auf der Regel-Grundschule bekam. Und dort blieb er dann auch.

Es war eine harte Zeit. Für uns, für Ben, aber auch für die Lehrerinnen und Lehrer. Einige Male wollten wir aufgeben und Ben doch wieder zurück auf die Sonderschule schicken. Aber wir haben durchgehalten und für und mit unserem Sohn weitergekämpft.

Wie würden wir uns aber die ideale Schule für Ben vorstellen? Schon oft haben uns Menschen diese Frage gestellt. Es ist schwierig, darauf eine Antwort zu geben.

Würde es einfacher sein, wenn unser Junge eine Schule besuchen würde, auf der nur Schüler mit Autismus-Spektrum-Störungen sind? In den USA gibt es solche Schulen und manche halten diese Einrichtungen für eine gute Lösung. Ich bezweifle das. Können Kinder mit Behinderungen wie dem Autismus nicht gerade von einem »normalen« Umfeld viel lernen? Sich abgucken, wie man sich in Gesellschaft verhält und lernen, wie man miteinander umgeht? Sicherlich mag das ein harter Weg für sie sein. Aber Entwicklung tut eben manchmal weh. Ohne Reibung keine Bewegung. Und außerdem: Früher oder später müssen auch Menschen mit Autismus-Spektrum-Störungen in der Gesellschaft leben. Sie ihre ganze Jugend lang zu isolieren kann doch keine Lösung sein. Das kann allemal eine vorübergehende Erleichterung sein. Doch im Grunde verschiebt man damit das Problem der Integration in die Gesellschaft nur auf später.

Andererseits: Ich fände es natürlich schon schön, wenn die Schulzeit für unseren Sohn einfacher und weniger belastend vonstattengehen würde. Und das wäre auf einer Schule, auf die nur Kinder mit Autismus-Spektrums-Störungen gehen und auf der die Lehrer für diese Störung sensibilisiert sind, vermutlich eher der Fall. Hier würde es mit Sicherheit weniger Vorurteile gegenüber Betroffenen wie Ben und ihren Schwächen geben und stattdessen einen geschärften Blick für ihre Stärken.

Als besonders wichtig im Umgang mit Schülern mit Autismus-Spektrum-Störungen empfinde ich, dass Lehrer immer das einzelne Kind, also den individuellen Menschen, und dessen ganz individuelle Bedürfnisse, seine starken Bereiche und seine Bereiche mit Entwicklungsbedarf betrachten. Ich habe allerdings oft die Erfahrung gemacht, dass sich Fachwissen zum Thema Autismus bemühte Menschen zwar anlesen, sich in der Folge jedoch nur noch daran festklammern und kaum oder gar nicht mehr auf das Kind schauen, das vor ihnen steht. Doch nur dieses Kind kann ihnen seine persönlichen Wünsche und Bedürfnisse mitteilen.

Bücher sind sicherlich gut, um sich Hintergrundwissen anzueignen und um exemplarisch an geschilderten Fällen zu lernen, wie man mit Autisten in bestimmten Situationen umgehen kann. In der Praxis anwendbar ist dieses Wissen aber nur dann, wenn es auf das individuelle Kind zugeschnitten wird. Warum mir das so wichtig ist? Auf der Sonderschule, auf der Ben kurzzeitig mit drei anderen autistischen Kindern war, warf man die vier immer in einen Topf, so als sei ein Autist genau wie der andere. Anstelle von Paula, Fabian,

Ernie und Ben sprachen sie von den vier »Autie-Fällen«. Ein Kind sollte aber nie ein »Fall« sein, sondern immer ein Kind bleiben und als Einzelperson anerkannt werden. Ob mit oder ohne Autismus: Das Kind an sich muss im Mittelpunkt stehen.

3.6 Schule barrierefrei für Autisten gestalten

Nicht das Kind muss passend für die Schule gemacht werden, sondern die Schule sollte sich auf Kinder mit Autismus-Spektrums-Störungen zubewegen. Das impliziert einen gesellschaftlichen Wandel. Die Gesellschaft muss bereit und willig sein, Menschen mit Autismus-Spektrum-Störungen in jeden Bereich des gesellschaftlichen Lebens aufzunehmen. Dazu gehört auch die Schule, wo ein starker Konkurrenz- und Erwartungsdruck auf den Kindern lastet und die Lehrer angesichts überfüllter Klassen, immer schwieriger werdenden Schülern und immer anspruchsvolleren Eltern oft an die Grenzen ihrer Belastung stoßen. Auf den ersten Blick scheint unter diesen Voraussetzungen für den Gedanken der Inklusion kaum Platz zu sein. Trotzdem ist es wichtig, dass gerade die Schule aktiv Inklusion betreibt und vorlebt. In der Schule finden große Entwicklungsschritte der Kinder statt. Sie lernen mit- und voneinander und reifen an den Erfahrungen.

Wie aber lässt sich Inklusion für Autisten an Schulen verwirklichen? Die schon angesprochene Rampe für Rollstuhlfahrer, die dann jede Person im Rollstuhl nutzen kann, gibt es nicht für Autisten. Vielmehr muss hier individuell für jede Schülerin und jeden Schüler eine Lösungsstrategie entwickelt werden, wie genau dieses Kind am besten in die Klassen- und Schulgemeinschaft integriert werden kann.

Im Umgang mit den Betroffenen können die folgenden allgemeinen Hinweise hilfreich sein.

3.6.1 Fantasie und Kreativität anwenden

Da es nicht den einen und einzigen richtigen Weg gibt, wie man auf Menschen mit Autismus-Spektrum-Störungen reagiert, müssen sich Lehrer auf jeden Autisten neu einlassen und einstellen. Menschenkenntnis, Engagement und guter Wille sind dafür unentbehrlich. Wichtig ist, stets bei jedem Kind aufs Neue zu untersuchen: Was ist da an Kompetenzen, wo besteht Hilfsbedarf, was kann man tun, um genau dieses Kind zu erreichen? Kann das Kind nicht gut/schnell/leserlich mit der Hand schreiben? Dann bietet es sich an, ihm zu erlauben, mit einem Laptop mitzuschreiben. Hat ein autistischer Mensch große Probleme, mündlich gegebenen Anweisungen zu folgen, sollte man ihm Aufgabenstellungen stets schriftlich mitteilen (am besten auf einem Blatt Papier zum Mitnehmen), so dass er die Anweisungen so oft und so lange nachlesen kann, bis er die Aufgabe verstanden hat. Kommt es immer wieder zu Missverständnissen, sollten Lehrer sich angewöhnen nachzufragen, ob und was das Kind verstanden hat. Gut ist es, den Schüler aufzufordern, in eigenen Worten zu formulieren, was angekommen ist.

3.6.2 Sich Hilfe holen

Die Eltern eines Kindes mit Autismus, seine Schulbegleitung und/oder. sein Therapeut sind Experten für die speziellen Bedürfnisse, Stärken und Schwächen dieses einen Kindes. Bei Unsicherheiten bezüglich des Verhaltens des Kindes oder Fragen, wie man selbst am besten in bestimmten Situationen reagiert, können diese Menschen wertvolle Tipps geben.

3.6.3 So normal wie möglich behandeln

Es erscheint wenig förderlich, behinderte Kinder extrem »in Watte zu packen«. Sie sollten jedoch wie alle anderen Kinder eine faire Chance auf eine gleichberechtigte Teilhabe am Unterrichtsgeschehen haben. In Bereichen, wo ihnen ihre Behinderung Grenzen aufzeigt, sollten diese Einschränkungen mit einem angemessenen Nachteilsausgleich aufgefangen werden. Ansonsten ist es nicht ratsam, die betroffenen Kinder in eine Sonderposition zu erheben. Dies würde sie von ihrem Klassenkameraden nur noch weiter entfernen.

Behinderungen sind ein Teil unserer mannigfaltigen Gesellschaft. Je normaler wir damit umgehen, desto besser, leichter und entspannter für alle Beteiligten.

3.6.4 Tipps für Lehrer

Mündliche Mitarbeit

Für viele Schüler mit Autismus-Spektrum-Störungen ist die mündliche Beteiligung ein Problem. Manche haben Schwierigkeiten mit dem verbalen Ausdruck, andere brauchen länger – zu lange für den Unterrichtsalltag –, um sich zu melden. Wieder andere Kinder haben mit ihren Wortmeldungen schlechte Erfahrungen gemacht, sind ausgelacht worden, wenn sie sich anders ausgedrückt haben als dies die übrigen Schüler tun, oder haben etwas gesagt, das nicht gut ankam. Wenn Kinder mehrmals solche für sie erniedrigenden Erfahrungen gemacht haben, kann das zu einer Verweigerungshaltung führen. Es ist also in jedem Fall wichtig zu prüfen, warum sich ein Schüler mit Autismus-Spektrum-Störung nicht melden kann oder will. Braucht das Kind einfach nur mehr Zeit, sollte ihm diese so oft es geht zugestanden werden. Auch kann der Lehrer es im Unterricht hin und wieder speziell ansprechen. Traut sich ein Kind aufgrund vorangegangener schlechter Erfahrung nicht mehr, sich zu melden, können mit der ganzen Klasse Verhaltensregeln aufgestellt werden und für den Fall, dass es wieder zu abfälligen, spöttischen oder diskriminierenden Reaktionen auf Wortmeldungen hin kommt, auch entsprechende Disziplinarmaßnahmen festgelegt werden.

Notfalls sollte auch überlegt werden, im Sinne des Nachteilsausgleichs die mündliche Mitarbeit bei Schülern mit Autismus-Spektrum-Störungen bei der Notengebung weniger stark zu gewichten.

Probleme mit der Selbstorganisation

In der Schule wird erwartet, dass sich die Schüler selbst organisieren können – und zwar umso mehr, je älter sie werden. Viele Kinder mit Autismus-Spektrum-Störungen tun sich mit der Selbstorganisation sehr schwer. Sie können zeitliche Abläufe nur schlecht einschätzen, oft mangelt es auch allgemein am Zeitgefühl.

Erleichterung verschaffen Übersichtspläne und Strukturierungshilfen. Was zu Hause zum Beispiel in Form von aufgehängten Wochenplänen funktioniert, kann in abgewandelter Form auch in der Schule den Kindern zugute kommen. Ein großer Stundenplan mit Angabe der Unterrichtsräume kann als Plakat an der Wand im Klassenzimmer die Planung des Schultags unterstützen. Günstig ist, wenn auf so einem Plan zusätzlich angegeben ist, wenn für ein Fach spezielle Dinge benötigt werden. Beim Fach »Sport« könnte so ein Hinweis – gerne auch als Bild – für die Sportutensilien stehen. Eine weitere Hilfe, gerade zu Beginn des Schuljahres, ist ein Sitzplan. Autistische Kinder haben bisweilen wochenlang Probleme, sich an einen neuen Sitzplan zu gewöhnen. Dies bedeutet nicht, dass sie zwangsläufig Probleme haben müssen, den eigenen Platz zu finden. Bei ihnen kann es auch schon für Verunsicherung sorgen, wenn andere Mitschüler nicht mehr am gewohnten, sondern an einem anderen Platz sitzen. Ein Sitzplan, den das Kind am besten auch mit nach Hause nehmen kann, kann bei der Orientierung helfen.

Es ist oft hilfreich, den Kindern spezielle Vorgaben zur Strukturierung und zeitlichen Planung zu geben. Sinnvoll ist zudem ein kleiner Wecker oder eine Eieruhr, damit das Kind erkennen kann, wie viel Zeit ihm für eine bestimmte Aufgabe noch verbleibt. Stört das Ticken einer solchen Uhr, bietet sich alternativ eine Sanduhr an. Zu beachten ist, dass Zeitdruck von den Kindern ferngehalten werden sollte, da viele damit nicht umgehen können.

Sprache: Nicht immer so eindeutig, wie man denkt

Viele autistische Kinder haben Probleme mit den Anweisungen, die Lehrer in der Schule geben. Sie neigen dazu, alles wortwörtlich zu verstehen und kommen mit Redewendungen oder Sätzen mit übertragener Bedeutung und vielen bildlichen Ausdrücken nicht zurecht. Höflichkeitsfloskeln, Füllwörter und ein Bitten im Konjunktiv (würdest du vielleicht unter Umständen …) verwirren sie. Wichtig daher in der Kommunikation mit diesen Kindern: Möglichst deutlich und eindeutig formulieren. Anweisungen auch ruhig in sehr einfacher Befehlsform ohne zu viele ablenkende Höflichkeitswörter geben. Bildliche Ausdrücke, weitschweifige Umschreibungen und Redewendungen meiden oder erklären. Bei wichtigen Dingen immer fragen, was das Kind verstanden hat und die wichtigsten Anweisungen und Informationen in geschriebener Form zur Verfügung stellen.

Auch Ironie kann ein Problem sein, da Autisten sie häufig als wortwörtlichen Ernst auffassen.

Besser als sprachliche Informationen verstehen viele Kinder mit Autismus-Spektrum-Störungen visuelle Informationen. Grafiken zur Veranschaulichung, Bilder, Mind-Maps und ähnliches können ihnen im Unterricht eine Stütze sein.

Doch nicht nur mit der verbalen Sprache, auch mit dem nonverbalen Ausdruck, der Körpersprache, haben die Betroffenen Probleme. Was das bedeuten kann und wie schwierig das Verständnis von kommunikativen Interaktionen dadurch werden kann, zeigt folgende Übung.

> **Übung zur Bedeutung der nonverbalen Kommunikation**
>
> Der Lehrer schreibt einen knappen Dialog an die Tafel, etwa so:
> Vater: »Da steht eine 3 auf deinem Zeugnis.«
> Kind: »Ja.«
> Vater: »Damit hätte ich nicht gerechnet.«
> Die Klasse soll die Situation beschreiben und analysieren. Ziel dabei: Dass den Kindern klar wird, wie wenig aussagefähig Sätze oft sind, wenn Körpersprache und Betonung keinerlei Hinweise auf die Intention dahinter geben. Freut sich der Vater über die 3, weil er mit einer 4 gerechnet hatte? Ärgert er sich über die Note, weil er lieber eine bessere gesehen hätte? Findet er es lustig, dass dort eine 3 steht? Oder ist er im Gegenteil furchtbar wütend? Nur mit dem kurzen Dialog alleine hat niemand eine Chance, das herauszufinden. Und genauso geht es vielen Menschen mit einer Autismus-Spektrum-Störung tagtäglich: Sie hören nur den Wortlaut. Die Aussage der nonverbalen Zeichen entgeht ihnen, da sie diese Zeichen nicht verstehen.

Alleine, zu zweit oder in Gruppen?

Schüler mit Autismus-Spektrum-Störungen würden diese Frage wohl fast ausnahmslos mit »lieber allein« beantworten, besonders, wenn es darum geht, in der Schule Aufgaben zu lösen und Projektarbeiten durchzuführen. Unter anderem geht dies auf ihre mangelnden sozialen und kommunikativen Kompetenzen zurück. Kompromisse einzugehen fällt vielen sehr schwer, manchen ist es sogar ganz unmöglich. Einzelarbeit ist in der Schule aber nicht immer möglich. Muss oder soll in Gruppen gearbeitet werden, braucht das Kind mit Autismus eine besondere Betreuung. Lehrer sollten darauf achten, dass es nur mit Schülern zusammenarbeitet, die verständnisvoll und souverän sind. Zudem ist auf eine klare Aufgabenverteilung zu drängen. Das autistische Kind sollte genau wissen, was es zu tun hat und wofür es die Verantwortung trägt. Wenn mit einem Kind gar keine Gruppenarbeit möglich ist, sollte im Einzelfall die Einzelarbeit vorgezogen werden.

Routinen geben Struktur

Viele Menschen mit Autismus-Spektrum-Störungen klammern sich an selbstaufgestellte Regeln und ritualisierte Handlungen, um ihren Alltag zu strukturieren und zu bewältigen. Die Routinen geben ihnen Halt und helfen bei der Orientierung in einer als unsicher empfundenen Welt.

Individuelle Regeln und persönliche Routinen lassen sich im Schulalltag nur begrenzt umsetzen. Hier stoßen zwei Realitäten aufeinander: Die Welt des Kindes mit Autismus-Spektrum-Störung, dem das Leben mit Routinen leichter fällt, und die Welt seiner Mitschüler, die sich durch die Regeln und ein zwanghaftes Einhalten von Routinen in ihrer Freiheit eingeengt und gestört fühlen. Gelöst werden kann das durch Kompromisse. Gewisse Routinen sollte das Kind auch in der Schule ausführen dürfen. So kann man erlauben, dass der Schüler mit Autismus vor oder nach Ende eines Unterrichtsthemas ein kleines Ritual befolgt, durch das die anderen Kinder nicht beeinträchtigt werden. Auch könnten sich die Lehrer angewöhnen, routinemäßig vor Beginn einer jeden Stunde den geplanten Unterrichtsablauf der Klasse mitzuteilen. Ein kleines Ruhe-Ritual, bei dem sich die Klasse vor Beginn einer Stunde sammeln soll, kann bei allen für mehr Konzentration sorgen. Je nach Ausrichtung der Schule bietet sich dafür ein Gebet an – im Fremdsprachenunterricht gerne auch in der Fremdsprache – oder ein Gedicht, ein Lied o. ä.

Pause – Hilfe, was jetzt?

Wie überstehe ich unbeschadet die Pausen? Für die meisten Schüler stellt sich eine solche Frage gar nicht erst. Sie haben jede Menge Ideen, was sie mit ihrer Pause anfangen wollen, und haben eher das Problem, das die Zeit nie reicht, um sich mit allen Freunden auszutauschen, zu toben, sich mit einem Pausen-Snack zu stärken und vielleicht auch noch auf die Toilette zu gehen. Für Kinder mit Autismus-Spektrum-Störungen sind Pausen hingegen eine der schlimmsten Phasen im Schulalltag. Sich einfach so unter die Mitschüler mischen, können die meisten von ihnen nicht. Auf dem Pausenhof ist es ihnen zu laut, zu unstrukturiert und oft quält sie zudem die Angst, in Situationen zu geraten, die sie nicht kontrollieren können und die möglicherweise in Gewalt ausarten können. Was also tun? Lehrer sollten das Kind nicht zwingen, den Schulhof zusammen mit den anderen Schülern benutzen zu müssen. Stattdessen sollten sie ihm eine Rückzugsmöglichkeit anbieten. Dies ist idealerweise ein möglichst ruhiger Raum – etwa ein Klassenzimmer oder ein Bibliotheksraum. Dort kann das Kind alleine oder zusammen mit einer Aufsicht, zum Beispiel seiner Schulbegleitung, die Pause verbringen und seine Akkus wieder aufladen. Nach der Pause wird es so erholter und frischer in die nächste Stunde starten können. Wenn das Kind dennoch auf eigenen Wunsch hin auf den Schulhof gehen will, dann sollte es dort besonders engmaschig von einer Pausenaufsicht beobachtet werden. Kinder mit Autismus-Spektrum-Störungen geraten leicht in eskalierende Situationen. Oft sind sie daran nicht selbst schuld; sie fühlen sich jedoch schnell mit Konstellationen konfrontiert, die ihnen unlösbar erscheinen, da sie das Verhalten der anderen nicht deuten können. Nicht außer Acht zu lassen ist zudem Mobbing, dem sehr viele Kinder mit Autismus-Spektrum-Störungen ausgesetzt sind. Hier gilt es, dass das Lehrpersonal alles daran setzt, dem Mobbing Einhalt zu gebieten und schnellstmöglich dazwischen zu gehen und Situationen zu deeskalieren. Eine Schulbegleitung, die in der Pause beim Kind ist, kann diese Schutzfunktion des Kindes – und manchmal auch der anderen Kinder vor dem Kind mit Autismus – übernehmen. Der Nachteil der Anwesenheit der Schulbegleitung auf dem Pausenhof besteht freilich darin, dass das Kind dadurch noch mehr von seinen Mitschülern isoliert wird. Zusammen mit einem Erwachsenen will schließlich kaum ein Schüler die Pause verbringen. Besser als eine Schulbegleitung sind daher verständnisvolle Schüler (»Kumpel« oder »Mentoren«) geeignet, die ein Auge auf das autistische Kind werfen und da sind, wenn das Kind sie braucht, ihm aber dennoch seinen Freiraum lassen.

3.7 Übungen für die Praxis

3.7.1 Social Training (Sozialtraining)

Social Training (auch Sozialtraining genannt) dient dazu, einem Kind mit Autismus-Spektrum-Störung soziale Regeln und soziale Verhaltensweisen näher zu bringen. Besonders gut gelingt dies mit einem spielerischen Ansatz. Geeignet dafür sind sog. social stories[29], comic stripes oder Rollen-und Theaterspiele, um Kindern näher zu bringen, wie man sich in Gesellschaft zu verhalten hat und wie besser nicht. Bei autistischen Kindern muss oft bei den Grundlagen angefangen werden. Das heißt, dass viele von ihnen lernen müssen, dass andere wie sie selbst Gefühle und Gedanken haben. Sie wissen nicht von sich aus, dass es anderen weh tut, wenn man sie schlägt oder tritt. Die Kinder müssen darauf trainiert werden, den Blick überhaupt erst mal für Menschen zu öffnen. In ihrer Wahrnehmung stehen sonst sehr oft nur Gegenstände im Fokus, die agierenden Personen hingegen sind von untergeordnetem Interesse.

Um in der Klasse für einen Schüler mit Autismus Verständnis zu gewinnen, kann es helfen, die Klasse einmal aufzufordern, den Blick dieses Kindes einzunehmen, also vor allem Gegenstände zu beachten und Menschen eher zu ignorieren. Wenn die Klasse merkt, dass vieles eine Frage des Blickwinkels ist, können manche Schüler dem Kind mit Autismus vielleicht etwas nachsichtiger gegenübertreten.

---

29 Siehe hierzu Schuster, Nicole/Matzies-Köhler, Melanie: Colines Welt hat tausend Rätsel. Alltags- und Lerngeschichten für Kinder und Jugendliche mit Asperger-Syndrom. 2. Auflage (2011). Vgl. auch Matzies, Melanie: Sozialtraining für Menschen mit Autismus-Spektrum-Störungen (ASS): Ein Praxisbuch. Stuttgart 2010.

Es ist klar, dass die Schule als Institution beim Sozialtraining allein überfordert ist. Hauptsächlich ist dies die Aufgabe einer Fachkraft, zum Beispiel eines Therapeuten. Ansätze des Social Trainings dennoch in den Unterricht zu integrieren kann für alle Schüler eine neue und lehrreiche Erfahrung sein. Sozialtraining vergrößert bei allen das Verständnis für einander und erweitert den Horizont.

3.7.2 Rollenspiele

In Rollenspielen können Kinder mit Autismus-Spektrum-Störungen die Perspektiven von anderen Menschen annehmen. Sie können erproben, was es bedeutet, in einer Situation auf diese oder jene Weise zu handeln und was das jeweils für Folgen haben kann. Wichtig ist, danach zu besprechen, welche Verhaltensweise aus welchem Grund besser war und eher zum Ziel geführt hat. Dabei sollte auch das autistische Kind sagen dürfen, in welcher Rolle es sich selbst besser gefühlt hat.

Besonders gut eignen sich Rollenspiele, um darin Konflikte oder Situationen zu simulieren, in denen bei autistischen Menschen rasch eine Überforderung der sozialen Kompetenzen auftritt. Mit Hilfe von Rollenspielen können die Kinder das eigene Verhalten reflektieren, seine Folgen erfahren und lernen, wie man die Folgen des Handelns in bestimmten Situationen voraussehen kann. Sie können zudem die Fähigkeiten zur sozialen Wahrnehmung schärfen und neue Verhaltensweisen einüben.

Gelingen können Rollenspiele nur dann, wenn die Beteiligten keine Hemmungen haben, vor den anderen zu spielen und zu agieren. Vielen Kindern mit Autismus muss daher im Vorfeld die Angst genommen werden, vor den anderen aufzutreten. Es sollte klargestellt werden, dass sich niemand, der mitspielt, vor den anderen lächerlich macht, sondern im Gegenteil sehr viel Mut beweist.

Zu Beginn eines Rollenspiels sollten die Rollen und die zu spielende Situation festgelegt werden. Damit alle etwas von dem Spiel haben, sollte die Situation möglichst real die Lebenswirklichkeit der Kinder widerspiegeln und sich bestenfalls auf Geschehnisse beziehen, die so oder so ähnlich bereits im Schulalltag zu Herausforderungen geworden sind. Beispiele sind eine Prügelei auf dem Schulhof, Mobbing, ein Kind ohne Hausaufgaben, das Drohungen anwendet, um abschreiben zu dürfen, ein Diebstahl in der Klasse oder ein verletztes Kind auf dem Pausenhof, das Hilfe braucht. In einem nächsten Schritt bietet es sich an, die Rollen genau zu beschreiben. Anschließend werden sie verteilt. Mit dem autistischen Kind sollte die entsprechende Mimik und Gestik eingeübt werden. Auch Kernsätze, die im späteren Rollenspiel vorkommen sollen, können im Vorfeld abgesprochen werden. Besonders spannend ist, wenn sich alle zusammen bei der Planung gleich verschiedene Verläufe der Handlung überlegen und entsprechende Eckpunkte fixieren. An diesen Fixpunkten orientieren sich die Darsteller und gehen im Spiel entsprechend aufeinander ein.

Nach dem Rollenspiel beginnt die Reflexionsphase. Sowohl die Schauspieler als auch die Schüler im Publikum sollen berichten, wie sie die Situation und die verschiedenen Rollen wahrgenommen haben. Was war gut, was kann man verbessern? Wie sollte man sich bestenfalls in der dargestellten Situation verhalten? Wie haben sich die Darsteller jeweils gefühlt?

In einer weiteren Runde kann die gleiche Situation mit einem veränderten Verlauf durchgespielt werden. Wieder erfolgen eine Analyse nach dem Spiel sowie ein Vergleich zwischen den beiden unterschiedlichen Handlungsoptionen. In einem weiteren Schritt können ältere Kinder Diskussionen über soziale Mechanismen beginnen, etwaige Vorurteile herausarbeiten und die Einstellung der Figuren gegenüber den Situationen betrachten.

Neben den Handlungen kann bei der Auswertung auch auf die Darstellung der Rollen Bezug genommen werden. Wie war das Mimikspiel, wie passend waren die Gesten? Was hätte man anders/besser machen können?

Goldene Regel dabei: Niemals darf Kritik verletzend, persönlich oder destruktiv sein. Vielmehr sollten die Schüler lernen, wie man auch nette Worte sagen kann, wenn eine Leistung eher schlecht war, und wie man einem anderen mit konstruktiver Kritik helfen kann, ohne ihn zu verletzen. Nach dem Rollenspiel-Projekt sollte die Klasse beschreiben, wie sie das gemeinsame Projekt empfunden hat.

3.7.3 Teamarbeit

Das Arbeiten im Team ist in der modernen Arbeitswelt nahezu unverzichtbar. Teamfähigkeit ist eine der soft skills, die am höchsten geschätzt wird. Auch viele Menschen mit Autismus werden in ihrem Leben kaum umhinkommen, mit anderen zusammenzuarbeiten. Es bietet sich also an, autistische Kinder bereits in der Schule an Teamarbeit heranzuführen. Die modernen Lehrpläne, die viel auf eigenständiges Lernen und ein Erarbeiten in Kleingruppen setzen, kommen dem entgegen.

Sinnvoll ist es, vorab eine Liste aufzustellen mit Faktoren, die für eine funktionierende Teamarbeit wichtig sind. Beispiele sind:

- Kompromisse schließen
- Absprachen treffen und einhalten
- jeden zu Wort kommen lassen
- aufeinander Rücksicht nehmen
- zusammen ein Ziel erreichen wollen
- jeden einbeziehen
- auf die Sache konzentrieren und nicht auf Gefühle
- einander helfen
- miteinander und nicht übereinander reden
- mitdenken und vorausdenken
- Aufgabenverteilung klar festlegen
- sich gegenseitig wertschätzen
- die Stärken des einzelnen nutzen
- Verantwortung übertragen und für seine Teilaufgabe übernehmen
- zuverlässig und loyal gegenüber dem Team sein
- Konflikte miteinander klären

In einem nächsten Schritt sollte gesammelt werden, was eine gute Gruppenarbeit verhindert. Beispiele sind:

- mangelnde Absprachen
- Egoismus
- Konkurrenzdenken innerhalb der Gruppe
- Ausleben persönlicher Feindseligkeiten
- Mobbing
- kleinliches Denken
- Unzuverlässigkeit

Eine weitere Liste kann Eigenschaften beinhalten, über die ein guter Team-player verfügt. Beispiele sind:

- Kommunikationsstärke
- Kompromissfähigkeit
- Ehrlichkeit
- Zuverlässigkeit
- Wissen um die eigenen Stärken und Schwächen
- Toleranz gegenüber Andersdenkenden
- Bereitschaft, von anderen zu lernen
- Bereitschaft, das eigene Wissen zu teilen

Um auch autistische Kinder für Gruppenarbeit zu motivieren, bietet es sich an, die Vorteile von Gruppenarbeit gemeinsam herauszuarbeiten. Zu diesen Vorteilen gehört unter anderem:

- Viele wissen mehr als einer, und was einer nicht weiß, weiß vielleicht jemand anderes.
- Wenn man Arbeit teilt, hat jeder weniger zu tun.
- Man kann seine sozialen Kompetenzen verbessern.
- Man lernt mit Konflikten umzugehen.
- Man lernt Kompromisse einzugehen.
- Man lernt andere besser kennen und findet manchmal sogar neue Freunde.
- Man erlebt, wie schön gemeinsame Erfolge sind.

Um den Sinn von Gruppenarbeit der Klasse zu vermitteln, können auch Filme angeschaut werden, in der eine Gruppe gemeinsam ein Ziel erreicht. Bei kleineren Kindern kann dies ein Trickfilm sein, zum Beispiel eine Folge der »Schlümpfe« oder von Enid Blytons »Fünf Freunde«. Auch moderne Filme bieten sich an, vor allem bei älteren Kindern. Teamarbeit findet zum Beispiel in zahlreichen Detektivgeschichten statt wie bei »TKKG« oder »Die drei ???«. Auch Mannschaftssportarten wie Fußball funktionieren nur mit Spielern, die miteinander und füreinander spielen.

3.7.4 Regeln brechen

Für Menschen mit Autismus-Spektrum-Störungen und ihr Umfeld sind Regeln häufig Fluch und Segen zugleich. Sie sind überaus hilfreich, da sie den Betroffenen helfen, Struktur in ihren Alltag zu bringen. Sie geben Sicherheit und Halt und dienen als Orientierungspunkte in Raum und Zeit. Dennoch kann das strikte Reglement, dem sich viele Menschen mit Autismus-Spektrum-Störungen aussetzen, auch einengen, Freiheiten nehmen und vor allem das freie Agieren und Reagieren erschweren bzw. oft auch völlig unmöglich machen. In dem Sinne kann es auch in der Schule zum Störfaktor werden. So gut, hilfreich und berechtigt Regeln, Rituale und Routinen im Alltag auch sind, wenn sie überhand nehmen, sollte gegengesteuert werden. Oft lassen sich die strengen Regeln zumindest reduzieren.

Regeln kann man mit Stützrädern am Fahrrad vergleichen: Sie sind wertvoll und unverzichtbar, solange die Betroffenen sie brauchen. Doch wenn sie nicht mehr gebraucht werden, bremsen sie eher ab und schränken das eigentliche Potential autistischer Menschen ein.

Es ist daher sinnvoll, Regeln, die sich Menschen mit Autismus-Spektrum-Störungen auferlegt haben, regelmäßig zu hinterfragen. Haben Sie noch ihre Berechtigung oder könnte der Betroffene auch ohne sie auskommen? Regeln nicht mehr zu befolgen, erfordert Mut. Viele Betroffene schrecken vor diesem Schritt zurück. Oft steckt eine unspezifische Angst dahinter, dass etwas Schlimmes passieren könnte, wenn diese Regeln nicht mehr befolgt werden. Umso wichtiger ist es, ein Kind mit Autismus-Spektrum-Störung behutsam auf diesem Weg zu begleiten und nicht mit Lob zu sparen, wenn es sich von dem Befolgen bestimmter Regeln befreit.

Wann hat das Relevanz für die Schule? Immer dann, wenn das Kind meint, rigide Regeln auch im Unterricht befolgen zu müssen, müssen sich Lehrer damit auseinandersetzen. Diese Regeln können ganz unterschiedliche Formen und Ausmaße annehmen. Schüler, die vielleicht in der ersten Klasse die Regel gelernt haben, vor Unterrichtsbeginn mit dem Lehrer ein bestimmtes Lied zu singen, wollen dieses Lied von da an immer singen. Es ist für sie zu einer Regel geworden, die untrennbar mit dem Unterrichtsstart verbunden ist. Kinder, die als Schulanfänger eine orangefarbene Mütze oder ein Leibchen bekommen, um im Straßenverkehr auf dem Schulweg besser erkannt zu werden, wollen dieses Kleidungsstück unter Umständen noch Jahre später auf dem Weg zur Schule tragen und kriegen Panikattacken, wenn das Mützchen oder Leibchen nicht da ist. Ähnlich kann es mit einem bestimmten Stift sein, mit dem das Kind immer schreiben will. Andere Regeln können sein, dass die Mathematikunterlagen stets in einem blauen und die Deutschblätter stets in einem roten Schnellhefter abgelegt werden müssen (selbst dann, wenn der neue Lehrer es umgekehrt haben will) oder das Kind morgens zu jeder Jahreszeit als erstes das Fenster im Klassenzimmer aufmachen muss. Wenn hier ein Lehrer gegensteuert und neue Regeln einführen möchte (Mathematikarbeitsblätter kommen in den gelben Schnellhefter, im Winter öffnen wir das Fenster nur ganz kurz in der Fünf-Minuten-Pause) erfordert das viel Geduld, Zeit und Einfühlungsvermögen. Am besten klappt es, wenn die Eltern und ggf. eine Schulbegleitung bzw. ein Therapeut mit an einem Strang ziehen.

3.7.5 Das Autistische in jedem von uns

Was im ersten Moment wie eine Provokation klingt, bedeutet nichts anderes, als dass jeder Mensch in einem bestimmten Maß autistische Eigenschaften aufweist. Manche Menschen sind eigenbrötlerisch, andere brauchen sehr geregelte Abläufe, andere schauen ihrem Gegenüber nur ungern in die Augen und wieder andere haben immense Schwierigkeiten mit Gefühlen. Die Diagnose Autismus ergibt sich freilich erst dann, wenn eine Person viele dieser Merkmale in sich vereinigt. Ein bisschen Autist, vor allem ein bisschen Asperger-Autist, sind jedoch viele Menschen zu bestimmten Zeiten.

Für den Unterricht bietet es sich an, mit der Klasse zusammen »autistische Eigenschaften« zu sammeln, die entweder Klassenkameraden oder generell viele nicht-autistische Menschen mehr oder weniger stark aufweisen können. Gegebenenfalls kann darauf hingewiesen werden, dass gerade große Denker und Genies häufig vom Verhalten her auffällig waren/sind. Als zeitgenössische Beispiele werden gerne Bill Gates, Steven Spielberg oder der Nobelpreisträger John Forbes Nash genannt, wobei hier keinesfalls behaupten werden soll, dass diese Männer tatsächlich eine Form des Autismus haben. Listen der historischen Beispiele führen unter anderem große Köpfe wie Isaac Newton, Wolfgang Amadeus Mozart, Glenn Gould, Charles Darwin, Albert Einstein oder Thomas Jefferson auf. Die (Hobby-)Forscher, die solche Thesen vertreten, machen das an biografischen Details fest. Beispiel Einstein: Sein ausgeprägtes Spezialinteresse war die Physik. Nähe zu anderen Menschen und selbst der Familie konnte er Berichten zufolge kaum zulassen und wurde vielfach als unfähig beschrieben, persönliche Beziehungen aufrecht zu erhalten. Der Legende nach soll Einstein zudem erst mit drei Jahren sprechen gelernt haben. Fazit: Trotz Autismus (oder vielleicht gerade deswegen?) kann man einiges erreichen im Leben. Nicht-autistische Menschen können daher hin und wieder davon profitieren, sich von den Ideen von Autisten inspirieren zu lassen.

3.8 Was sollten Eltern bei der Schulwahl beachten?

Oft wird die Frage gestellt, ob eine Schule wünschenswert sei, auf die nur Kinder mit Autismus-Spektrum-Störungen gehen. Was man sich davon verspricht: Lehrpersonal, das genau auf die Bedürfnisse von Schülern mit Autismus-Spektrum-Störungen geschult ist, das weiß, wie man diese Kinder am besten fördert, und das ihre kleinen Marotten akzeptiert. Die Kinder untereinander sollten – so die landläufige Meinung – sich besser verstehen als mit nicht-autistischen Menschen.

Dahinter steckt die Vorstellung, dass Autisten doch irgendwie alle gleich seien und unter »ihresgleichen« am glücklichsten sein müssten.

Doch dem ist längst nicht so. Autisten können sich untereinander extrem unterscheiden. Sie verstehen sich auch nicht zwangsläufig gut, nur weil sie den Autismus als gemeinsames Merkmal haben. Genauso wenig, wie sich alle Menschen gut verstehen, die rote Haare oder Sommersprossen oder einen Schönheitsfleck auf der rechten Seite über der Lippe haben.

Sympathien oder Antipathien haben wenig damit zu tun, ob ein Mensch autistisch ist oder nicht. Auch auf einer Schule oder in einer Klasse, die nur von Kindern mit Autismus-Spektrum-Störungen besucht wird, kann es Auseinandersetzungen, Feindschaften, Hass und Aggressionen geben.

Auch die Hoffnung, dass die Lehrmethoden dort besser, da adäquater seien, als an einer gemischten Schule, kann man nicht allgemein so stehen lassen. Freilich ist es so, dass an einer auf Autisten spezialisierten Schule das Lehrpersonal besonders viel über Autismus weiß und im Umgang mit diesen Menschen auch einen gewissen Erfahrungsschatz angesammelt hat. Dennoch bleibt die Herausforderung, dass jeder Mensch mit Autismus anders ist und jeder von ihnen mit ganz speziellen Lernmethoden gefördert werden muss und auf andere Weise zu erreichen ist.

Was aber für Nachteile können daraus erwachsen, wenn ein Kind mit Autismus-Spektrum-Störung nur mit anderen Kindern zusammen ist, die ebenfalls an einer Autismus-Spektrum-Störung leiden? Es hat zwangsläufig viel weniger Möglichkeiten, die Welt der nicht-autistischen Menschen kennenzulernen. Es fühlt sich schlimmstenfalls bereits in frühen Jahren »abgeschoben« und vom Rest der Gesellschaft ausgeschlossen. Eine Reibung mit nicht-autistischen Menschen findet nicht statt, was für die Entwicklung der autistischen Kinder von Nachteil sein kann.

Autistische Kinder auf eine Regelschule zu integrieren, ist aber auch keine problemlose Lösung. Vielmehr ist es eine Herausforderung für alle Beteiligten – für Lehrer, die Eltern, die Mitschüler und ganz besonders für die betroffenen Kinder selbst. Doch spricht einiges dafür, diese Herausforderung zu wagen und gemeinsam an ihr zu wachsen. Unsere Gesellschaft lebt von der Vielfalt und vom gegenseitigen Lernen. Wie wir viel von Menschen aus anderen Kulturen lernen können, so können auch nicht-autistische Menschen viel von autistischen Menschen lernen. Daher: So leicht und verführerisch die Lösung auch erscheinen mag, autistische Menschen mutmaßlich zu deren eigenem Nutzen in gesonderte Anstalten, Internatsschulen o. ä. zu verwahren, so ist dies doch ein Schritt um Jahrzehnte zurück. Wünschenswert ist stattdessen, in der gemeinsamen Beschulung von autistischen und nicht-autistischen Kindern offen für Experimente und Versuche zu sein, bereit zu sein, von alten Wegen abzuweichen und Misserfolge am besten von vorneherein mit einzuplanen. Um herauszufinden, welche Strategien für eine möglichst große Gruppe Autisten hilfreich sind, können Versuche wie die in ▶ Kap. 8.2 beschriebenen hilfreich sein.

3.9 Der stille Helfer: Die Schulbegleitung

Unsichtbar und doch da, so sollte der ideale Schulbegleiter sein. Schulbegleiter sind dafür zuständig, einen Schüler im Schulalltag zu unterstützen. Sie sollen versuchen, bestmöglich die behinderungsbedingten Defizite des Kindes zu kompensieren, Hilfestellungen zu geben und dadurch einen möglichst reibungslosen Ablauf ermöglichen.

Rechtlich gesehen sind Schulbegleiter als sogenannte Integrationshelfer ein Teilbereich der Eingliederungshilfe in §§ 53,54 SGB. So gehören laut § 54 Abs. 1 Satz 1 Nr. 1 SGB XII zu den Leistungen der Eingliederungshilfe auch »Hilfen zu einer angemessenen Schulbildung, vor allem im Rahmen der allgemeinen Schulpflicht«.

Etlichen Integrationshelfern in allen Bundesländern ist es zu verdanken, dass schon heute viele Kinder mit Autismus-Spektrum-Störungen trotz ihrer Defizite und besonderen Bedürfnisse eine Regelschule besuchen können und dort an einem gemeinsamen Lernen teilhaben können. Ein guter Integrationshelfer sollte immer dann zur Stelle sein, wenn Hilfe gebraucht wird. Um das Kind nicht in seiner Entwicklung einzuengen, sollten sich die Helfer dann zurücknehmen, wenn das Kind auch alleine zurechtkommt.

Welche Art und wo genau ein Kind Unterstützung benötigt, ist individuell verschieden. Die Hilfe sollte sich daran orientieren, was das Kind schon kann und was es noch lernen muss. Je weiter sich Kinder mit Autismus-Spektrum-Störungen entwickeln, desto weniger notwendig werden Integrationshelfer. Die Entscheidung, es ohne sie zu versuchen, sollte dennoch langsam angegangen werden. Auch wenn der Schulbegleiter an vier von fünf Tagen kaum etwas bis gar nichts zu tun hat; am fünften Tag kann das Kind aus Überforderung oder Überreizung in eine Situation geraten, die es alleine nicht lösen kann und die ohne Unterstützung von der Fachkraft eskalieren würde. Ein Integrationshelfer kann extreme Reaktionen des Kindes oft voraussehen und dieses rechtzeitig aus der Situation holen, ihm Ruhe verschaffen und somit eine Eskalation vermeiden.

Verschiedene karitative Einrichtungen stellen den Dienst von Integrationshelfern zur Verfügung. Die Kosten werden in der Regel von den Sozialämtern oder Jugendämtern getragen. Bei ihrem zuständigen Sozialamt oder Jugendamt müssen Eltern, die für ihr Kind die Hilfe eines Schulbegleiters in Anspruch nehmen wollen, einen entsprechenden Antrag auf Übernahme der Kosten stellen. Dies sollte möglichst schon einige Zeit vor der Einschulung bzw. vor dem neuen Schuljahr geschehen. Empfehlenswert ist es auch, darin von vornherein die besondere Hilfsbedürftigkeit des Kindes mit ärztlichen Attesten und gegebenenfalls auch Bescheinigungen der Schule hervorzuheben. Von einer Ablehnung des Antrags sollten sich Eltern nicht einschüchtern lassen. Ein Kind mit Autismus-Spektrum-Störung und einer erwiesenen Hilfsbedürftigkeit hat Anspruch auf einen Integrationshelfer. Diesen Anspruch durchzusetzen, kann Eltern allerdings viel Zeit und Kraft kosten.

Als Schulbegleiter kommen verschiedene Personengruppen infrage, beispielsweise Privatpersonen wie etwa Freunde oder Familienangehörige, Praktikanten sowie Fachkräfte aus dem pädagogischen Bereich. Vorbereiten können sie sich auf die Tätigkeit mit Informationsmaterialien und Gesprächen mit Therapeuten. Von Anfang an sollte ein sehr enger Austausch mit den Eltern und Lehrkräften gesucht werden. Ausschlaggebend für den Erfolg/Misserfolg ist oft weniger die Vorbildung der Schulbegleitung als die Frage, ob der betroffene Schüler sie akzeptiert. Eine Schulbegleitung kann nur funktionieren, wenn ein von Vertrauen geprägtes Verhältnis zwischen Kind und Begleitung entsteht.

3.9.1 Ein Tag im Leben einer Schulbegleitung

Im Folgenden wird ein beliebiger Tag im Leben einer Schulbegleiterin dargestellt. Der Junge, der begleitet wird, heißt in unserem Beispiel Arno. Arno ist 15 Jahre alt, hat das Asperger-Syndrom und besucht die 9. Klasse einer Hauptschule. Die Begebenheiten sind exemplarisch.

7:20 Ich klingele an der Haustür von Arnos Elternhaus, Arno blättert in einem Buch über Lokomotiven, er weiß alles über Eisenbahnen.
7:30 Nur mit Mühe kann sich Arno von dem Buch trennen. Wir verlassen das Haus.
7:35 Wir müssen auf dem Weg zur Haltestelle des Schulbusses eine Straße überqueren. Erst nach meiner Aufforderung können wir gemeinsam über die Straße gehen. Arno kann die Geschwindigkeit von herannahenden Fahrzeugen nicht abschätzen.
7:45 Im Schulbus: Durch meine Anwesenheit ist Arno sicher vor »Hänseleien« der Mitschüler. Ohne mich kann er den Schulbus gar nicht benutzen.

7:50 Auf dem Schulhof: Arnos einziger Freund aus der 8. Klasse fehlt. Wir beide gehen auf dem Schulhof spazieren.

7:55 Auf dem Weg in die Klasse sprechen Klassenkameraden Arno an. Er reagiert nicht. Ich antworte und versuche, Arno in das Gespräch einzubinden.

8:00 Mathematik: Die Schüler sollen ihre Mathesachen rausholen, Arno, der immer Hefte und Bücher aller Fächer in der Schultasche hat, reagiert erst nach meiner Aufforderung.

8:15 Die Schüler sollen einige Matheaufgaben aus dem Buch lösen. Ohne meine ständigen Hinweise schreibt Arno alles eng untereinander und lässt kein Kästchen Zwischenraum. Es ist kaum leserlich.

8:45 Raumwechsel, Chemieunterricht: Arno muss in Ruhe alles kramen, wir verlassen als letzte die Klasse. Ich schließe ab.

9:10 Der Chemielehrer bereitet einen Versuch vor, um zu zeigen, dass Alkohol brennbar ist. Arno wird auf seinem Platz immer unruhiger, plötzlich springt er auf und rennt aus dem Chemieraum, ich hinterher. Arno hat Angst vor Feuer und unerwarteten Geräuschen. Ob wir heute noch einmal den Chemieraum betreten können, hängt von Arnos Tagesverfassung ab.

9:35 Große Pause: Nach meiner Aufforderung nimmt Arno seine Pausenmahlzeit und wir gehen in einen leerstehenden Klassenraum. Arno braucht Ruhe und einen Sitzplatz für sein Frühstück. Später suchen wir eine wenig benutzte Toilette auf. Arno hat große Probleme mit Gerüchen. Viel benutzte Toiletten sind für ihn unerträglich. Den Rest der Pause gehen wir über den Schulhof spazieren.

10:00 Kunstunterricht: Die Klasse ist sehr unruhig und laut.

10:20 Arno fühlt sich nicht gut, er hat Bauchschmerzen. Wir verlassen den Unterricht und gehen im nahegelegenen Park spazieren.

10:50 Musikunterricht: Arno liebt Musikunterricht. Er will bei jedem Musikstück mitsingen, klatschen oder summen. Arno ist nur mit Mühe ruhig zu halten.

11:55 Nach der zweiten großen Pause, die wir wieder gemeinsam verbracht haben, findet jetzt Sportunterricht statt. Arno wird von seinen Mitschülern ausgegrenzt und als letzter in die Mannschaft gewählt. Ich übe anschließend zusammen mit Arno einen Bewegungsablauf ein.

13:25 Die Schule ist beendet. Arno schnappt sich seine Schultasche und rennt zum Bus, ich hinterher. Arno hat Probleme damit, auf andere Rücksicht zu nehmen bzw. auf andere zu warten. Er will jetzt nur noch nach Hause.

13:40 Ich liefere Arno zu Hause ab, wo er sich schnellstens umziehen muss, die »Schulkleidung« aus und die »Zuhausekleidung« an. Ich informiere die Mutter über die Neuigkeiten in der Schule. Arno soll zur Erleichterung ein Laptop bekommen, denn er schreibt sehr ungelenk. Wir gehen noch kurz die Hausaufgaben durch. Danach ist mein Arbeitstag mit Arno für heute beendet.

3.10 Ziele für die Inklusion autistischer Kinder

Das Ziel der schulischen Inklusion von autistischen Kindern sollte sein, ihnen frühmöglichst eine Eingliederung in die Gesellschaft zu ermöglichen. Umgekehrt sollten die nicht-autistischen Kinder in der Klasse lernen, dass es ebenso Menschen mit Behinderungen gibt, die als gleichberechtigter Teil der Gesellschaft zu betrachten und zu behandeln sind. Genauso wie Menschen mit grünen Augen, Menschen mit einem Migrationshintergrund oder Menschen aus Patchwork- oder Regenbogenfamilien zu ihrer Schulklasse gehören, so können Kinder mit Behinderungen Teil ihres Schulalltags sein. Je früher Kinder verstehen, dass beispielsweise auch Menschen mit Autismus-Spektrum-Störungen zu unserer Gesellschaft gehören und zu akzeptieren sind, desto besser können die Aussichten sein, dass sie diesen später mit weniger Vorurteilen, Vorbehalten und mit weniger Ablehnung begegnen.

Mit- und voneinander lernen, das gilt nicht nur für nicht-autistische Schüler, sondern auch für die Lehrer, die sie unterrichten. So ist dringend darauf zu achten, dass autistische Kinder ihren Potentialen entsprechend gefördert werden und nicht wegen Defiziten in anderen, zum Beispiel den sozialen Bereichen, auf Schulen abgeschoben werden, die ihrem intellektuellen Niveau und ihren besonderen Potentialen nicht Genüge leisten können.

Lehrer sollten in der Unterrichtung von Kindern mit Autismus-Spektrum-Störungen den Mut aufbringen, nicht nur auf angelerntes Wissen zu vertrauen, sondern vor allem auch auf ihre gesunde Menschenkenntnis und ihr Einfühlungsvermögen. Wissen, dass sich jedermann aus Büchern aneignen kann, ist sicherlich eine gute Basis. Es kann aber nie den Blick auf den individuellen Menschen mit Autismus ersetzen. Das Studium des einzelnen Menschen und die Bereitschaft, nach dem Trial-and-Error-Prinzip auszuprobieren, welche Methoden bei genau diesem Kind wirken, sind Voraussetzung für eine erfolgreiche Beschulung von Kindern mit Autismus-Spektrum-Störung an der Regelschule.

3.11 Inklusion in der Schule: Sinnvoll oder nicht?

»Behinderte können mit gesunden Menschen doch gar nicht mithalten. Sie bremsen ihr Umfeld ab und bleiben dabei selbst am meisten auf der Strecke.« So mögen überspitzt die Argumente derjenigen klingen, die sich vehement gegen Inklusion aussprechen. Sie glauben, dass nur ein separates Leben und Lernen dem Nutzen und dem Profit der Gesellschaft der Nicht-Behinderten auf der einen Seite und der Gesellschaft der Behinderten auf der anderen Seite zuträglich sei. Bei näherem Hinblick verbirgt sich dahinter ein unreflektiertes und oberflächliches Denken, das von Vorurteilen genährt ist.

Doch genauso wenig wie von vorneherein der Inklusion ablehnend gegenüberzustehen kann es eine Lösung sein, Inklusion um jeden Preis übers Knie brechen zu wollen. Wir sollten sie stattdessen als selbstverständliche Aufgabe und Herausforderung der Gesellschaft wahrnehmen und nie unversucht lassen. Im Blick sollte stets der einzelne und ganz individuelle Mensch mit Behinderung stehen und dann bestmöglich in seinem Sinne und in seinem Interesse entschieden werden. In manchen Fällen kann das dann trotz aller Vorzüge der Inklusion bedeuten, dass gemeinsame Lernen mit nicht-behinderten Kindern (noch) nicht zu wagen.

3.12 Links zum Thema

- www.lernen-mit-autismus.de/
- https://www.autismus.de/detailseite/inklusive-beschulung.html
- www.bildungsserver.de/Schule-fuer-Menschen-mit-autistischem-Verhalten-2648.html
- www.autismus-kultur.de/autismus/bildung/autismus-schule-probleme.html
- https://autismus-kultur.de/autismus/bildung/so-helfen-sie-kindern-im-autismus-spektrum-in-der-schule-2.html
- https://www.gew.de/aktuelles/detailseite/mit-autismus-in-der-regelschule/
- www.landesschulbehoerde-niedersachsen.de/themen/projekte/autismus
- www.ev-akademie-boll.de/fileadmin/res/otg/501010-Schuster.pdf
- www.autismushamburg.de/schule.html

- www.landesschulbehoerde-niedersachsen.de/themen/projekte/autismus/foerder massnahmen-1.-hilfe
- https://igel-of.de/praktische-hilfen/inklusion-und-schulrecht/nachteilsausgleich-bei-autismus

4 Autismus und Studium

4.1 Karlas Tagebuch

Liebes Tagebuch,
für jede Mutter ist es schwer, ihr Kind loszulassen. Für mich ganz besonders. Ben war nie ein einfaches Kind und hat immer viel Betreuung gebraucht. Doch jetzt will (und muss) er seinen eigenen Weg gehen. Ich kann ihn nicht mehr so eng begleiten wie all die Jahre zuvor.

Ben wird jetzt mit seinem Studium beginnen. Lange haben wir überlegt, ob das der richtige Weg ist. Aber Ben wünscht es sich so sehr. Letzten Endes haben Karl und ich alle Bedenken über Bord geworfen und zugestimmt.

Wir haben für Ben in den letzten Ferien den Dachboden umgebaut, so dass dort eine kleine behagliche Wohnung entstanden ist. Das ist jetzt Bens neues Reich. Er hat sogar eine kleine Kochnische zur Verfügung, damit er sich selbst etwas zum Essen zubereiten kann. Kochen kann er zwar nicht, aber er kann sich immerhin das, was ich ihm vorkoche, in der Mikrowelle aufwärmen. Im Kühlschrank kann er sich Getränke und Joghurts kalt stellen.

Auf dem Dachboden wird Ben mehr Privatsphäre haben. Auch Karl und ich werden mehr Ruhe haben. Das enge Zusammenleben war in der letzten Zeit doch arg strapaziös. Da Ben ein Nachtmensch ist, schläft er oft tagsüber und ist dann nächstens aktiv. Es hat besonders Karl zunehmend gestört, wenn Ben Nächte lang gelernt hat und das Licht aus seinem Kinderzimmer bis ins Schlafzimmer geleuchtet hat. Auch die Tippgeräusche, wenn er am Computer gearbeitet hat, haben Karl halb wahnsinnig gemacht. Und nicht zuletzt Bens regelmäßiges Räuspern, eine unbewusste Angewohnheit von unserem Sohn, die er nicht abstellen kann. Auf dem Dachboden kann Ben ungestört seinem eigenen Rhythmus nachgehen und wir können endlich wieder durchschlafen.

Was mich bei dieser Lösung sehr beruhigt ist, dass Ben zwar mehr Unabhängigkeit bekommt, dennoch aber in unserem Haus in einem geschützten Umfeld lebt. Wenn was ist, sind Karl und ich immer zur Stelle. Für Ben und uns war nämlich von vornherein klar, dass eine eigene Wohnung für ihn (noch) nicht infrage kommt. Im Alltag ist er zu hilfsbedürftig, als dass er eigenständig leben könnte. Zwar macht er große Fortschritte auch dank seiner Ergotherapeutin Frau Heimeli, aber Wunder sind eben keine zu erwarten.

Ausschlagend für die Entscheidung, dass Ben überhaupt studiert, war die Leidenschaft für sein Studienfach. Ben hat sich schon als kleines Kind für bestimmte Arten von Geräuschen begeistert. Da er ein unglaublich gutes Gefühl für Töne hat und wie sie auf Menschen wirken, wird er Tontechnik studieren. Wir haben das große Glück, dass dieses Fach an der Uni in unserer Stadt angeboten wird. Nur deshalb ist es möglich, dass Ben studieren und dennoch zu Hause leben kann.

Den Weg zur Uni im Bus kann er alleine zurücklegen und auch seine Tasche packt er vom ersten Uni-Tag an selbstständig. Ob es immer klappt oder ob er eher die Hälfte vergisst, weiß ich nicht. Aber das muss ich wahrscheinlich auch nicht wissen. Ich muss lernen, loszulassen, so schwer es auch fällt. Ich muss lernen, Ben mehr zu vertrauen. Ich muss lernen, Verantwortung abzugeben. Es hat mir dabei von Anfang sehr geholfen, dass wir viel Zuspruch erfahren haben. Wir haben sowohl mit den Therapeuten von Ben gesprochen als auch mit der Behindertenbeauftragten an Bens Uni. Alle haben uns zu diesem Schritt geraten. Und jetzt hoffen wir, dass es richtig war. Und wenn nicht – einen Weg zurück gibt es immer noch. Ein Studium nicht zu beenden, ist heute nun wirklich kein Beinbruch mehr. Wir sind schon stolz genug, dass Ben es überhaupt ausprobieren will.

4.2 Universität von außen

Universitäten sind Einrichtungen, die zwei Hauptziele verfolgen: Einerseits die Forschung und Entwicklung der Wissenschaften voranzutreiben, andererseits den Aufgaben der Lehre und Akademikerausbildung nachzukommen. Die Einheit aus Forschen und Lehren und die damit verbundenen Herausforderungen an Hochschullehrer gehen auf das Humboldt'sche Bildungsideal aus der ersten Hälfte des 19. Jahrhunderts zurück. Wilhelm von Humboldt (1767–1835) reformierte damals das Bildungssystem in Deutschland und setzte neue Standards für Universitäten.

Neben den klassischen Universitäten und ihrem möglichst umfassenden Fächerspektrum gibt es heute Hochschulen mit spezieller Ausrichtung, etwa technische Hochschulen oder Kunsthochschulen. Diese Einrichtungen werden entsprechend ihrer Ausrichtung bezeichnet und tragen nicht den Namen Universität. Eine Sonderform von Universitäten sind Fernuniversitäten, unter denen in Deutschland die FernUniversität Hagen besonders renommiert ist. Hier können Studierende von zu Hause aus mit nur gelegentlichen Präsenzveranstaltungen, die zumeist Prüfungszwecken dienen, einen mit anderen Abschlüssen gleichwertigen Hochschulabschluss erwerben.

Fachhochschulen sind ebenfalls Einrichtungen, die der akademischen Ausbildung dienen. Absolventen dieser Einrichtungen dürfen aber im Unterschied zu den Absolventen von Hochschulen nicht automatisch promovieren.

In Deutschland bestimmen die Bundesländer kraft ihrer Kulturhoheit, wie die Universitäten in ihrem Land ausgestaltet sind. Das jeweilige Lan-deshochschulgesetz regelt die gesetzlichen Grundlagen für die universitären Lehr- und Forschungsanstalten, zum Beispiel ob die Studierenden Studiengebühren bezahlen müssen oder nicht. Auch die Grundlagen für die Gleichstellung und Förderung von Menschen mit Behinderungen sind hier festgelegt.

4.3 Universität von innen

4.3.1 Menschen

Die Universität in der Gesamtheit ihrer Anlagen kann wie eine kleine Stadt wirken. Dies trifft besonders auf sogenannte Campus-Hochschulen zu, bei denen universitäre Einrichtungen wie Lehr- und Forschungsgebäude, Wohnraum für Lehrende und Studierende und die dazugehörige Infrastruktur einschließlich Grünflächen auf engem Raum zusammengefasst sind. Je nach Größe können mehrere zehntausend Menschen einer Universität angehören. Diese Menschen sind mit der Universität auf ganz unterschiedliche Weisen verbunden. Da sind einmal die Studierenden, die an der Universität etwas lernen und sich auf einen Beruf vorbereiten möchten, da sind die Dozenten, die forschen und lehren wollen, und viele Menschen im Hintergrund, die dafür sorgen, das alles läuft. Zu dieser Gruppe zählen die Putzhilfen, Bibliothekare, Sekretärinnen, Hausmeister, Gärtner, Pförtner, Verwal-tungs- und Mensa-Mitarbeiter und viele andere. Ein Student mit Autismus-Spektrum-Störung wird im Laufe des Uni-Lebens mit vielen dieser Menschen zu tun haben.

Kommilitonen

Eine wichtige Rolle im Leben eines jeden Studierenden und natürlich auch von Studierenden mit einer Autismus-Spektrum-Störung spielen die Mit-studierenden, die Kommilitonen. Die Beziehung zu ihnen kann wechselhaft sein. Autisten schätzen es zunächst einmal, dass sie sich mit Personen, die das gleiche Fach studieren wie sie selbst, auf hohem Niveau über fachspezifische Fragen unterhalten und mit ihnen über studienrelevante Dinge diskutieren können. Eher unverständlich bleibt vielen Studierenden mit Autismus jedoch das bei einigen Studierenden recht zügellose Leben, das sich im Extremfall zwischen Lernen und Vollrausch bewegen kann. Für viele Studierende gehören ein gelegentliches Party machen und über die Stränge schlagen, Kneipentouren oder ein gemeinsames »Herumhängen« zum Studentenleben dazu. Schwierig für Autisten ist es, an Dingen, die sie nicht mögen oder vor denen sie sogar Angst haben, nicht teilzunehmen, ohne die anderen zu verärgern. Von Vorteil kann sich erweisen, wenn der junge Mensch offen mit seinem Autismus umgeht und erklärt, dass er sich nicht aus Abneigung gegen die anderen bei so manchen Veranstaltungen lieber außen vorhält, sondern dass er aufgrund seines Autismus mit solchen Situationen nicht gut umgehen kann. Mit etwas Glück ist es so, dass die Kommilitonen dafür Verständnis haben und am Phänomen Autismus sogar Interesse zeigen. Schwieriger kann es sein, wenn Studierende mit Autismus geheim halten wollen, dass sie an dieser Störung leiden. Zwar fühlen sie sich dann gerade am Anfang bisweilen mehr integriert; doch nach einigen Wochen werden sie mit den anderen und deren Tempo in Sachen sozialen Beziehungen und sozialen Aktivitäten nicht mehr mithalten können.

Dozenten

Die Lehrbeauftragten an den Universitäten, die Professoren, Privatdozenten sowie die wissenschaftlichen Mitarbeiter, bezeichnet man zusammenfassend als Dozenten. Das Wort kommt vom lateinischen *docere*, was so viel wie »lehren« bedeutet. Die Hochschullehrer halten Vorlesungen, geben Seminare und führen durch praktische Lehrveranstaltungen. Bisweilen können auch Exkursionen angeboten werden. Weiterhin gehört es zu den Aufgaben der Dozenten, Prüfungen abzunehmen. Diese können sowohl mündlich als auch schriftlich und in einigen Fächern auch praktisch erfolgen.

Für Studierende mit Autismus kann es wichtig sein, mit ihren Dozenten darüber zu sprechen, dass sie eine Behinderung haben. Von Relevanz ist das ganz besonders dann, wenn durch die Behinderung eine Benachteiligung in der Lehrveranstaltung zu erwarten ist. Ein Beispiel können praktische Lehrveranstaltungen am Nachmittag in naturwissenschaftlichen Fächern wie Chemie, Biologie oder auch in Medizin sein. Studierende mit Autismus fühlen sich vielfach schon nach den Vorlesungsstunden am Vormittag völlig ausgelaugt. Nachmittags dann noch konzentriert Seminare oder Praktika zu besuchen, die eine aktive Teilnahme erfordern, kann sie überfordern. Hier ist es sinnvoll, mit dem verantwortlichen Professor zu sprechen und einen Nachteilausgleich einzufordern. Unterstützung können die Betroffenen dabei von den Beauftragten für chronisch Kranke und Behinderte erhalten. Voraussetzung ist dafür in der Regel, dass eine ärztliche Diagnose des Autismus, und besser noch, ein Schwerbehindertenausweis vorliegt.

Es kann sein, dass Studierende an der Universität bei ihren Lehrern zwar auf Offenheit gegenüber ihrem Autismus stoßen, aber manchmal leider auf weniger Verständnis als noch an der Schule. Denn anders als in der Schule ist auf der Universität die Teilnahme freiwillig. Niemand wird gezwungen zu studieren. Wer hier ein Fach akademisch erlernen möchte, macht das aus eigenem Impuls und freiem Wunsch heraus. Es wird erwartet, dass Studierende dafür einiges in Kauf nehmen. Manche jobben die Semesterferien und Wochenenden durch, andere leben ein karges Leben auf engem Raum mit kleinstem Budget, wieder andere lernen die Nächte durch oder schlucken sogar problematische Psychopharmaka, um die Leistungsfähigkeit zu erhöhen. Nicht ohne Grund nehmen unter den Studierenden psychische Krankheiten zu. Dazu trägt erheblich der Leistungsdruck bei, den die jungen Menschen sich selbst auferlegen, der aber auch von ihren Dozenten und vielfach auch von ehrgeizigen Eltern aufgebaut wird.

Beratungsstellen für Behinderte und chronisch Kranke

Unter dem Leitsatz »barrierefrei studieren« beraten und unterstützen die Beauftragten für Behinderte und chronisch Kranke jene Studierende, die aufgrund eines Handicaps in der Durchführung ihres Studiums mit Einschränkungen und krankheits- bzw. behinderungsbedingten Hindernissen zu kämpfen haben.

Die Einrichtungen für Behinderte und chronisch Kranke gehören zu den zentralen Universitätseinrichtungen und können dem Studierenden-sekretariat angegliedert sein. Die Notwendigkeit dieser Einrichtungen belegen Zahlen. Erhebungen des Deutschen Studentenwerkes zufolge studieren in Deutschland etwa 19 % der 1,76 Millionen Studierenden mit einer gesundheitlichen Schädigung. Knapp die Hälfte, nämlich 44 %, was etwa 143 000 Betroffenen entspricht, fühlen sich durch die gesundheitliche Störung in ihrem Studium eingeschränkt. 27 000 Studierende sagen von sich sogar, dass sie in ihrem Studium deutlich eingeschränkt seien.[30] Viele dieser Beeinträchtigungen sind äußerlich nicht sichtbar. Dazu gehören diverse chronische Krankheiten, Behinderungen wie eine Gehörlosigkeit oder eben Störungen aus dem Autismus-Spektrum. Doch nicht jeder dieser Betroffenen will und/oder braucht Hilfe. Wer sich jedoch Unterstützung wünscht, hat ein Recht darauf, sie auch zu bekommen.

Die Experten der Beratungsstellen für Behinderte und chronisch Kranke setzen sich für Rechte dieser Personengruppe ein und beraten sie in Fragen des Nachteilausgleichs. Dazu gehören unter anderem Erleichterungen bei der Zulassung zum Studium, Regelungen zum Nachteilsausgleich während des Studiums, eine Befreiung von Studiengebühren, das Recht auf Veränderung von Ausleihfristen bei Bibliotheken sowie das Recht auf eine Begleitperson/Vorlesekraft bei den Lehrveranstaltungen.

Menschen mit Autismus-Spektrum-Störungen ist zu empfehlen, dass sie den Beratern gegenüber möglichst offen von ihren Problemen und Ein-schränkungen berichten. Denn anders als bei Menschen mit fehlender Sehfähigkeit oder Gehörschädigung liegt es bei Autisten nicht gleich auf der Hand, welche Hilfen sie genau benötigen. Zudem ist innerhalb des autistischen Spektrums die Spannbreite an Beeinträchtigungen so breit, dass die Lösungen und Erleichterungen nur ganz individuell und selten allgemein festgemacht werden können. Kommunikation der eigenen Schwächen, Bedürfnisse und Wünsche ist daher ganz essenziell, um die Unterstützung zu bekommen, die benötigt wird.

Gemeinsam mit den Beratern sollte überlegt werden, wie sich befürchtete oder bereits erfahrene Nachteile im Rahmen des Möglichen ausgleichen lassen. Die Gespräche finden in einem vertraulichen Rahmen statt; was hier gesprochen wird, gerät nicht an die Öffentlichkeit.

Oft bieten die Einrichtungen für Behinderte und chronisch Kranke Gesprächsrunden an, bei denen betroffene Studierende sich austauschen, sich gegenseitig Mut machen und gemeinsam über Verbesserungen diskutieren können. Die Stu-

---

30 Vgl. I. Mosel/Behindertenberatung/ZSB/Okt11, URL: http://www.uni-muenchen.de/studium/beratung/beratung_service/beratung_lmu/barrierefrei_stud/resources/leitfaden_lehrende.pdf.

dierenden erhalten hier Tipps, Informationen und hilfreiche Hinweise von den Beratern sowie von den anderen Studierenden mit Behinderung oder chronischer Krankheit. Insbesondere der Austausch mit Menschen, die tagtäglich ähnliches erfahren und auf ähnliche Weise kämpfen müssen, kann gut tun.

4.3.2 Räumliche Struktur

Gegliedert ist eine Hochschule in verschiedene Fakultäten, denen jeweils ein Dekan vorsteht. Die Professoren der jeweiligen Fakultät wechseln sich mit dem Amt des Dekans ab. Jede Fakultät hat eine gewisse Eigenständigkeit und gliedert sich wiederum in Institute auf. Jedem Institut steht ein Professor als Institutsleiter vor. Viele sehr alte Universitäten sind mit ihren Instituten über die ganze Stadt verstreut. Beispiele für Universitäten, die ins Stadtbild integriert sind, sind in Bonn, Marburg, Heidelberg oder Aachen. Die schon erwähnten Campus-Hochschulen finden sich zum Beispiel in Düsseldorf, Bielefeld und Bremen. Hier sind die universitären Einrichtungen kompakt zusammengefasst.

Neben den Fakultäten gibt es zentrale Universitätseinrichtungen wie die Universitätsbibliothek, das Hochschulrechenzentrum, das Studierendensekretariat, das Gelände für den Hochschulsport, die Universitätsklinik, meistens ein botanischer Garten, und möglicherweise auch Museen. Zum Umfeld der Universität gehören weiterhin das Studentenwerk mit der Studentenvertretung ASTA, den Wohnheimen und den Mensen.

Es gibt in Universitäten etliche Vorlesungsräume, die so groß sein können, dass sie einige Hundert Studierende fassen. Für Menschen mit Autismus, die in der Gesellschaft vieler anderer Personen schnell an ihre Grenzen stoßen, die sensibel auf Geräusche, Gerüche und Berührungen reagieren, kann es eine Herausforderung und sogar Tortur sein, mit so vielen Menschen auf sehr engem Raum zusammengepfercht zu sein.

Neben den großen Vorlesungssälen gibt es Seminar- und je nach Fach auch Praktikumsräume. Die Seminarräume erinnern an Klassenzimmer und entsprechen diesen zumeist auch von der Einrichtung und von der Größe her am ehesten. Praktikumsräume wiederum sind für praktische Lehrveranstaltungen vorgesehen und je nach Fach und Bedarf anders ausgestaltet. Labore in der Chemie und Pharmazie haben Arbeitsplätze, an denen Studierende ihre Apparaturen aufbauen und Versuche ansetzen können. In Fächern wie Biologie oder Physik gibt es Tische, an denen die Studierenden sitzen und Versuchungsanordnungen aufbauen, mikroskopieren oder sezieren.

4.3.3 Zeitliche Struktur: Vorlesungen, Seminare und Co.

Ein Studentenleben beginnt mit der Immatrikulation und endet mit der Exmatrikulation. Letztere kann freiwillig oder unfreiwillig geschehen. Voraussetzung für die Immatrikulation ist in der Regel die Allgemeine Hochschulreife, das Abitur.

4 Autismus und Studium

Üblicherweise besteht ein Jahr an der Universität aus zwei je sechs Monate andauernde Semester: dem Sommer- und dem Wintersemester. In jedem Semester müssen die Studierenden Prüfungen ablegen, Vorlesungen und Seminare besuchen und eine bestimmte Anzahl von Scheinen oder Leistungspunkten erwerben, um mit ihrem Studium ohne Verzögerung voranzukommen. Nach den ersten meist vier Semestern, dem Grundstudium, können Zwischenprüfungen anstehen. Bekannt ist zum Beispiel das Physikum für Mediziner. Der darauffolgende Studienabschnitt ist das Hauptstudium, das mit Abschlussprüfungen endet. In reformierten Studiengängen weicht die Struktur vom traditionellen Muster ab. In einem zweistufigen Studiensystem können Studierende hier entweder nach der Abschlussprüfung eines vier bis sechs Semester andauernden Bachelor-Studiums oder des darauffolgenden postgradualem Master-Studiums ins Berufsleben einsteigen. Mögliche Abschlüsse sind je nach Universität und Fach zum Beispiel Magister, Staatsexamen, Diplom und seit der Bologna-Reform von 1999 in erster Linie der Bachelor und Master. Vor allem Studierende, die ihr reguläres Studium mit einem sehr guten Examen abgeschlossen haben und die eine wissenschaftliche Laufbahn einschlagen oder sich in ihrem späteren Berufsfeld von der Mehrheit ihrer zukünftigen Kollegen abheben möchten, streben eine Promotion an. Dafür muss neben der Dissertation, die einer eigenen wissenschaftlichen Leistung mit eigener Forschung entspricht, auch ein Rigorosum oder eine wissenschaftliche Disputation, das heißt Verteidigung der Forschungsarbeit, abgelegt werden. Nach der Promotion kann als nächste Stufe in der akademischen Laufbahn eine Habilitationsschrift abgefasst werden. Diese führt zur Habilitation, die mit dem Titel eines Privatdozenten und der Erlaubnis, Vorlesungen abzuhalten und Prüfungen eigenständig abzunehmen, belohnt wird. Wer habilitiert ist, kann danach streben, in die Position eines ordentlichen Professors berufen zu werden.

In den meisten Studiengängen sind die Vorlesungen die wichtigsten Lehrveranstaltungen. In den Hörsälen sprechen Dozenten (sehr oft Professoren, aber auch Privatdozenten sowie wissenschaftliche Mitarbeiter) vor ihren Studierenden und tragen ihnen den Vorlesungsstoff vor. Heute sind diese Vorträge häufig durch Power-Point-Präsentationen unterstützt, die Studierende zur Verfügung gestellt bekommen können, um den Stoff zu Hause vor- oder nachzuarbeiten. In Seminaren und Übungen wird der Lehrstoff vertieft, wobei eigenständige Leistungen und Erarbeitungen wie Referate erbracht werden müssen. Im Gegensatz zu vielen Vorlesungen ist in den kleineren Gruppen in Seminaren und Übungen eine aktive Mitarbeit erwünscht. Geleitet werden diese Lehrveranstaltungen meistens nicht von Professoren, sondern von wissenschaftlichen Mitarbeitern, häufig Doktoranden.

4.4 Studieren oder nicht studieren?

Wie bei fast allen jungen Menschen stellt sich auch bei Menschen mit hochfunktionierenden Autismusformen wie dem Asperger-Syndrom gegen Ende der Schulzeit die Frage: Wie soll es weitergehen? Studieren? Oder lieber eine Ausbildung beginnen? Und wenn studieren: Welches Fach?

Ob jemand studieren kann, ist nicht nur eine Frage der Intelligenz. Ein gewisses intellektuelles Vermögen ist sicherlich erforderlich. Ohne den festen Willen, auch studieren zu wollen, die Fähigkeit zur Selbstorganisation und gewissen sozialen Fähigkeiten geht es nicht.

> **Checkliste: Voraussetzungen für ein Studium**
>
> - Bereitschaft, sich mehrere Jahre intensiv mit einem Fach zu beschäftigen
> - Bereitschaft, Unbequemlichkeiten (evtl. Umzug, volle Hörsäle etc.) auf sich zu nehmen
> - Bereitschaft, auch Dinge (auswendig) zu lernen, die weniger interessieren
> - Fähigkeit, sich selbst zu organisieren
> - finanzieller Aspekt: Muss nebenher gejobbt werden? Wie sehr können die Eltern unterstützen?

Studieren ist mit viel Mühen und Arbeit, Eigeninitiative und Selbstorganisation verbunden. Studierende sollten für ihr Studienfach brennen und sich gerne damit beschäftigen. Immerhin wird die Beschäftigung mit diesem einen Thema mehrere Jahre andauern. Anders als in der Schule geht es nicht häppchenweise und kleinschrittig im Stoff voran. Stattdessen steigt die Menge des Lehrstoffs geradezu exponenziell an. Erschwerend kommt hinzu, dass an der Universität kein Lehrer genau vorgibt, was wann und wie zulernen ist. Vielmehr wird erwartet, dass Studierende eigenverantwortlich und selbstständig das Notwendige lernen. Zwar behandeln Vorlesungen, Seminare und Übungen die wichtigsten Themenbereiche; dennoch, die Vor-und Nachbereitung der Veranstaltungen sowie eine Menge zusätzlicher Lektüre, Lern- und Recherchearbeit ist den Studierenden selbst überlassen.

Die Selbstorganisation fängt schon damit an, dass es in vielen Fächern an der Universität keinen vorgeschriebenen und festgesetzten Stundenplan gibt. Studierende müssen sich aus dem Vorlesungsverzeichnis selbst heraussuchen, welche Vorlesungen, Seminare und Kurse sie besuchen wollen und müssen, um ihre Scheine wie gewünscht machen zu können bzw. um erforderliche Leistungspunkte zu sammeln. Ein weiterer Unterschied zur Schule, der gewöhnungsbedürftig sein kann, ist die Freiheit, den Veranstaltungen auch fernbleiben zu können. In der Schule kontrolliert ein Lehrer täglich die Anwesenheit und verlangt Entschuldigungen für ein Fernbleiben. In den allermeisten Vorlesungen ist das nicht so. Bei der Masse an Studierenden fällt es nicht weiter auf, ob eine Person mehr oder weniger im Hörsaal sitzt. Das Wissen, unbemerkt wegbleiben zu können, kann für den ein oder anderen Studierenden eine große Versuchung sein.

Anders als in Vorlesungen wird in den kleineren Gruppen der Seminare und Übungen regelmäßig die Anwesenheit überprüft. Häufig gilt hier die Regelung, dass jeder, der mehr als zwei Mal fehlt, das ganze Seminar oder die ganz Übung im nächsten Semester wiederholen muss, um den Schein zu bekommen. Doch egal ob Vorlesung, Seminar oder Übung: Wer fehlt, muss eigenständig den verpassten Stoff nacharbeiten. Es geht dabei nicht darum, dem Dozenten bzw. dem Seminarleiter zu gefallen, sondern vor allem darum, nicht den Anschluss zu verlieren. Schon nach wenigen versäumten Lehrveranstaltungen kann der Wissensvorsprung der Kommilitonen erheblich sein.

Fazit: Erfolgreich zu studieren erfordert Fleiß, Engagement, Disziplin und Selbstorganisation. Das liegt dem einen mehr und dem anderen weniger. Sehr intelligente Menschen mit Autismus-Spektrum-Störung, denen in der Schule dank ihrer raschen Auffassungsgabe und/oder ihres exzellenten Gedächtnisses viele gute Noten zugefallen sind, auch ohne dass sie viel Einsatz bringen mussten, können an der Universität merken, dass es ohne Lernen nicht mehr geht. Das ist im ersten Moment ungewohnt und unbequem und kann für den ein oder anderen eine Herausforderung sein, an der er zu scheitern droht.

Es gehört nicht nur für Menschen mit Autismus, sondern für jede Studierende und jeden Studierenden viel Selbstdisziplin dazu, Jahre lang ein Studium zu verfolgen und auch bei Überdruss und Motivationsflauten weiterzulernen. Es kann eine Überwindung sein, jeden morgen früh aufzustehen und in Vorlesungen zu gehen, obwohl einen dort bei Abwesenheit kaum jemand vermissen würde. So mancher Studierender scheitert hier am inneren »Schweinehund«. Von Vorteil kann sich für einige Menschen mit Autismus-Spektrum-Störung erweisen, dass sie sich gut an Regeln halten können und ein Bestreben nach Routinen, Regelmäßigkeiten und gleichbleibenden Abläufen haben. Diese Voraussetzungen können dabei helfen, sich selbst zu disziplinieren und so gut wie keine Veranstaltung an der Universität ausfallen zu lassen. Denn jede nicht besuchte Veranstaltung wäre eine Ausnahme von der Regel und ein Abweichen von den normalen, gewohnten und vertrauten Abläufen. Im Grunde also etwas, dass Autisten nicht mögen.

4.4.1 Tipps für die Studienwahl

Universitäten in Deutschland bieten mehrere Tausend verschiedene Studiengängen an. Den Studierenden steht also eine nahezu unüberschaubare Spannbreite an Fächern zur Auswahl. Wie aber soll man sich entscheiden angesichts einer solch großen Menge an Perspektiven und Alternativen?

In der Regel ist die Entscheidung letztlich leichter als sie zunächst erscheint. Die allermeisten Studierenden orientieren sich an ihren Neigungen oder an den Möglichkeiten, die ein Beruf bietet. Wofür interessiere ich mich? Was kann ich mir vorstellen, 30 bis 40 Jahre lang täglich im beruflichen Alltag zu machen? Wie sehen die Aussichten auf dem Arbeitsmarkt aus? Weitere Punkte können

Fragen nach dem Gehalt, nach den Karrieremöglichkeiten, nach dem Angebot von Teilzeit- oder Halbzeitstellen und nach der Zukunftsträchtigkeit sein.

Für junge Menschen mit einer Autismus-Spektrum-Störung kann die Wahl eines Studienfaches recht einfach sein, vor allem dann, wenn für sie feststeht, dass sie sich im Studium und später im Beruf mit ihrem Spezialinteresse befassen wollen und es entsprechende Fachrichtungen an der Universität gibt. Für sie und alle anderen gilt, dass der erste Schritt darin bestehen sollte, möglichst viele Informationen einzuholen. Diverse Informationen sind im Internet eingestellt. In sozialen Netzwerken und Foren, die oft spezifisch für ein Fach oder einige wenige Fächer sind, können Schüler mit Studierenden in Kontakt treten und Fragen stellen. Anhand dieser Informationen können sie versuchen, sich ein Bild von dem zu machen, was sie im Studium und später im Beruf erwarten wird. Dann heißt es sich kritisch selbst einzuschätzen: Kann ich das? Will ich das? Werde ich mich auch noch in zwei, vier, acht, 15 Jahren dafür begeistern können? Absolut sicher kann diese Fragen natürlich niemand beantworten. Wichtig ist, dass sich eine Entscheidung gut und richtig anfühlt. Wenn der Bauch »nein« sagt, dann ist etwas häufig die falsche Wahl.

Sehr hilfreich bei der Studienwahl kann eine professionelle Berufsberatung zum Beispiel bei der Bundesagentur für Arbeit und/oder bei den Zentralen Studienberatungsstellen einer Hochschule sein. Die Experten dort können durch ihre Erfahrung neue Aspekte ins Spiel bringen und manchmal auch auf Wege und Möglichkeiten hinweisen, die sonst verborgen geblieben wären.

Es kann sein, dass die Vorstellungen von einem Beruf mit der Realität wenig gemein haben. Empfehlenswert, um authentische Einblicke in das Alltagsgeschäft des gewünschten Berufs zu bekommen, sind Praktika. In der Schule stehen je nach Schulform mit unterschiedlicher Gewichtung und in unterschiedlicher Anzahl Schülerbetriebspraktika auf dem Stundenplan. Auch Schüler mit Autismus-Spektrum-Störungen sollten wenn möglich davon Gebrauch machen und sich frühzeitig nach einem Praktikums-platz umsehen, der in einem Umfeld stattfindet, in dem sie sich vorstellen können, einmal zu arbeiten. Wenn notwendig, kann eine Schulbegleitung oder ein anderer ein Integrationshelfer den Schüler während des Praktikums in die Berufswelt begleiten. Schon eine Woche Einblick in die Berufswelt kann zeigen, ob der Beruf wirklich so ist, wie man ihn sich vorstellt, und ob man sich nach wie vor vorstellen kann, darin zu arbeiten. Wer zum Beispiel Tiere mag und immer schon Tierarzt werden wollte, kann im Praktikum plötzlich merken, dass sich Tierärzte nicht nur um Tiere kümmern, sondern auch mit dem bürokratischen Procedere rund um den Praxisbetrieb beschäftigt sind, Mitarbeiter führen und den Praxisablauf organisieren müssen und häufig nicht nur ein Doktor für das Tier sondern auch ein Seelentröster für dessen Besitzer sind. Ob ein solcher Joballtag immer noch der gewünschten Tätigkeit entspricht, muss dann hinterfragt werden.

Nicht außer Acht lassen darf man die Zugangsvoraussetzungen zum gewünschten Studienfach. Ist man bereit und ist es finanziell machbar, zwei bis drei Jahre auf einen Studienplatz zu warten? Weitere relevante Fragen sind:

- Muss ich von zu Hause ausziehen, um mein Wunschfach zu studieren?
- Können meine Eltern mich unterstützen? Muss ich neben dem Studium jobben?

Eine Alternative für junge Menschen mit Autismus-Spektrum-Störung, die nicht nur theoretisch lernen, sondern auch schon im Studium Praxiserfahrung sammeln wollen, kann ein Studium an einer Berufsakademie oder Fachhochschule sein. Informationen zum Aufbau und Inhalt von solchen Studiengängen bieten die Internetseiten der Berufsakademien und Fachhochschulen an.

Wer vor einem Studium zurückschreckt, kann es zunächst mit einer Ausbildung versuchen. Mögliche Vorteile davon: Mehr Praxis als Theorie, eigenes Geld verdienen, – ermöglicht mehr Unabhängigkeit und kann zum Beispiel ins Spezialinteresse investiert werden – und mehr Struktur im Alltag. Nach einer Berufsausbildung ist immer noch ein Studium möglich.

4.5 Herausforderungen für autistische Studierende

Es ist keinesfalls unmöglich, als Mensch mit Asperger-Autismus erfolgreich zu studieren. Viele, die das schon erfolgreich geschafft haben, zeigen, dass es geht. Gleichwohl gibt es auch eine ganze Anzahl von Betroffenen, die zwar hervorragende (intellektuelle) Voraussetzungen haben und sich leidenschaftlich für ein Fach interessieren, mit dem Prinzip Studium aber dennoch nicht zurechtkommen. Dazu tragen die durch den Autismus verursachten Einschränkungen und Behinderungen erheblich bei.

4.5.1 Herausforderung Filterschwäche

Menschen mit Autismus nehmen aufgrund ihrer verringerten Filterfunktion viel mehr Reize aus ihrer Umwelt aktiv wahr. Nicht-autistische Menschen haben im Vergleich dazu nur eine gedämpfte Wahrnehmung: Bei ihnen sorgt der Filtereffekt dafür, dass nur als relevant erachtete Reize zu bewussten Wahrnehmungen und Empfindungen werden. Die permanente Reizüberflu-tung führt bei Autisten zu rascher Ermüdung und macht sie im gesellschaftlichen Alltag weniger belastungs- und leistungsfähig. Regelmäßige Pausen und Unterbrechungen im Studienalltag sowie bewährte Stressbewältigungs-strategien können den Umgang damit erleichtern. Möglichst kleine Lerngruppen sind wünschenswert, an der Universität aber nur selten Realität.

4.5.2 Herausforderung Begleitung

Wie für viele Schüler mit Autismus-Spektrum-Störung kann auch für Studierende ein Integrationshelfer vor allem in der Anfangszeit sehr wertvoll sein. Die Fachkraft sorgt durch ihre bloße Anwesenheit für Sicherheit und Entspannung. Der Integrationshelfer kann störende Einflüsse abschirmen und es dem Studierenden mit Autismus erleichtern, sich auf das Wesentliche, nämlich das Studium, zu konzentrieren. Der Nachteil dieser Art der Unterstützung ist, dass die Begleitperson den Menschen mit Autismus-Spektrum-Störung in die Isolation treiben bzw. diese fördern kann. Es ist zu erwarten, dass viele Kommilitonen Hemmungen haben, jemanden anzusprechen, der permanent begleitet wird. Anders als in Schulen sind Integrationshilfen an Universitäten noch eine Seltenheit.

4.5.3 Herausforderung Teamarbeit

Ohne Teamarbeit läuft heute auch in den meisten Studiengängen wenig. Für Menschen mit Autismus-Spektrum-Störungen ist Teamarbeit ungleich schwerer als für andere Menschen. Teamarbeit bedeutet Abstimmung mit anderen, Diskussions- und Kompromissfähigkeit, das Abrücken von der Absolutheit des eigenen Standpunkts und ein Vertrauen in die Arbeit der anderen Teammitglieder. Zudem erfordert Gruppenarbeit an der Universität häufig auch, dass sich die Studierenden außerhalb der normalen Lehrveranstaltungen treffen und an ihrem Projekt weiterarbeiten. Für Menschen mit Autismus-Spektrum-Störungen bedeutet das eine Abweichung von ihrem normalen Tagesablauf. Zudem müssen sie zu einer bestimmten Zeit an einem ihnen unter Umständen unbekannten Treffpunkt erscheinen, die Anfahrt selbstständig planen und damit rechnen, dass das Treffen länger als gedacht dauern kann und in einer Umgebung stattfindet, die sie als ungeeignet zum Arbeiten empfinden, beispielsweise in einem lauten Café. Die dazu erforderliche Flexibilität und Spontaneität verlangt ihnen viel Kraft ab. Helfen kann, mit dem Leiter der Lehrveranstaltung sowie mit den Kommilitonen offen über das Problem zu sprechen und zu erklären, wo genau die persönlichen Herausforderungen liegen. Oft können bestimmte Vereinbarungen wie eine klare Aufgabenaufteilung, feste Regeln für Diskussionen, ein bekannter Treffpunkt, der ruhig genug ist, um ein konzentriertes Arbeiten zuzulassen, sowie ein vorab festgelegtes Ende des Treffens Ängste und Stress nehmen und entlasten.

4.5.4 Herausforderung Unplanbarkeit

Für Menschen mit Autismus-Spektrum-Störungen sind Regelmäßigkeit und Planbarkeit sehr wichtig. Beides gibt ihnen Sicherheit. Gerade das Leben als Studierender erfordert aber oft Flexibilität und Spontaneität. Auch wenn der Stundenplan in den meisten Studiengängen eine Konstante darstellt, lauern doch eine Menge Situationen im Unialltag, die Planänderungen erfordern. Da ist zum einen die Frage des Sitzplatzes. Im Hörsaal sitzt jeder jeden Tag, wo es ihm gefällt. Eine feste Sitzordnung oder ein Anrecht auf einen »Stammplatz« gibt es nicht. Dann gibt es Veranstaltungen – oft sind ausgerechnet das Veranstaltungen am späten Nachmittag oder Abend – die sich nicht an die vorgegebene Zeit halten und länger oder kürzer dauern. Auch der Beginn kann variieren, so ist eine viertel Stunde Verzögerung, das bekannte »cum tempore« (c. t.) zwar gängig, aber keine allgemeingültige Regel. Des Weiteren ist zu beachten, dass es sehr oft keinen festen Tagesrhythmus gibt. An dem einen Tag lässt der Stundenplan vielleicht schon um zwölf eine Mittagspause zu, am nächsten Tag erst um 14 Uhr.

4.5.5 Herausforderung Verständigung

Viele Autisten sind sehr direkt und sprechen genau das aus, was sie denken. Andere Menschen kann diese ungeschönte Wahrheit sehr verletzen. Zudem verhalten sich Menschen mit Autismus-Spektrum-Störungen oft wenig diplomatisch und erscheinen unhöflich, wenn sie sich dem Small Talk verweigern und Regeln wie ein »Hallo« zur Begrüßung ignorieren. Hindernisse können auch im Verständnis von Sprache auftreten. Ironie verstehen viele Menschen mit Autismus-Spektrum-Störungen nicht, das gleiche gilt für bestimmte Redewendungen. Erklärt wird das damit, dass die Betroffenen Sprache wortwörtlich und nicht im übertragenen Sinne verstehen. Auch die nicht-verbale Kommunikation, also die

Körpersprache, erweist sich häufig als ein Problem. Einige Menschen mit Autismus-Spektrum-Störungen schauen ihrem Gegenüber beim Sprechen nicht in die Augen. Dies fällt negativ auf und kann als mangelndes Interesse ausgelegt werden, zum Beispiel in einem Gespräch mit einem Professor.

Hilfreich ist, wenn den Professoren und anderen Dozenten sowie zumindest einem Teil der Kommilitonen erklärt wird, wo die eigenen Auffälligkeiten liegen. Wenn das Umfeld Bescheid weiß, dass eine Geste oder eine Aussage nicht böse gemeint ist und ein abschweifender Blick nicht Desinteresse signalisiert, können die anderen Menschen auch besser und souveräner mit auffälligem und/oder anstößigem Verhalten umgehen. Selbst bei unbeabsichtigten Beleidigungen können Betroffene auf Nachsicht hoffen, wenn das Umfeld weiß, dass solche Äußerungen nicht verletzend gemeint sind.

4.6 Nachteilsausgleich

Autistische Menschen haben – vor allem dann, wenn sie im Besitz eines Schwerbehindertenausweises oder Schwerbehinderten gleichgestellt sind – das Recht auf spezielle Regelungen im Studium, die ihre behinderungsbedingten Schwierigkeiten ausgleichen sollen.

4.6.1 Sonderzulassung zum Studium

Die Zulassungsvoraussetzungen zum Studium erfordern je nach Hochschule das Vorliegen der allgemeinen Hochschulreife (Abitur)[31], der fachgebundenen Hochschulreife (Fachabitur) oder der Fachhochschulreife. Wer keine (allgemeine) Hochschulreife hat, kann diese als Erwachsener über den sog. zweiten Bildungsweg erwerben. Daneben können abgeschlossene Praktika, bestimmte Fremdsprachen- oder Mathematikkenntnisse u. ä. Voraussetzungen sein, die zu erfüllen sind. Studienberatungsstellen der Hochschulen geben dazu Auskunft.

Hochschulzugangsregelungen speziell für beruflich qualifizierte Bewerber werden als »Dritter Bildungsweg« bezeichnet. Die erworbene Studienberechtigung ist in der Regel auf einen bestimmten Studiengang bezogen und baut auf die berufliche Erfahrung auf. Die Regelungen dazu sind von Bundesland zu Bundesland unterschiedlich. Eine weitere Ausnahme von der Regel, dass die Hochschulreife die unabdingbare Voraussetzung für die Aufnahme eines Studiums ist, betrifft Menschen mit einer überdurchschnittlich hohen künstlerischen Begabung. Ihnen kann auch ohne Hochschulreife an einer Kunst- oder Musikhochschule die Aufnahme eines Studiums ermöglicht werden.

---

31 Nur mit der allgemeinen Hochschulreife ist eine uneingeschränkte Wahl des Studiengangs möglich.

4 Autismus und Studium

Menschen mit einer Behinderung oder chronischen Krankheit können bei der Bewerbung auf Zulassung zu einem bundesweit oder örtlich zulassungsbeschränkten Studiengang unter bestimmten Voraussetzungen erleichterte Zugangsmöglichkeiten bekommen. Diese Sonderzulassung kann zu einer verkürzten Wartezeit oder Verbesserung der Durchschnittsnote führen. Für entsprechende »Härtefallanträge« ist neben dem Nachweis der Schwerbehinderung in der Regel ein fachärztliches Gutachten erforderlich. Geht es um eine Verbesserung der Durchschnittsnote, muss der Bewerber oft zusätzlich ein Gutachten der Schule vorweisen. Im Fall der Verbesserung der Wartezeit müssen dem Antrag unter Umständen Belege krankheitsbedingter Verzögerung während der Schulzeit beigefügt werden. Immatrikulationsämter informieren dazu und auch ein Blick in das jeweilige Landeshochschulgesetz kann weiterhelfen.

Hat das Studium erst einmal begonnen, sind Nachteilsausgleiche verschiedener Form möglich. Nach dem Gleichheitsgrundsatz, dem Diskriminierungsverbot und dem Sozialstaatsprinzip des Grundgesetzes (GG, Art. 3 und Art. 20 GG) muss einer Behinderung durch eine Veränderung der Studien- und Prüfungsbedingungen Rechnung getragen werden. Genaues ist im Hochschulrahmengesetz (HRG) in § 2 Abs. 4 Satz 2 festgelegt. Darin heißt es, dass es Aufgabe der Hochschulen ist, dafür zu sorgen, dass Studierende mit Behinderung in ihrem Studium nicht benachteiligt werden und dass die Angebote der Hochschule so geartet sein müssen, dass sie diese möglichst ohne fremde Hilfe in Anspruch nehmen können. Des Weiteren muss nach § 16 Satz 4 HRG die Chancengleichheit gewahrt sein.

Die Regelungen zum Nachteilsausgleich unterscheiden sich von Bundesland zu Bundesland und teilweise auch von Universität zu Universität. Eine Schwerbehinderung GbB 50 % oder eine Behinderung bzw. chronische Erkrankung ohne Schwerbehindertenausweis sind in der Regel anerkannte Gründe zur Beantragung eines Nachteilsausgleichs. Entsprechend können auch Menschen mit Autismus-Spektrum-Störungen solche Anträge stellen. Welcher Nachteilausgleich einem Studierenden mit Autismus letzten Endes zugesprochen wird, hängt von der Art und Ausprägung der autistischen Behinderung ab. Mögliche Formen des Nachteilsausgleichs sind zum Beispiel:

- Anpassung der Prüfungsleistungen
- ein separates Prüfungszimmer
- Verlängerung der Prüfungszeit
- Erlaubnis zum Schreiben am Laptop oder PC
- bei Sprachbehinderung schriftliche Ergänzungen mündlicher Prüfungen
- Zeitverlängerung für Hausarbeiten, Klausuren u. ä.
- Abänderung von Praktikumsbestimmungen, ggf. völliger Verzicht auf ein Praktikum

Auch eine Befreiung von Studienbeiträgen kann behinderten und chronisch kranken Studierenden zugesprochen werden in Bundesländern, die diese Gebühren von ihren Universitäten erheben lassen. Ein weiterer Nachteilsausgleich, den Studierende mit Behinderung oder chronischer Erkrankung in der Regel in Anspruch nehmen können, ist eine Verlängerung der Ausleihfristen bei Bibliotheken.

Eingereicht werden muss der entsprechende Antrag beim zuständigen Prüfungsamt zusammen mit dem Schwerbehindertenausweis oder einem ärztlichen Gutachten/Attest. Den Antrag können Studierende bei der Beratungsstelle für behinderte und chronisch kranke Studierende bekommen. Es ist ratsam, sich diesen gleich zu Studienbeginn zu besorgen. Auch wenn es mühsam ist, den Antrag auf Nachteilsausgleich zu stellen, so ist doch die gute Nachricht: Eine einmal erworbene Nachteilsausgleichsregelung gilt für die gesamte Dauer des Studiums.

Noch gibt es nicht in allen Prüfungsordnungen konkrete Vorgaben, wie ein Nachteilsausgleich umzusetzen ist und welche Ansprüche betroffene Studierende haben. In solchen Fällen sollten sich Studierende von den Beauftragten für die Belange behinderter Studierender beraten lassen und dann den Prüfungsausschuss bzw. direkt den Prüfer kontaktieren.

4.7 Beratungsstellen

Für Studierende mit Autismus-Spektrum-Störungen gibt es verschiedene Beratungsangebote, die ihnen helfen, einerseits das Studium und andererseits das Leben als Student zu bewältigen. Zum einen gibt es die Studentensekretariate, die allgemeine Informationen und Beratungen zum Studium und zu einzelnen Studiengängen anbieten. Die Zentralen Studienberatungen der Hochschulen helfen bei Fragen rund ums Studium einschließlich Fragen zur Finanzierung und zu Bewerbungsverfahren. Die Asta, die Allgemeine Studentenvertretung, setzt sich für die Belange aller Studierende, also auch von Studierenden mit Behinderungen, ein. Einige Asten bieten sogar spezielle Behindertenreferate an.

4 Autismus und Studium

Eine ganz wichtige Anlaufstelle für Studierende mit Autismus-Spektrum-Störungen sind die Beratungsstellen der Beauftragten für Studierende mit Behinderungen und chronischen Krankheiten. Die Experten dieser Einrichtungen sind eigens dafür da, sich um die Belange von Studierenden zu kümmern, die aufgrund ihrer körperlichen oder gesundheitlichen Voraussetzungen mit Beeinträchtigungen im Studium zu rechnen haben. Sie helfen bei Problemen mit Prüfern und Dozenten, beraten zum Nachteilsausgleich und vermitteln bei Bedarf und im Konfliktfall.

Sozialberatungsstellen der Studentenwerke können in bestimmten Fällen eingebunden werden.[32]

Die Informations- und Beratungsstelle Studium und Behinderung (IBS)[33] des Deutschen Studentenwerks sammelt übergreifend aktuelle Informationen zum Thema Studium und Behinderung und setzt sich für die Belange und Interessen der Betroffenen in der Öffentlichkeit ein. Studieninteressierte und Studierende können nützliche Informationen den Publikationen der Beratungsstelle entnehmen und an Informationsveranstaltungen und Seminaren teilnehmen. Per E-Mail, Brief oder telefonisch steht die Beratungsstelle für Fragen zur Verfügung.

Interessenvertretungen behinderter und nicht behinderter Studierender haben sich an einigen Hochschulen formiert. Sie bieten Unterstützung und Informationen an und setzen sich für die Bedürfnisse von Studierenden mit Behinderungen ein.

4.8 Universitäten barrierefrei für Autisten gestalten

Studierende mit Autismus-Spektrum-Störungen benötigen bestimmte Hilfen, um in einem Umfeld studieren zu können, das an die Ansprüche der Allgemeinheit angepasst ist und mit dem sie wegen ihren autistischen Besonderheiten nicht immer gut klar kommen. Die derzeit angebotenen Nachteilsausgleiche decken jedoch noch nicht alle Bereiche ab, in denen Verbesserungen und ein Entgegenkommen wünschenswert wären.

Im Folgenden werden Tipps für Lehrkräfte an Universitäten aufgeführt, die als Hinweise dienen sollen, wie sie Menschen mit Autismus-Spektrum-Störungen auf geeignete Weise helfen und ihnen in Lehrveranstaltungen Erleichterungen verschaffen können.

---

[32] Ein aktuelles Verzeichnis aller Beauftragten findet sich im Internet unter www.studentenwerke.de/adressen/bfb.asp, Stichwort: Beauftragte für Behindertenfragen.
[33] Im Internet bietet die Informations- und Beratungsstelle Studium und Behinderung (IBS) die Broschüre Studium und Behinderung unter http://www.studentenwerke.de/main/default.asp?id=06103 an.

4.8.1 Referatsthemen frühzeitig ankündigen

Es ist typisch für viele Menschen mit Autismus-Spektrum-Störungen, das sie sich erst einige Zeit an etwas gewöhnen müssen, bis sie gut damit arbeiten können. Sie profitieren davon, wenn ihnen Themen für Referate oder Hausarbeiten möglichst früh angekündigt werden. Sie haben dann nicht nur für die Recherche mehr Zeit, sondern auch dafür, sich mit dem Thema anzufreunden, auseinanderzusetzen und es überhaupt erst mal richtig zu begreifen. Zudem wird dadurch abgemildert, dass viele Autisten zwar sehr sorgfältig, gründlich und bis ins Detail arbeiten, dadurch aber ein langsameres Arbeitstempo aufweisen.

4.8.2 Vorlesungsskripte zur Verfügung stellen

Bei Vorlesungen kann das gleichzeitige Zuhören, Anschauen von Präsentationen und Mitschreiben von Vorgetragenem Studierende mit Autismus-Spektrum-Störungen überfordern. Unterstützen können Dozenten ihre Studierenden, indem sie die Vorlesungsskripte zur Verfügung stellen. Studierende mit Autismus-Spektrum-Störungen profitieren am meisten, wenn sie diese schon vor der Vorlesung bekommen können. Aber spätestens zur Nachbearbeitung sind die Unterlagen für viele Betroffene eine sehr wertvolle und nahezu unverzichtbare Unterstützung.

4.8.3 Erlauben der Nutzung von Hilfsmitteln wie Laptops oder Aufzeichnungsgeräten

Bei Vorlesungen können Studierende mit Autismus-Spektrum-Störungen auch insofern an Grenzen stoßen, dass sie große Probleme haben, schnell mit der Hand Notizen anzufertigen. Viele von ihnen haben weniger Schwierigkeiten, an einem Computer zu schreiben. Die Erlaubnis von Laptops kann daher ebenso helfen wie diejenige, die Vorlesungen elektronisch aufzuzeichnen, um sie zu Hause anzuhören und zusammenzufassen.

4.8.4 Praktika durch andere Leistungen ersetzen, auf Exkursionen verzichten

Studierende mit Autismus-Spektrum-Störungen können Defizite in den exekutiven Funktionen sowie in der Motorik aufweisen. Beides benachteiligt sie bei praktischen Übungen. In solchen Fällen können Ersatzleistungen die durch den Autismus bedingten Nachteile ausgleichen.

Exkursionen, vor allem mehrtägige, können einige Autisten überfordern, da sie auch noch im Erwachsenenalter nur in der vertrauten Umgebung richtig »funktionieren« können. Eine fremde Umgebung, die ständige Anwesenheit von anderen Menschen und die Kommunikation mit ihnen sowie die zwangsläufige

Konfrontation mit unvorhersehbaren Situationen können sie überlasten. Einen fachlichen Lerneffekt werden sie unter solchen Umständen kaum erzielen können.

4.8.5 Mehr Pausen

Gerade bei mehrstündigen Veranstaltungen ist es wichtig, dass Studierende mit Autismus regelmäßig Pausen machen dürfen. Auch ein zeitlich längerer Rückzug sollte gestattet sein. Der große Informationsfluss kann sonst ihre Speicherkapazitäten überreizen. Die Betroffenen sind dann nicht mehr aufnahmefähig und können im Extremfall mit unvorhersehbaren Überforderungsreaktionen wie Aggressionen reagieren.

4.8.6 Mehr Zeit bei Prüfungen

Mehr Zeit bei schriftlichen Studien- und Prüfungsleistungen ist ein großes Bedürfnis vieler Studierender mit Autismus. Zum einen sind die Startschwierigkeiten zu bedenken, die es diesen Menschen erschweren anzufangen. Des Weiteren brauchen sie oft länger, eine Frage (sprachlich) zu verstehen, aufzunehmen und ihre Gedanken zu ordnen. Ihr großes Bedürfnis nach Sorgfalt und Perfektion kann es ihnen verbieten, schnell zu schreiben und etwas zu Papier zu bringen, das nicht völlig durchdacht ist. Ohne den berühmten »Mut zur Lücke« lassen sich viele Klausuren aber nicht lösen und vollenden. Es ist ein beständiger Wettlauf gegen die Uhr. Unter diesen Bedingungen können Menschen mit Autismus völlig blockieren und entweder gar keine Leistungen erbringen oder sie bleiben weit hinter ihren Möglichkeiten zurück. Um dies zu vermeiden, sollte für sie der Zeitdruck verringert werden.

4.8.7 Veränderte Prüfbedingungen

Bei Prüfungen kann es notwendig sein, dass die Bedingungen geändert werden, um Menschen mit Autismus entgegenzukommen. Anstelle von mündlichen Prüfungen könnte im Sinne des Nachteilsausgleichs bei einigen betroffenen Personen ein schriftliches Ablegen der Prüfung förderlich sein (in manchen Fällen kann auch der umgekehrte Fall eintreten). Des Weiteren kann der Einsatz von Hilfsmitteln wie einem Laptop zum Verfassen einer schriftlichen Prüfungsleistung, ein Helfer als Unterstützung beim Schreiben – vor allem bei Menschen, die über FC kommunizieren – oder ein separates und ruhiges Prüfungszimmer notwendig sein.

4.8.8 Gestaltung von Tafelbildern und Präsentationen

An der Universität verwenden viele Dozenten Power-Point-Präsentationen in ihren Veranstaltungen. Hierbei ist darauf zu achten, dass besonders autistische

Menschen von starken Kontrasten und klaren Strukturierungen profitieren. Bei Tafelbildern gilt, dass sie ebenfalls klar und übersichtlich aufgebaut sein sollten. Die Tafel sollte nicht spiegeln und angemessen beleuchtet sein. Es empfiehlt sich für Dozenten, sowohl bei Power-Point-Präsentationen als auch bei Tafelbildern vorab im Veranstaltungsraum zu testen, ob die Darstellungen von überall im Raum gut zu sehen sind und wie die Beleuchtung optimal einzustellen ist.

4.8.9 Auf die Akustik achten

Grundsätzlich sollte bei Seminaren und Vorlesungen für Ruhe gesorgt werden. Ebenso wichtig ist, dass die Stimme des Vortragenden entweder raumtragend ist oder aber die Mikrofoneinstellungen geprüft sind, so dass der Dozent auch wirklich im gesamten Raum klar und deutlich zu vernehmen ist.

4.8.10 Visuelle Hilfsmittel

Menschen mit Autismus können häufig visuell präsentierte Informationen besser aufnehmen als auditive. Grafische Darstellungen an der Tafel, auf Power-Point-Präsentationen oder Arbeitsblättern können ihnen das Lernen und Erfassen des Stoffes erleichtern. Wünschenswert ist für Studierende mit Autismus, die Schwierigkeiten mit dem Schreiben haben, dass wichtige Inhalte und Thesen schriftlich zur Verfügung gestellt werden, quasi als Wissen zum Mitnehmen.

4.8.11 Sprachschwierigkeiten

Auch wenn gerade Menschen mit Asperger-Autismus gewöhnlich sehr eloquent sind, gibt es auch Betroffene, denen es große Mühen bereitet, sich verbal zu artikulieren. Diesen Menschen sollte bei mündlichen Beiträgen ausreichend Zeit gegeben werden. Spott, Gelächter und ähnliches ist sofort zu unterbinden, wenn es als Reaktion auf Artikulierungsschwierigkeiten, Aussprachefehler oder eine ungewöhnliche Verwendung von Wörtern aufzukommen droht.

4.8.12 Im Gespräch bleiben

Wünschenswert ist, dass die Dozenten gezielt das Gespräch mit Studierenden mit Autismus-Spektrum-Störungen suchen, um gemeinsam mit ihnen Strategien auszuarbeiten, wie die Anforderungen des Studiums am besten zu erfüllen sind. Um Frustrationen auf beiden Seiten zu vermeiden, sollte der Fokus dabei nicht ausschließlich auf den Defiziten liegen. Der Blick sollte auch auf die Habenseite gerichtet sein, also auf das, was viele Autisten besonders gut können, etwa logisch denken, sich Dinge merken, Details erkennen, kreative Lösungen finden oder sorgfältig arbeiten.

4.9 Rahmenbedingungen

4.9.1 Studium vorbereiten

Der Wunsch steht: Nach der Schule soll es mit einem Studium weitergehen. Die nötigen Schritte dazu sollten möglichst früh eingeleitet werden. Ideal ist es, mit den Planungen für das Studium bereits ein Jahr vor Studienbeginn anzufangen.

> **Checkliste: Start ins Studium**
>
> - Welches Fach soll es sein?
> - Informationen einholen
> - Wo soll's hingehen?
> - Mit den Örtlichkeiten vertraut machen
> - Kontakte und Anträge vor Ort

Welches Fach soll es sein?

Im allerersten Schritt sollte Klarheit geschaffen werden, welches Studienfach man überhaupt studieren möchte. Tipps dazu gibt es in ▶ Kap. 4.4.1.

Informationen einholen

Steht das Wunschfach fest, so sollten sich Studieninteressierte dazu so viele Informationen wie möglich beschaffen, um ein umfassendes Bild vom Studiengang und dem anschließenden Berufsalltag zu bekommen. Gespräche mit Experten der Studienberatung bzw. der Studienfachberatung sind sinnvoll. Betriebspraktika können bei der Orientierung ebenfalls helfen und bei Unsicherheiten Klarheit verschaffen, ob das anvisierte Berufsfeld wirklich das richtige ist.

Ein weiterer wichtiger Schritt besteht darin, sich frühzeitig bei den Hochschulen zu informieren, welche Zugangsvoraussetzungen für das Wunschfach bestehen und wie die Bewerbung abläuft. In manchen Fächern kann es erforderlich sein, vor Studienbeginn fachrelevante Praktika abzulegen. Dies sollten Studienanwärter so früh wie möglich in Erfahrung bringen.

Wo soll's hingehen?

Sehr viele Studienfächer werden nicht flächendeckend an allen Hochschulen angeboten. Studienbewerber sollten sich informieren, wo sie überhaupt ihr Fach studieren können und sich überlegen, welche Standorte sie favorisieren. Bei bestimmten Studiengängen wie Medizin herrschen Zugangsbeschränkungen, das heißt, dass keine freie Wahl der Universität möglich ist. Härtefallregelungen, die für Studierende mit Autismus zutreffen können, ermöglichen es, dass die Betroffenen sich ihre Universität dennoch aussuchen dürfen, um beispielsweise im Elternhaus wohnen bleiben zu können.

Mit den Örtlichkeiten vertraut machen

Es ist normal, wenn man vor Beginn eines Studiums Angst hat. Schließlich ist alles an der Universität neu – mit den Räumlichkeiten angefangen. Zumindest hier kann Erleichterung verschafft werden. So kann es sehr helfen, die Universität vorab (mehrmals) zu besuchen, die Gebäude und relevanten Hörsäle kennen zu lernen und sich mit den Wegen – etwa zur Mensa oder zu den Toiletten – vertraut zu machen.

Kontakte und Anträge vor Ort

Vor und während eines Studiums müssen Studierende viele Anträge ausfüllen und eine Menge bürokratische Hürden nehmen. Für Studierende mit Autismus-Spektrum-Störungen, die Gebrauch vom Nachteilsausgleich machen wollen, erhöht sich der bürokratische Aufwand noch weiter. Wichtige Anlaufstellen für sie sind:

- Einrichtungen der Beauftragten für die Belange von Studierenden mit Behinderung und chronischer Krankheit der Hochschule bzw. des Studentenwerks
- Wohnungs- und Sozialberatungsstellen der örtlichen Studentenwerke
- Örtliche studentische Interessengemeinschaften und Studentenverbände
- Amt für Ausbildungsförderung der gewählten Hochschule (BAföG)
- Leistungsträger von SGB II und SGB XII zur Finanzierung von behinderungsbedingten Mehrbedarfen
- Stiftungen, etwa zur Bewerbung um ein Stipendium

4.9.2 Leben als Studentin oder Student

Das Leben eines Studierenden unterscheidet sich in vielerlei Beziehung vom Leben eines Schülers. Die Unterschiede zum »alten« Leben sind besonders groß, wenn mit der Aufnahme des Studiums ein Auszug aus dem Elternhaus verbunden ist. Für Studierende mit Autismus-Spektrum-Störungen ist dies eine besondere Herausforderung.

4.9.3 Erste Wohnung oder weiter daheim?

Es kann sein, dass das Wunschfach nur an wenigen Hochschulen in Deutschland angeboten wird und ein Auszug von zu Hause unvermeidlich ist. Viele Fragen müssen geklärt werden: Kann der junge Mensch schon ganz alleine leben und sich versorgen? Oder braucht er weiterhin Unterstützung, die er zum Beispiel in Einrichtungen des betreuten Wohnens bekommen kann? Leben vielleicht Verwandte in der Studienstadt, bei denen er unterkommen kann? Auch finanzielle Aspekte sind zu klären, da eine eigene Wohnung ja auch Geld kostet. Können die Eltern die Kosten alleine stemmen? Ist der Studienanwärter in der Lage, neben dem Studium zu jobben? Besteht die Möglichkeit, durch das Bundesausbildungsförderungsgesetz (BAföG) Unterstützung zu erhalten?

Zusammen mit den Eltern oder anderen vertrauten Menschen sollten Studieninteressierte ihre neue Studienstadt besuchen und sich dort vor Ort über Wohnraum, Möglichkeiten der Versorgung und Mobilität informieren. Je besser sie wissen, auf was sie sich einlassen, desto geringer wird das Risiko, dass es nicht klappt. Gerade bei jungen Menschen sind die Eltern gefragt, wenn es darum geht, die Rahmenbedingungen, etwa eine geeignete Wohnung, möglichst gut zu gestalten. Autismus-Therapie-Zentren vor Ort können bei der ersten Orientierung helfen, wichtige Tipps geben und weiterhelfende Adressen und Anlaufstellen nennen.

4.9.4 Krankenversicherung

Neben den Bewerbungsformalitäten an der Universität und einer etwaigen Wohnungssuche sind noch mehr Dinge vor Aufnahme eines Studiums zu regeln. Ein Beispiel ist das Thema Krankenversicherung. In der Regel besteht für Studierende die Versicherungspflicht in der Kranken- und Pflegeversicherung. Ein Nachweis über den Krankenversicherungsschutz bzw. ein Nachweis über die Befreiung von der Versicherungspflicht wird bereits bei der Immatrikulation verlangt. Befreit von der Versicherungspflicht sind beispielsweise Kinder von Beamten, die die private Krankenversicherung nutzen. Wer unter 25 ist (in bestimmten Fällen liegt die Altersgrenze auch höher), ist oft noch über die Eltern versichert und muss keine eigenen Beiträge bezahlen. Bei der Familienversicherung darf das eigene Einkommen allerdings eine bestimmte Höhe nicht überschreiten. Für alle anderen bieten die gesetzlichen Kassen den günstigen Studententarif an, der bis zum maximal 30. Lebensjahr oder dem 14. Fachsemester genutzt werden kann. In besonderen Fällen, zum Beispiel wenn eine Behinderung vorliegt, ist eine Verlängerung möglich. Wer sich freiwillig versichert, muss mit erheblich höheren Beiträgen rechnen.

4.9.5 Körperhygiene und Co.

Zum eigenen Leben gehört auch, dass man sich um sich selbst kümmern und sich pflegen muss. Jungen Menschen mit Autismus-Spektrum-Störungen kann es schwer fallen, auf ausreichend Körperhygiene und angemessene, saubere Kleidung zu achten. Für sie sind oft ganz andere Dinge wichtig, als Äußerlichkeiten und Fragen, ob die Haare fettig sind oder das T-Shirt nach Schweiß riecht. Sich über so etwas Gedanken zu machen, kann für manchen Menschen mit Autismus, dessen Interessen ganz anders gelagert sind, vergeudete Lebenszeit sein. Gleichwohl gibt es auch Autisten, die sehr großen Wert auf ihr Äußeres legen und bei einigen sind Körperpflege und Mode sogar zum besonderen Interesse geworden. Bekannt sind auch Fälle, in denen Menschen mit Autismus-Spektrum-Störungen es mit ihrem Reinlichkeitsbedürfnis übertreiben, und beispielsweise einen Waschzwang entwickeln. Andere leben in übersteigerter Angst, ob sich irgendwo Schweißgeruch bemerkbar machen könnte oder ob sie aus dem Mund riechen. Dieses übersteigerte Hygieneverhalten ist auch nicht gesund, aber doch gesellschaftlich anerkannter als eine vernachlässigte Körperpflege.

Sich einmal gehen zu lassen, ist nicht nur typisch für viele Autisten, sondern ein Merkmal vieler Menschen. So manch einer fühlt sich nur im ausgetragenen Jogging-Anzug richtig wohl und lässt es auch mal zu, dass die Haare strähnig am Kopf hängen, solange er nicht unter Menschen geht. Im Unterschied zu Menschen mit Autismus achten diese Personen meistens aber sehr wohl darauf, gesellschaftsfähig auszusehen, wenn sie rausgehen – kleinere Unternehmungen wie der Gang zum Bäcker am Sonntagmorgen oder die Schritte vor die Haustür, um den Müll rauszubringen, können ausgenommen sein. Autisten passen ihr Aussehen hingegen seltener an die Anwesenheit von anderen Menschen an. Sie sollten aber vor allem dann, wenn sie alleine leben, in der Lage sein, auf ein angemessenes äußeres Erscheinungsbild zu achten. Funktionieren kann dies, wenn Körperpflege in den Tagesplan fest eingebaut wird. Beispielsweise sollte es zur Regel werden, täglich oder alle zwei Tage morgens zu duschen und sich die Haare zu waschen. Es sollte ebenso zur Regel werden, nach dem Aufstehen und vor dem Zubettgehen die Zähne zu putzen. Des Weiteren sollten die jungen Menschen dazu angeleitet werden, regelmäßig zu überprüfen, ob die Fingernägel sauber sind und nach dem Essen keine Speisereste zwischen den Zähnen hängen geblieben sind. In Sachen Kleidung kann es helfen, den Betroffenen aufzuschreiben, wie oft sie ein Kleidungsstück anziehen dürfen, bevor es in die Waschmaschine zur Reinigung kommt, beispielsweise:

- Unterhosen: 1 Tag
- Strümpfe: 1 Tag
- Jeans: 1 Woche
- Pullover: 2 Tage
- T-Shirt im Sommer: 1 Tag
- Etc.

Es sollte klar sein, dass diese Regeln nicht in Stein gemeißelt sind, sondern Kleidungsstücke bei Bedarf auch schneller aussortiert werden müssen. Verschüttet man etwa ein Getränk über die Hose, so muss diese sofort gewaschen werden und nicht erst nach einer Woche. Schwitzt man an einem Tag sehr viel, gehört auch der Pullover direkt auf den Stapel mit der dreckigen Wäsche.

Ein weiterer Tipp ist es, ebenfalls aufzuschreiben, welche Kombinationen von Kleidungsstücken akzeptabel sind, beispielsweise gebügeltes weißes Hemd zur guten schwarzen Hose und nicht zur verwaschenen blauen Shorts.

Warum aber nun ist Körperpflege so wichtig? Hier lassen sich verschiedene Argumente anbringen, um auch einen Menschen mit Autismus-Spektrum-Störung für das Thema zu sensibilisieren:

- Körperpflege und ein angenehmer Geruch sind ein Zeichen der Rücksichtnahme.
- Eine gute Körperhygiene zeigt, dass man »erwachsen« ist und auf sich selbst achten kann.
- Ein gepflegtes körperliches Erscheinungsbild weist auf einen bestimmten gesellschaftlichen Status hin.
- Die richtige Kleidung kann Respekt verschaffen.
- Kontakte lassen sich leichter knüpfen, wenn man keine unangenehmen Gerüche ausdünstet.
- Mit angemessener Kleidung und einem gepflegtem Äußeren fällt man nicht unangenehm auf und muss nicht ertragen, von anderen Menschen missbilligend angestarrt zu werden.

4.9.6 Freundschaften und mehr

Für die meisten Studierenden gehören die Freundschaften, die sie im Laufe des Studiums eingehen und die manchmal ein Leben lang halten, zu den schönsten Aspekten des Studentenlebens. Neben tiefen Freundschaften lassen sich auch Beziehungen aufbauen, die für das spätere Berufsleben wertvoll sein können. Auch während des Studiums profitieren die Studierenden von ihren Freunden, Kumpels und Cliquen, besonders dann, wenn sie dasselbe Fach studieren. Im Team gemeinsam mit anderen lernt es sich leichter und vor Prüfungen kann man sich gegenseitig abfragen und bei Problemen weiterhelfen.

Für Studierende mit Autismus-Spektrum-Störungen sind Freundschaften oft weniger wichtig. Ihnen geht es mehr um das Fach, das nicht selten ihrem Spezialinteresse entspricht und das sie mit Leidenschaft studieren. Im Grunde ist das auch in Ordnung, solange sie sich damit wohlfühlen. Sobald sie aber anfangen, Kontakte zu vermissen und sich Freunde zu wünschen, kann die Isoliertheit zum Problem werden. Spätestens jetzt sollten sie versuchen, aktiv einen Schritt auf andere zuzugehen.

> **Checkliste: Kontakte knüpfen**
>
> - Mit anderen zusammen die Mittagspause verbringen, zum Beispiel in der Mensa
> - Kommilitonen bei schwierigen Aufgaben helfen
> - Dem Spezialinteresse entsprechende Clubs oder Kurse an der Uni besuchen und darüber Kontakte knüpfen

- Vor Vorlesungen, an Bushaltestellen oder bei der Essenausgabe in der Mensa mit anderen ins Gespräch kommen
- Am Hochschulsport teilnehmen

Auch wenn kein großes Bedürfnis nach Kontakten besteht, sollten Studierende mit Autismus-Spektrum-Störungen überlegen, ob die eine oder andere Beziehung nicht doch für ihre Entwicklung nützlich sein könnte. Zudem sollten sie bedenken, dass sie an der Hochschule noch üben können, wie man mit anderen Menschen umgeht. Im Berufsalltag werden soziale Kompetenzen hingegen fast überall vorausgesetzt.

4.10 Sonderform Fernstudium

Für Studierende mit Autismus-Spektrum-Störungen, die sich ein Präsenzstudium an der Universität (noch) nicht vorstellen können, kann ein Fernstudium die Lösung sein. Studienunterstützung durch Dozenten erfahren die Studierenden durch Multi-Media-Techniken, ein Austausch mit Kommilitonen findet größtenteils ebenfalls elektronisch zum Beispiel via E-Mail oder im Chatroom statt. Die notwendigen Studienunterlagen werden ihnen nach Hause geschickt. Die Studierenden können dabei Lernzeit und Lerngeschwindigkeit selbstständig wählen und – von wenigen Präsenzveranstaltungen abgesehen – das komplette Studium von zu Hause aus durchführen. Dies erfordert allerdings auch ein großes Maß an Selbstorganisation und Selbstdisziplin.

In Deutschland ist unter den Fernunis vor allem die staatliche FernUni-versität Hagen zu nennen. Sie bietet ein großes Spektrum an Grund- und Ergänzungs- bzw. Aufbau-Studiengängen. Verschiedene Hochschulen und Fachhochschulen bieten ebenfalls Fernstudiengänge an. Die Zulassungsvoraussetzungen sind in der Regel dieselben wie bei Präsenzhochschulen.

4.11 Ziele für die Inklusion autistischer Studierender

Inklusion an der Universität ist idealerweise ein für alle bereicherndes Zusammensein mit Menschen, die sich durch ein Spektrum von Merkmalen wie Geschlecht, Fähigkeiten und sog. Behinderungen wie Autismus-Spektrum-Störungen unterscheiden. Inklusion an der Universität kann eine geringere Herausforderung darstellen als an Kitas oder Schulen. Die hier anwesenden Menschen mit Autismus-

Spektrum-Störungen sind im Gegensatz zu den Kindern in Kitas und Schulen freiwillig hier, weil sie das Fach interessiert und weil sie lernen wollen. Sie sind zudem reifer und selbstständiger als noch in der Schule und wissen mit ihren Einschränkungen besser umzugehen und ihre Stärken gezielt einzusetzen. Zudem können sie oft auf ein funktionierendes unterstützendes Netzwerk zurückgreifen.

Die Universität sollte es ihren Studierenden mit Autismus-Spektrum-Störung ermöglichen, barrierefrei zu studieren. Es darf nicht sein, dass ihnen aufgrund ihrer Behinderung Nachteile in der Benotung und Leistungsbeurteilung entstehen. Von Bedeutung ist zudem die Haltung der Kommilitonen. Sie sollten Studenten mit Autismus-Spektrum-Störung so annehmen wie sie sind, bestimmte Bedürfnisse wie ein erhöhtes Ruhe- und Rückzugsbedürfnis akzeptieren, ihnen aber gleichzeitig die Tür offen halten, am allgemeinen studentischen Leben teilzuhaben. Im Sinne eines lebendigen mit- und voneinander Lernens können die Kommilitonen von der Anwesenheit eines Studierenden mit Autismus-Spektrum-Störung und vom Austausch mit diesem Menschen auch durchaus profitieren.

4.12 Inklusion an der Uni: Sinnvoll oder nicht?

Inklusion an der Hochschule ist in jedem Fall sinnvoll und dringend erforderlich. Junge Menschen mit Autismus-Spektrum-Störungen, die studieren wollen, haben sehr oft das Potential, die Experten von morgen zu werden. Auf ihr Fachwissen kann und sollte die Gesellschaft nicht verzichten. Umso wichtiger ist es, diese Menschen allerspätestens an der Universität aus der Isolation zu holen, ihnen Steine aus dem Weg zu räumen und eine barrierefreie Teilnahme am Studium zu ermöglichen.

Es ist zu beachten, dass das Studium länger dauern kann als bei anderen Studierenden. Für viele Studierende mit Autismus-Spektrum-Störungen ist das Studium eine ungleich größere Anstrengung als für die »normalen« Studenten. Große Teilnehmerzahlen in Seminaren können Angstausbrüche auslösen, das hohe Tempo von Dozenten kann überfordern und die zwangsläufige Reizüberflutung Kräfte rauben. Der Universitätsalltag kann dann schon nach wenigen Stunden zur Ermüdung führen. Einige Studierende mit Autismus-Spektrum-Störung entscheiden sich daher, lieber länger zu studieren und nur wenige Kurse jedes Semester zu belegen, dafür aber bessere Noten zu erzielen. Die Bitte an Arbeitgeber bei Bewerbungen: Längere Studienzeiten nicht gleich mit mangelnder Zielstrebigkeit gleichsetzen.

Gleichwohl ist zu beachten, dass nicht jeder Mensch mit Autismus-Spektrum-Störung für ein Studium an einer Universität oder Hochschule geeignet ist. Ein Scheitern kann vorprogrammiert sein, wenn Betroffene ungeachtet ihrer persönlichen Wünsche und Vorstellungen zu einem Studium gedrängt werden, da die Noten auf eine Eignung hinweisen oder die Eltern ein Studium von vornherein in ihren Plänen für das Kind vorgesehen haben. Das hat dann nichts mehr mit Chancengleichheit zu tun, sondern ist ein Zeichen von Fremdbestimmung.

4.13 Links zum Thema

Bundesarbeitsgemeinschaft Behinderung und Studium e. V.:

- https://www.studentenwerke.de/de/content/beratung
- https://www.studiumundbehinderung.kit.edu/53.php

Informationen zur Studien- und Berufswahl:

- www.studienwahl.de
- www.studieren.de
- www.hochschulkompass.de

Autismus und Studium Leitlinien und Handlungsempfehlungen verfasst von der AG Asperger des Bundesverbandes Autismus Deutschland e. V.:

- www.autismus.de/fileadmin/RECHT_UND_GESELLSCHAFT/Broschuere_Studium_Online_Rohfassung16_10_2015.pdf

Weitere Leitfäden:

- https://www.autismus.de/detailseite/leitfaeden-autismus-an-der-hochschule.html

Seiten der Bundesagentur für Arbeit:

- www.arbeitsagentur.de/

Fernstudium:

Übersicht über Hochschulen und deren Online-Studienangebote:

- www.studieren-im-netz.de
- www.studienwahl.de

Seiten der FernUniversität Hagen:

- www.fernuni-hagen.de

Weitere Seiten zum Thema Autismus und Studium:

- www.h-da.de/studium/information-und-beratung/studieren-mit-behinderung/erfahrungsberichte/autismus-und-studium/
- www.spiegel.de/unispiegel/studium/autisten-an-der-uni-hoppla-falscher-planet-a-743983.html
- www.zeit.de/campus/2011/05/autismus
- www.uni-koeln.de/uni/KUZ/archiv/kuz0407/autismus.html
- www.autismus-kultur.de/autismus/bildung/ueberleben-an-der-uni.html
- www.autismus-kultur.de/autismus/bildung/nachteilsausgleich-fuer-autisten-im-studium.html
- www.fudder.de/artikel/2011/05/11/leben-mit-dem-asperger-syndrom-mein-ich-ist-autistisch/
- www.sueddeutsche.de/karriere/autistische-studenten-ich-wurde-vom-monster-zum-menschen-1.6784

5 Berufswelt

5.1 Karlas Tagebuch

Liebes Tagebuch,
noch vor zwei Jahren hätte ich nicht mal zu träumen gewagt, dass Ben jemals eine Stelle bekommen wird. Damals steckte er mitten drin in seinem Studium zum Toningenieur und kam mit seinem Leben gar nicht mehr zurecht. Obwohl er sich grundsätzlich für sein Fach interessierte, schaffte er es nicht, regelmäßig an Vorlesungen teilzunehmen und zu Seminaren zu gehen. Schließlich verließ er kaum noch das Haus. Der Hausarzt stellte eine Depression fest. Ein halbes Jahr brauchte er, um sich wieder zu erholen. Von der Tontechnik wollte er nichts mehr wissen. Und auch eine Rückkehr an die Universität lehnte er ab.

Jetzt arbeitet Ben bereits seit einem halben Jahr in einer Goldschmiede. Er macht doch eine Lehre. Es scheint ihm Spaß zu machen. Und er ist richtig gut! Ben hat einen scharfen Blick fürs Detail, verliert nie die Geduld und geht bei allem, was er tut, sehr sorgfältig und akribisch vor. Seinem Chef gefällt, was er macht. Und auch bei den Kunden kommen seine Goldschmiedearbeiten gut an.

Dennoch läuft nicht alles nur glatt. Kontakt mit den Kunden darf Ben zum Beispiel keinen mehr haben. Gleich an seinem ersten Arbeitstag hat er zwei Stammkunden seines Chefs vergrault. Den korpulenten Besitzer eines großen Kaufhauses in der Stadt hat er als »fetten Sack« bezeichnet, kaum dass dieser den Laden betreten hat. Typisch Ben. Ich weiß nicht, wie oft ich ihm schon gesagt habe, dass er »Guten Tag« zur Begrüßung sagen soll. Und was macht er? Sagt, was er denkt, und das war dann eben »Sind Sie aber ein fetter Sack.« Zum Glück war ich nicht dabei. Ich hätte mich in Grund und Boden geschämt.

Kurz darauf betrat die vornehme Witwe eines Unternehmers die Goldschmiede. Eine lange, hagere Frau, die beim Sprechen lispelt. Und das musste Ben ihr natürlich gleich sagen. »Sie lispeln.« Die Reaktion der Dame ließ nicht auf sich warten. So beleidigt sei sie noch nie geworden! Und dass in einem Betrieb, in dem sie schon so viel Geld gelassen habe. Wiederkommen werde sie jedenfalls nicht. Damit hatte Ben den zweiten Stammkunden vergrault. Und das gleich am ersten Arbeitstag.

Ben kann von Glück reden, dass er nicht entlassen worden ist nach diesem ersten Tag. Aber eines muss man seinem Chef lassen: Er ist fair und hat ein

Gespür für Talent. Und dass Ben gut ist und sich trefflich eignet für den handwerklichen Teil dieses Berufs, steht außer Frage.

Probleme gibt es aber nicht nur mit Kunden, sondern auch mit den Kollegen. Außer dem Chef gibt es noch eine angestellte Goldschmiedin sowie einen Verkäufer. Mit beiden kommt Ben nicht zurecht. Oder sie nicht mit ihm. Sie fragten ihn gleich am ersten Tag, ob er mit ihnen in der Mittagspause etwas Essen gehen will. Ben lehnte ab. Auch am nächsten Tag und am übernächsten Tag. Er verweigerte sich dem Gespräch mit ihnen, da das nur dummer Small Talk sei. Jedenfalls hatte er es ziemlich bald geschafft, dass sie kaum noch mit ihm redeten. Ben tut so, als sei ihm das ganz recht. Er wolle ja auch nicht mit ihnen reden. Aber ich spüre, dass Ben tief im Inneren doch gerne richtig zum Team gehören und auch gerne gefragt werden würde, ob er einmal außerhalb der Arbeitszeiten etwas mit den anderen unternehmen wolle. Auch wenn seine Antwort darauf »nein« sein würde.

So traurig ich es auch finde, dass Ben (noch) keinen Anschluss gefunden hat, so froh bin ich doch, wie weit er schon gekommen ist. Er hat die Schule hinter sich gebracht, Erfahrungen an der Universität gesammelt, sich erfolgreich für einen Ausbildungsplatz beworben und beeindruckt jetzt seinen Chef mit seiner Leistung.

Ich habe gelernt, auf die »Haben«-Seite zu schauen. Und nur, weil Ben momentan noch Schwierigkeiten mit den Kunden und Kollegen hat, heißt das ja nicht, dass das auch für alle Zeit so bleiben muss.

5.2 Arbeitswelt

In unserer Gesellschaft ist es normal, dass erwachsene Menschen einer bezahlten Beschäftigung nachgehen. Zum erwerbstätigen Teil der Bevölkerung gehören Arbeiter, Angestellte, Beamte, geringfügig Beschäftigte, Soldaten, Selbstständige und andere, die irgendeiner Art von bezahlter Beschäftigung nachgehen. Noch nicht arbeiten dürfen Kinder. Sie sind durch das Jugendarbeitsschutzgesetz geschützt. Dieses Gesetz gilt ebenso für Jugendliche bis 18 Jahre. Für sie bestehen besondere Regelungen beim Jobben und in ersten Arbeitsverhältnissen.

Die erwerbsfähigen Menschen, also all jene, die arbeiten könnten (und wollen), konkurrieren miteinander um die Arbeitsplätze, die fast immer in geringerer Zahl vorhanden sind, als dass es potenzielle Arbeitnehmer gibt. Zu beachten ist, dass es in den meisten Bereichen zu viele Bewerber um einen Arbeitsplatz gibt, während vor allem Arbeitgeber, die an sehr spezialisierten Experten interessiert sind, oft lange suchen, ohne jemand passendes zu finden.

Menschen, die keinen Arbeitsplatz haben, aber durchaus in der Lage sind, zu arbeiten, gehören zu der Gruppe der Erwerbslosen. Monatlich gibt die Bundesagentur für Arbeit aktuelle Zahlen der Arbeitslosen heraus.

Zur Gruppe der erwerbslosen Menschen gehören auch viele Menschen mit chronischen Erkrankungen oder Behinderungen. Bei Menschen mit dem Asperger-Syndrom fällt auf, dass sie trotz ihrer hohen intellektuellen Fähigkeiten und teilweise guten Schul- und Hochschulabschlüssen häufig keinen Arbeitsplatz finden oder schlicht nicht in der Lage sind, einer geregelten Tätigkeit nachzugehen.

5.2.1 Beschäftigungsarten

Das Normalarbeitsverhältnis, auch als Festanstellung bezeichnet, beschreibt ein unbefristetes und unselbstständiges Arbeitsverhältnis. Es kann sich um eine Vollzeitarbeitsstelle oder aber um eine Arbeitsstelle mit mindestens der Hälfte der üblichen vollen Wochenarbeitszeit handeln. Der Arbeitnehmer bekommt ein geregeltes Entgelt ausgezahlt und unterliegt der Weisungsgewalt des Arbeitgebers. Diese Art des Arbeitsverhältnisses unterliegt der Sozialversicherungspflicht mit der Ausnahme des nicht-sozialversicherungspflichtigen Beamtenverhältnisses. Weitere Kennzeichen des Normalarbeitsverhältnisses sind Stabilität und eine längere Dauer. Für viele Arbeitnehmer stellt das Normalarbeitsverhältnis die einzige Einkommensquelle dar. Entsprechend abhängig sind sie von ihrem Arbeitgeber und entsprechend wichtig ist für sie, dass das Arbeitsverhältnis sicher ist.

Neben dem Normalarbeitsverhältnis gibt es die sogenannten »atypischen Arbeitsverhältnisse«. Darunter fallen befristete Stellen, Teilzeitstellen mit einer geringen Anzahl Wochenstunden, Zeitarbeit, Leiharbeit, Telearbeit sowie geringfügige Beschäftigungen. Zu den Nachteilen, die damit für den Arbeitnehmer verbunden sind, gehören unter anderem arbeitsrechtliche Benachteiligungen, wenig Weiterbildungsmöglichkeiten und geringe Aufstiegschancen. Oft erwerben Menschen in einem atypischen Arbeitsverhältnis auch kein existenzsicherndes Einkommen und häufig fehlt auch die soziale Absicherung wie im Falle der Minijobs[34]. Ständig wechselnde Arbeitsplätze, Angst um die berufliche Zukunft, kein konstantes soziales Umfeld am Arbeitsplatz sowie finanzielle Sorgen verringern die Lebensqualität.

Ebenfalls nicht als Normalarbeitsverhältnis gelten Formen freier Beschäftigung auf Honorarbasis. Das Einkommen dieser Menschen hängt vom Auftragsangebot sowie von ihrer Arbeitsleistung ab.

5.2.2 Normaler Arbeitsmarkt versus Behindertenwerkstätten

Für Menschen mit Autismus-Spektrum-Störungen stehen je nach dem Profil ihrer Fähigkeiten und Einschränkungen verschiedene Arbeitsmärkte offen.

---

34 Als »Minijob« gilt eine Beschäftigung mit einem geringen Arbeitsentgelt oder von sehr kurzer Dauer. Für die Arbeitnehmerin oder den Arbeitnehmer ist es sozialversicherungsfrei. Das monatliche Einkommen darf dabei 450 Euro nicht überschreiten.

Da ist zum einen der normale Arbeitsmarkt. Hier konkurrieren Autisten mit nicht-autistischen Menschen. Je nach Betrieb und Arbeitsplatz können sie hier nur mit wenig Rücksichtnahme rechnen. Es besteht eine hohe Erwartungshaltung von Seiten des Arbeitgebers. Als Vorteil erweisen kann sich der ständige Kontakt mit nicht-autistischen Kollegen sowie gegebenenfalls mit Kunden. Menschen mit Autismus-Spektrum-Störungen haben hier die Möglichkeit, einer alltäglichen Erwerbstätigkeit wie jeder andere auch nachzugehen.

Autisten, die etwas mehr Unterstützung und Entgegenkommen benötigen, fühlen sich oft im sog. teilgeschützten Bereich wohler. Integrationsfirmen oder Unternehmen mit Integrationsabteilungen bieten entsprechende Arbeitsplätze an. Menschen mit Autismus-Spektrum-Störungen können beispielsweise im gastronomischen Gewerbe, etwa in einem Restaurant oder einer Kantine, oder in handwerklichen Betrieben beschäftigt sein. Die Betroffenen sollten hier mit einer besonderen Rücksichtnahme auf Autismus-bedingte Schwierigkeiten rechnen können.

Erstrebt wird in solchen Betrieben/Abteilungen eine Gleichstellung von Menschen mit Behinderungen. Sie sollen tagtäglich unter den Bedingungen des allgemeinen Arbeitsmarktes zusammen mit Menschen ohne Behinderungen arbeiten. Im teilgeschützten Bereich stehen ihnen dabei geschulte Fachkräfte zur Seite. Der Kontakt zu Menschen ohne Autismus kann bei diesen Arbeitsformen ein Gewinn für Menschen mit Autismus sein. Viele empfinden es als angenehm, sich zugehörig fühlen zu können und nicht von der restlichen Gesellschaft isoliert zu sein.

Schließlich gibt es noch Arbeitsplätze im geschützten Bereich. Hierzu zählen vor allem die Werkstätten für Menschen mit Behinderungen. Betroffene können hier mit viel Verständnis und Unterstützung rechnen. Es steht Fachpersonal zur Verfügung, das gezielt eingreifen und Hilfestellungen geben kann. Von Nachteil ist die Isolation von der restlichen Gesellschaft. Im geschützten Bereich leben und arbeiten autistische Menschen in der Regel relativ abgeschottet und haben – ihre direkten Bezugs- und Betreuungspersonen ausgenommen – kaum oder gar keinen beruflichen Kontakt zu nicht-autistischen Menschen.

5.3 Berufswelt von innen

5.3.1 Menschen

In den meisten Berufen arbeitet man gemeinsam mit anderen Mitarbeitern, den Kollegen. Diese Menschen können einen ähnlichen Aufgabenbereich wie man selber haben oder ranghöher oder niedriger eingeordnet sein. Eine gute Beziehung zu Kollegen kann im Joballtag vieles erleichtern. Im Team können sich die Mitarbeiter gegenseitig unterstützen und mit Wissen und Fähigkeiten ergänzen. Neue Arbeitsabläufe gehen leichter von der Hand, wenn ein erfahrener Kollege anleitet und die ersten Versuche begleitet. Es verbessert zudem die Karrierechancen, wenn man mit den Menschen an den richtigen Stellen gute Beziehungen pflegt. Nicht zuletzt macht es einfach mehr Freude, in einem kollegial netten Umfeld zu arbeiten.

Menschen, die selbstständig arbeiten, haben oft keine Kollegen im direkten Umfeld. Sie können sich aber auf Tagungen, Kongressen und Fortbildungen mit Berufsgenossen austauschen und Netzwerke aufbauen.

Viele Menschen haben im Beruf auch Kontakt mit Kunden. Sie beraten diese zum Beispiel bei Kaufentscheidungen, bieten ihnen Dienstleistungen an oder kassieren an einer Kasse. Je nach Branche ist der Kundenkontakt mehr oder weniger intensiv. Unumgänglich ist ein enger Kontakt zu Kunden für Friseure, Verkäufer sowie Kundenberater etwa in der Bank oder bei Versicherungen. Für Handwerker oder Automechaniker gehört Kundenkontakt zwar auch zum Joballtag, spielt aber eher eine untergeordnete Rolle.

Völlig ohne Kontakt zu anderen Menschen kommt kaum ein Beruf aus. Wie wichtig einem der persönliche Kontakt zu Menschen ist, oder ob man diesen im Gegenteil am liebsten meiden möchte, sollte bei der Berufswahl ein Aspekt von vielen sein.

5.3.2 Räumliche Ausstattung

Der Arbeitsalltag vieler Arbeitnehmer findet in eigens dafür eingerichteten Arbeitsräumen statt. Davon ausgenommen sind zum Beispiel Selbstständige oder Dienstleister wie Handwerker, die bei ihren Kunden vor Ort arbeiten.

Es gibt bestimmte Anforderungen, die Arbeitsräume bezüglich der Beleuchtung, der Ausstattung, des Raumklimas und der Sicherheitseinrichtungen erfüllen müssen. Es gibt Vorschriften, die die Schutzvorrichtungen betreffen, oder die regeln, ob und wo geraucht werden darf. Neben den Arbeitsräumen müssen sanitäre Einrichtungen und je nach Art der Tätigkeit auch Umkleideräume zur Verfügung stehen. Besprechungszimmer, Aufenthaltsräume und Teeküchen können ebenfalls zu den Räumlichkeiten gehören.

Die Art des Mobiliars hängt von der Art der Tätigkeit ab und unterscheidet sich entsprechend stark. In einer Werkstatt sieht es anders aus als in einem Labor oder in einem Großraumbüro. Den Mitarbeitern werden die für ihre Arbeit benötigten Hilfsmittel wie Werkzeuge, Chemikalien, Maschinen, Telefone, Computer, Schreibutensilien etc. zur Verfügung gestellt. Diese Geräte und Materialen sind Eigentum der Firma und dürfen nur für ihren vorgesehenen Zweck verwendet werden. Eigene Arbeitsgeräte wie etwa eigene Computer für die Arbeit zu verwenden, ist sehr oft nicht erwünscht und kann sogar untersagt werden.

In einigen Branchen besteht für die Mitarbeiter die Möglichkeit, von zu Hause zu arbeiten. Sie bekommen in der Regel vom Arbeitgeber die erforderlichen Utensilien, etwa einen Computer, zur Erledigung der Arbeit leihweise überlassen und arbeiten in heimischer Umgebung. Die Gefahr dabei besteht darin, dass Freizeit von Arbeitszeit nicht mehr sauber getrennt wird, was zu einer Überbelastung führen kann.

5.3.3 Zeitliche Struktur

Die Rahmenbedingungen für die Arbeitszeit sind vom Gesetzgeber festgesetzt (Arbeitszeitgesetz (ArbZG)). Arbeitnehmer und Arbeitgeber einigen sich darauf, wie die Arbeitszeit genau aussieht. Festgehalten wird dies im Arbeitsvertrag. Auch auf die genaue Stundenanzahl – halbe Stelle, ganze Stelle, etc. – einigen sich Arbeitgeber und Arbeitnehmer gemeinsam.

Anfang und Ende der Arbeitszeit können stark variieren. In der freien Wirtschaft stehen den Mitarbeitern häufig flexible Möglichkeiten der Arbeitszeitgestaltung offen. Sie können in einem gewissen Rahmen selbst bestimmen, wann sie anfangen und aufhören. Es obliegt ihnen bei Gleitzeit-regelungen selbst zu entscheiden, ob sie lieber morgens früh beginnen und abends früher heimgehen wollen oder es bevorzugen, morgens länger zu schlafen und dafür abends länger zu arbeiten. Manche Betriebe schreiben eine tägliche Kernarbeitszeit vor, zu der alle Arbeitnehmer arbeiten müssen.

Andere Tätigkeiten sind an feste Arbeitszeiten gebunden. Verkäufer, Ärzte oder Köche müssen sich nach den jeweiligen Öffnungs- bzw. Sprechstundenzeiten richten. Lehrer arbeiten entsprechend ihrer Stundenpläne und auch andere Beamte im öffentlichen Dienst können eine genau vorgeschriebene Arbeitszeit haben.

An sehr enge Dienstpläne müssen sich Menschen halten, die in Schichtarbeit arbeiten. Schichtarbeit bedeutet, dass sich die Arbeitnehmer mit Kollegen an ihrem Arbeitsplatz abwechseln. Sie führen dieselben Arbeiten durch, allerdings zu unterschiedlichen Zeiten. Zu unterscheiden sind im Allgemeinen Früh-, Spät- und gegebenenfalls noch Nachtdienst. Schichtdienst ist für die betroffenen Arbeitnehmer körperlich und seelisch belastender als andere Arbeitszeitregelungen und schränkt ihr soziales Leben ein.

Zusätzlich zur Arbeitszeit gibt es Ruhepausen. Vorschriften regeln, wann und wie lange Pausen einzuhalten sind. Die Pausen sind dazu, Mahlzeiten einzunehmen und soziale Kontakte zu pflegen. Ebenfalls nicht zur Arbeitszeit gehören An- und Abfahrt sowie vorbereitende Tätigkeiten wie Waschen oder Umkleiden.

Neben der normalen Arbeitszeit gibt es noch den sogenannten Bereitschaftsdienst. Arbeitnehmer brauchen sich dann zwar nicht am Arbeitsplatz aufzuhalten, müssen sich aber für einen eventuellen Einsatz bereithalten. Darunter fällt zum Beispiel der Notdienst von Ärzten sowie Apothekern, die Einsatzbereitschaft von Feuerwehr und Polizei und die Erreichbarkeit von Seelsorgern und psychologischen Diensten.

Überstunden sind Zeiten, in denen Arbeit geleistet wird, die nicht zur vertraglich oder tariflich festgelegten Arbeitszeit gehören. Oft sind Überstunden unbezahlt. Sie können gelegentlich durch Freizeitausgleich abgegolten werden.

In vielen Branchen gilt die Fünf-Tage-Woche. Doch nur für recht wenige Arbeitnehmer sind freie Wochenenden Realität. Viele müssen auch am Samstag arbeiten, manche sogar am Sonntag. Und auch, wer eigentlich dienstfrei hat, erledigt oft noch am Wochenende berufliche Tätigkeiten.

Der Gesundheit ist das wenig zuträglich. Überlange Arbeitszeiten und mangelnde Erholungszeit können krank machen und sogar die Lebenszeit verkürzen.

Ideal ist eine ausgeglichene Work-Life-Balance, bei der der Mensch auch noch eigenen Interessen nachgehen, soziale Kontakte pflegen und das Leben genießen kann.

5.4 Übergang Schule/Studium – Beruf

Wenn das Ende der Schulzeit näher rückt, müssen junge Menschen für sich die Entscheidung treffen, wie sie sich beruflich orientieren wollen. Je nach Art des Abschlusses stehen ihnen verschiedene Möglichkeiten wie eine Lehre oder ein Studium offen. Wer noch völlig unentschlossen ist, kann nach der Schule auch erst mal ein Jahr Auszeit nehmen und einen Bundesfreiwilligendienst, ein Freiwilliges soziales Jahr (FSJ) oder ein Freiwilliges ökologisches Jahr (FÖJ) machen. Doch ewig aufschieben lässt sich die Berufswahl für niemanden.

5.4.1 Informieren

Bevor ein Beruf in Erwägung gezogen wird, sollten zuerst so viele Informationen wie möglich dazu eingeholt werden. Selbst wenn jemand schon ziemlich sicher ist, was er machen möchte, ist es absolut empfehlenswert, sich gründlich zu informieren. Nicht selten stellt sich dann allmählich heraus, dass der Traumjob doch nicht so traumhaft ist, wie er erst erschien.

Doch wie kommt man an Informationen? Hilfreich sind professionelle Beratungen sowie die Online-Angebote der Bundesagentur für Arbeit. Viele Berufe haben Standesvertretungen, auf deren Internetseiten Informationsmaterial zur Verfügung steht. Auch Bewerbermessen können interessante Einblicke und Informationen geben. Berufsberatungen, die an vielen Schulen angeboten werden, sollte man auf jeden Fall in Anspruch nehmen.

Die wichtigsten Informationen sind oft die aus erster Hand. Also ruhig mal in einem Betrieb fragen, ob man ein kleines Schnupperpraktikum machen kann. Im Internet kann man in Foren Kontakte zu Menschen knüpfen, die bereits in dem Beruf arbeiten oder ihn erlernen. Vielleicht hat man sogar das Glück, dass ein Verwandter oder eine Person aus dem Freundeskreis der Eltern in dem Wunschberuf arbeitet. Dann sollte man die Chance nutzen und denjenigen fragen, ob er etwas von seinem Berufsalltag erzählen kann und ob man vielleicht einmal für einen Tag oder einige Stunden zugucken darf.

5.4.2 Entscheiden für einen Beruf

Wenn ein Beruf vom Tätigkeitsprofil und vom Arbeitsalltag her interessant erscheint, sollte man noch weitere Punkte bedenken, bevor man sich endgültig entscheidet:

- Zukunftsaussichten: Wie stehen die Perspektiven, einen Job zu finden? Wird es den Job auch noch in zehn Jahren geben?
- Gehalt: Kann ich von dem Geld, das ich voraussichtlich verdienen werde, leben?
- Arbeitsalltag: Ist Teamwork erforderlich? Habe ich viel Kundenkontakt?
- Besondere Anforderungen: Muss ich viel unterwegs sein und Dienstreisen auf mich nehmen?
- Kompetenzen: Bringe ich die nötigen Fähigkeiten für den Beruf mit?
- Lebensqualität: Wie sehen die Arbeitszeiten aus? Wie viel Freizeit habe ich? Muss ich Schichtarbeit leisten?
- Ausbildung/Studium: Muss ich dazu umziehen? Wie sieht es mit der Finanzierung aus? Habe ich überhaupt Aussichten, einen Studienplatz/einen Ausbildungsplatz zu bekommen?
- Etc.

Wichtig ist, sich Zeit zu nehmen für die Berufswahl und sich zu keiner Entscheidung drängen zu lassen. Dazu ist die Wahl des zukünftigen Berufs zu wichtig. Zu viel Druck sollte sich aber auch niemand auferlegen. Selbst wenn die erste Wahl sich später nicht als die beste herausstellen sollte, gibt es noch Möglichkeiten, einen Plan B zu ergreifen, etwas Neues zu erlernen, sich umzuorientieren oder umschulen zu lassen. Der heutige Arbeitsmarkt ist in vielen Branchen so flexibel, dass auch Quereinsteiger eine Chance haben.

5.4.3 Bewerben

Egal ob Ausbildung oder (erster) Job: Vor dem Einstieg steht erst einmal der Bewerbungsprozess. Los geht es mit dem Studieren von Stellenanzeigen. Manchmal können auch Bekannte einen Tipp auf eine zu besetzende Stelle geben. Einen Versuch wert kann auch eine Initiativbewerbung sein, also eine Bewerbung, die nicht auf eine konkrete ausgeschriebene Position bezogen ist.

Der erste Schritt besteht darin, ein Bewerbungsschreiben aufzusetzen. Dieses besteht in der Regel mindestens aus einem Anschreiben und dem aktuellen Lebenslauf, gegebenenfalls inklusive Lichtbild sowie Zeugnissen. Im Anschreiben geht es darum, dass sich der Bewerber vorstellt und beschreibt, warum sie oder er für die Stelle geeignet ist. Ein gelungenes Anschreiben setzt voraus, dass man die Anforderungen, die die Stelle mit sich bringt, verstanden hat und sich mit seinen Kenntnissen und Fähigkeiten empfehlen kann. Beim Anschreiben gilt, dass es nicht länger als eine Seite sein sollte. Wichtig ist es, den richtigen Ansprechpartner (falls es einen gibt) in der korrekten Form anzuschreiben.

Der Lebenslauf bildet neben dem Anschreiben das Herzstück der Bewerbung. Er sollte aktuell sein und alle wesentlichen Stationen des Werdegangs enthalten. Der Fokus liegt dabei auf Informationen, die für die jeweilige Stelle relevant sind. Bestehen Lücken im Lebenslauf, also größere Zeitfenster, in denen man vielleicht krank war oder eine Auszeit genommen hat, sollte man dies begründen können. Wenn ein Lichtbild mitgeschickt wird, dann sollte das eine professionale Aufnahme für Bewerbungszwecke vom Fotografen sein. Es ist auf angemessene Kleidung und einen sympathischen Gesichtsausdruck zu achten. Eine private Alltagsaufnahme oder ein Schnappschuss sind ungeeignet.

Dem Lebenslauf werden Zeugnisse und Leistungsnachweise beigefügt. Wichtig sind Schul- und Studienzeugnisse, Arbeitszeugnisse, Praktikums-zeugnisse und Nachweise über relevante Kurse und Fortbildungen und gegebenenfalls Arbeitsproben.

Formal ist bei jeder Bewerbung darauf zu achten, dass keine Rechtschreib- oder Grammatikfehler auftreten. Daher die Unterlagen bestenfalls von mehreren Personen Korrektur lesen lassen. Es sollte sich von selbst verstehen, die Bewerbung mit ordentlichem Druckbild auf sauberes Papier zu drucken.

Viele Menschen mit Autismus-Spektrum-Störungen überlegen, ob sie ihren Autismus auch im Bewerbungsschreiben erwähnen sollen. Möchte man die Vorteile nutzen, die einem Schwerbehinderten von Gesetz wegen zustehen, sollte man seine Beeinträchtigungen auch erwähnen. In anderen Fällen ist es fraglich, ob man sich durch zu viel Ehrlichkeit bei manchen Arbeitgebern nicht die Chance verbaut, dass die Bewerbung überhaupt in Betracht gezogen wird.

5.4.4 Vorstellungsgespräch

Bestenfalls folgt auf eine abgeschickte Bewerbung eine Einladung zu einem Vorstellungsgespräch. Je nach Betrieb und Stelle kann es sich um einen ein- oder mehrstufigen Bewerbungsprozess handeln. Das bedeutet, dass entweder nach dem ersten, oft aber auch erst nach einem zweiten oder dritten persönlichen Gespräch die Wahl auf einen Kandidaten fällt.

Bei einem Vorstellungsgespräch lauern gerade auf Menschen mit Autismus-Spektrum-Störungen, die mit Kommunikation und sozialem Verhalten zwangsläufig etwas mehr Probleme haben, einige Fallstricke. Ihnen sei aber zur Beruhigung gesagt, dass auch sehr viele Menschen, die nicht autistisch sind, grobe Fehler bei einem Bewerbungsgespräch machen. Sich wirklich perfekt präsentieren, können nur ganz wenige. Wer aber übt und einige Regeln beachtet, kann seine Chancen erhöhen.

Vor jedem persönlichen Gespräch sollte man sich gründlich vorbereiten und sowohl Fragen zum Unternehmen, als auch zur eigenen Eignung für die Stelle beantworten können.

Ebenso wichtig (wenn nicht sogar noch wichtiger) als das, was man sagt, ist, wie man auftritt. Es fängt schon bei der Kleidung an. Sie sollte dem Unternehmen und der Position angemessen sein. Freizeitoutfit und ungepflegte Kleidung sind ebenso zu meiden wie zu viel Schmuck und bei Frauen zu viel Schminke. Die Haare müssen gewaschen und ordentlich frisiert sein. Auch die Hände sind ein Aushängeschild und sollten sauber und gepflegt aussehen.

Beim Gespräch sind Höflichkeitsregeln sowie die einem Bewerbungsgespräch eigenen Gesetze zu befolgen. Kaugummi im Mund oder Kopfhörer in den Ohren sind ebenso inakzeptabel wie ein gelangweilter Gesichtsausdruck. Die Gesprächspartner sind freundlich und mit Namen (falls bekannt) zu begrüßen. Auf eine zur Begrüßung ausgestreckte Hand sollte man mit einem verbindlichen Händedruck reagieren. Die Hand des Gegenübers weder zu fest noch zu schlaff drücken. Wichtig ist: Zuhören. Ausreden lassen. Auf Fragen in ganzen Sätzen antworten. Angemessen antworten, also nicht zu viel und zu lange erzählen, sondern die wichtigsten Dinge prägnant auf den Punkt bringen. Das am besten zu Hause vorab üben. Das ist machbar, da die meisten Vorstellungsgespräche einem bestimmten Schema folgen. Es beginnt zumeist mit einem kleinen Small Talk zum warm werden. Darin geht es oft um Themen wie die Anreise des Bewerbers, das Wetter oder die Stadt, in der das Unternehmen angesiedelt ist. Hierauf sollte man freundlich und nicht zu weitschweifig antworten. Es geht nicht darum, ausführlich zu beschreiben, wie beschwerlich die Anfahrt war. Es reicht zu sagen, dass alles gut geklappt hat und man sich freut, hier sein zu dürfen. Weiter geht es oft damit, dass die Firmenvertreter ihr Unternehmen und ihre eigene Person kurz vorstellen. An dieser Stelle heißt es, interessiert zuzuhören und nicht zu unterbrechen. Anschließend ist meistens der Bewerber an der Reihe, etwas über sich zu erzählen. Der Lebenslauf sollte kurz skizziert werden mit Schwerpunkt auf den Aktivitäten, die einen für den neuen Job qualifizieren. Darauf können Fragen etwa nach persönlichen Stärken und Schwächen sowie beruflichen Erfolgen und Misserfolgen folgen. Häufig soll auch begründet werden, warum man sich ausgerechnet für diese Stelle und bei diesem Unternehmen bewirbt. Auf solche und ähnliche Fragen sollte man sich gründlich vorbereiten und Antwortmöglichkeiten trainieren. Es geht nicht darum, sich hier lange über persönliche Schwächen und Misserfolge auszulassen. Der Fokus sollte immer auf den Stärken und Erfolgen liegen.

Eine große Frage, die im Raum steht, ist die, ob man als Autist beim Bewerbungsgespräch vom Autismus berichtet, wenn dies nicht schon im Bewerbungsschreiben der Fall gewesen ist. Es gilt wieder: Möchte man die Vorteile eines Schwerbehinderten in Anspruch nehmen, sollte man die Schwerbehinderung auch erwähnen. Auch wenn dies nicht der Fall ist, man dem Bewerber aber die Autismus-Störung deutlich anmerkt, sollte sie angesprochen werden. Menschen, bei denen kaum Auffälligkeiten festzustellen sind und bei denen auch mit keinen nennenswerten Einschränkungen im Arbeitsalltag zu rechnen ist, können ihren Autismus aber auch verschweigen. In vielen Fällen ist das sogar empfehlenswert.

Wenn man unsicher ist, wie auffällig man im Alltag erscheint, sollte man sich unbedingt eine entsprechende Rückmeldung vom Therapeuten, einem Lehrer oder einem Bekannten geben lassen. Nahe Familienangehörige und enge Freunde, die einen sehr gut kennen und viel Zeit mit einem verbringen, sind oft weniger geeignet, da sie viele Verhaltensweisen, die andere als auffällig bewerten würden, mit der Zeit schon als normal empfinden können.

5.5 Autismus-typische Bedürfnisse kontra moderne Arbeitswelt

Viele Menschen mit Autismus-Spektrum-Störungen stoßen im Arbeitsalltag an ihre Grenzen. Dass sie die Anforderungen der modernen Arbeitsfeld bezüglich Soft Skills und Umgang mit Kollegen nicht erfüllen können und sensorische Probleme mit der Ausstattung am Arbeitsplatz haben, kann ein Grund dafür sein, warum sie oft trotz hoher Qualifikationen keinen Arbeitsplatz finden bzw. einen Arbeitsplatz nicht halten können.

Um Frustrationen auf allen Seiten vorzubeugen, sollten Autisten die eigenen Fähigkeiten, mit den Anforderungen der Arbeitswelt umzugehen, möglichst realistisch einschätzen können. Zudem sollten sie in Erfahrung bringen, wie genau der Arbeitsalltag in einem bestimmten Unternehmen aussieht, bevor sie sich dort bewerben. Solche Informationen können Anhaltspunkte geben, ob die Stelle für sie geeignet ist oder eher nicht.

Mit Kollegen sollten sie vorab klären, dass sie die Mittagspause lieber alleine verbringen möchten, und ihnen erläutern, warum Aktivitäten nach Dienstschluss oft zu anstrengend sind. Nicht alle, aber doch gewiss einige Kollegen werden dafür Verständnis aufbringen. Für Menschen mit Autismus-Spektrum-Störungen sind zudem Konstanten in ihrem Arbeitsalltag sehr wichtig. Gleichförmige Abläufe, Routinen und Rituale verbessern ihre Leistungsfähigkeit. Hingegen erzeugen Veränderungen, unklare Strukturen und ständig neue Regeln Stress. Dieser Stress kann sich in Angst- und Panikattacken und sogar in Form von aggressiven Ausbrüchen entladen. Die Leistungsfähigkeit der Betroffenen leidet darunter. Dieses Bedürfnis nach Gleichförmigkeit und andere Besonderheiten von Autisten stehen im Widerspruch zu den Ansprüchen der modernen Arbeitswelt, in der Flexibilität und Spontaneität zu den wichtigsten »Soft Skills« gehören.

Eine Erleichterung für Menschen mit Autismus-Spektrum-Störungen bei der Jobsuche könnte eine Arbeitsvermittlung sein, die vorsortiert, welche Arbeitsstellen geeignet sind. Eine Umfrage der Autismus-Forschungs-Kooperation (AFK) in Berliner Jobcentern hat jedoch ergeben, dass viele der Experten dort kaum Wissen über Autismus mitbringen. Die wichtigsten Merkmale des Autismus wie Einschränkungen in der sozialen Interaktion und Kommunikation sowie Probleme mit Veränderungen sind ihnen unbekannt. Des Weiteren zeigte sich, dass Jobcenter-Mitarbeiter dazu neigen, die Häufigkeit von Autismus zu unterschätzen. Auch die Stärken von Autisten wie ihr Spezialwissen, ihre Fähigkeit zu logischem Denken sowie ihre Ehrlichkeit und Zuverlässigkeit sind im Jobcenter weitgehend unbekannt. Die Umfrage ergab zudem, dass eine große Menge an Vorurteilen herrscht und viele Arbeitsvermittler schlicht nicht wissen, dass Menschen mit Autismus auch normal bis hoch intelligent sein können und Gefühle haben.[35]

---

35 Zu dieser Untersuchung informiert die Autismus-Forschungs-Kooperation (AFK) in einem ihrer Faltblätter, nachzulesen unter: http://www.autismus-forschungs-kooper ation. de/infomaterial.

Es ist offensichtlich, dass noch viel getan werden muss, bis die Berufswelt auf die Bedürfnisse von Menschen mit Autismus-Spektrum-Störungen angemessen reagieren kann. Essenziell erscheint hier Aufklärung, so dass Menschen an den Schalthebeln wie im Jobcenter oder in Personalabteilungen wissen, was Autismus bedeutet, welche Besonderheiten und Bedürfnisse damit verbunden und wie die betroffenen Personen am besten einzusetzen sind. Je mehr im Vorfeld geklärt und geregelt werden kann, desto geringer ist das Risiko für ein Scheitern am Arbeitsplatz. Durch Aufklärung und Planung ließen sich viele Frustrationen vermeiden.

5.6 Arbeitswelt barrierefrei für Autisten gestalten

Autistische Menschen können sehr wertvolle Arbeitskräfte und viele von ihnen sogar gefragte Experten sein. Voraussetzung dafür ist, dass sie in einem Umfeld eingesetzt werden, das auf ihre besonderen Bedürfnisse abgestimmt ist. Die meisten »normalen« Arbeitsplätze sind das nicht. Sie richten sich allein nach den Ansprüchen und Bedürfnissen nicht-autistischer Menschen. So wie ein Mensch im Rollstuhl nicht den gleichen Weg wie die meisten anderen in den ersten Stock, nämlich die Treppe, nehmen kann, so brauchen Autisten ebenfalls gewisse Strukturen, damit sie in der Arbeitswelt funktionieren können. Fragt man Menschen mit Autismus-Spektrum-Störungen, wie ein Arbeitsplatz gestaltet sein sollte, an dem sie sich wohl fühlen, so werden einige Bedürfnisse immer wieder genannt. Eine Auswahl davon wird im Folgenden vorgestellt.

5.6.1 Akzeptanz

Immer wieder hört man von Menschen mit Autismus-Spektrum-Störungen diesen einen Wunsch: Sie sehnen sich danach, so akzeptiert zu werden, wie sie sind. Nicht belächelt zu werden wegen ihrer Marotten. Sich keine Sprüche anhören zu müssen, wenn sie ihre eigenen Weg gehen und beispielsweise die Mittagspause am Schreibtisch und nicht in der Kantine verbringen wollen. Verständnis dafür, dass sie nur eine Aufgabe nach der anderen bewältigen können und am Multitasking verzweifeln. Sie wollen so sein dürfen, wie sie sind, ohne Angst haben zu müssen, beruflich zu scheitern, weil ihre Kleidung vielleicht mal nicht angemessen ist, sie versehentlich eine Höflichkeitsregel missachten oder weil sie hin und her schaukeln müssen, um nachdenken zu können.

Jeder Mensch hat gewisse Eigenarten. Am Arbeitsplatz wird jedoch häufig ein Prinzip der Gleichheit angestrebt. Wer anders ist und aus der Reihe sticht, fällt im negativen Sinne auf. Nicht nur Menschen mit Autismus ist zu wünschen, dass mehr Toleranz und eine Haltung der Akzeptanz für Andersartigkeit in der Arbeitswelt Realität werden.

5.6.2 Ruhe beim Arbeiten

Allen Menschen geht es so, dass sie sich in ruhiger Atmosphäre am besten konzentrieren können. In einem Großraumbüro mit vielen Kollegen, die telefonieren, Meetings abhalten oder sich dem Small Talk hingeben, fällt es jedem schwerer, seine Arbeit aufmerksam zu erledigen.

Um konzentriert arbeiten zu können, brauchen viele Menschen mit Autismus-Spektrum-Störungen absolute Ruhe. Hintergrundgeräusche und andauernde Gespräche von Kollegen entziehen ihnen die Aufmerksamkeit, die sie eigentlich brauchen würden, um ihrer Arbeit effizient nachzugehen. Völlige Stille ist jedoch an den allermeisten Arbeitsplätzen eine Rarität. Es wird von den Mitarbeitern erwartet, dass sie auch bei einem – je nach Arbeitsplatz spezifischen und unterschiedlichen ausgeprägten Lärmpegel – arbeiten und funktionieren können.

Es ist zu beachten, dass bestimmte Arten von Lärm für Menschen mit Autismus belastender sein können als andere. Während sie es in Werkstätten eher mit Maschinengeräuschen zu tun haben, sind es in Großraumbüros oder Geschäften die Gespräche anderer Menschen. Monotones Maschinenrattern kann für viele Autisten besser auszuhalten sein als in Intensität und Lautstärke an- und abschwellende Gespräche wie bei einem Gespräch.

Allgemein ist bei Menschen mit Autismus-Spektrum-Störungen zu beachten, dass viele von ihnen bei zu vielen Geräuschen und Stimmen um sie herum nicht nur unfähig sind zu arbeiten, sondern es für sie auch nervlich so belastend sein kann, dass sie sehr schnell mit ihren Kräften am Ende sind. Bei Kindern entlädt sich die Anspannung in Form von Aggressionen, Schreien oder Flucht. Für ältere Menschen mit Autismus-Spektrum-Störungen in der Berufswelt sind diese Ventile keine Option mehr. Der innere Druck bleibt jedoch der gleiche und kann krank machen.

Ein ruhiges Arbeitsfeld ist daher eine wichtige Voraussetzung für die erfolgreiche Eingliederung von Autisten in die Arbeitswelt.

5.6.3 Klare Aufgaben und Anweisungen

Menschen mit Autismus-Spektrum-Störungen können sich schwer damit tun, Aufgaben zu priorisieren und zu delegieren. Als eine große Unterstützung empfinden es viele Betroffene, wenn sie genau gesagt bekommen, was sie in welcher Reihenfolge machen sollen, was besonders wichtig ist und was auch mal einen Tag warten kann.

Zu bedenken für Arbeitgeber ist, dass Menschen mit Autismus-Spektrum-Störungen dazu neigen, alle Aufgaben als gleich wichtig anzusehen. Sie haben Schwierigkeiten, Prozesse als Ganzes zu überblicken und herauszufinden, wo die Prioritäten liegen.

Vorgesetzte, die klar und strukturiert arbeiten, die wissen, was wichtig ist und klare Worte und Ansagen machen können, kommen den Bedürfnissen von vielen Autisten entgegen. Mit unklaren Vorgaben, schwammigen Aussagen und Aufgaben, die noch nicht mal der Chef selbst versteht, können sie indes nicht umgehen.

5.6.4 Gründlich einarbeiten

Bei der Einarbeitung eines Menschen mit Autismus-Spektrum-Störung sollte bedacht werden, dass dieser besonders klare und eindeutige Instruktionen benötigt. Viele Autisten können sehr gut autodidaktisch lernen. Für sie sind schriftliche Anleitungen besser geeignet als ein genervter Kollege, der mal eben nebenbei etwas erklärt und vormacht, was dann nachgemacht und innerhalb kurzer Zeit beherrscht werden muss. Generell ist zu bedenken, dass Menschen mit Autismus unter Umständen mehr Zeit benötigen, bis sie sich mit Arbeitsabläufen vertraut gemacht haben und eingearbeitet sind. Dieser erhöhte Zeitaufwand sollte von Anfang berücksichtigt werden und wird häufig dadurch belohnt, dass der Arbeitgeber später eine höchst sorgfältige und gewissenhafte Arbeitskraft erhält.

5.6.5 Stressarme Umgebung

Im Joballtag ist Stress immer häufiger die Regel. Stressresistenz wird vorausgesetzt.

Es gibt Menschen, die bei Stress erst zur Höchstform auflaufen. Andere blockieren völlig, wenn sie unter Zeitdruck stehen und der Stapel an Arbeit eher wächst als kleiner wird. Menschen mit Autismus-Spektrum-Störungen gehören im Allgemeinen zur zweiten Kategorie. Sie sind bei Zeitdruck und Reizüberflutung schnell überfordert. Autisten arbeiten langsam, sorgfältig und gründlich bis ins Detail. Dafür brauchen sie Zeit. Macht man ihnen jedoch Druck, so kommen viele nicht mehr zurecht. Permanenter Stress kann sie schneller krank machen als andere Arbeitnehmer. Es kann so weit kommen, dass sie sich trotz hervorragender fachlicher Qualifikation der Berufswelt nicht mehr gewachsen fühlen und berufsunfähig werden bzw. frühverrentet werden müssen.

Um solche tragischen Wendungen zu vermeiden, sollten Menschen mit Autismus-Spektrum-Störungen von vorneherein an Stellen eingesetzt werden, die möglichst stressarm sind. Die Kollegen sollten dazu angehalten werden, Hektik, Unruhe und Stress von ihnen fernzuhalten.

5.6.6 Genug Zeit geben

Menschen mit Autismus-Spektrum-Störungen arbeiten in der Regel sehr gewissenhaft und gründlich. Sie widmen sich jedem Detail mit Hingabe und sind besonders gut einsetzbar in Bereichen, in denen Sorgsamkeit wichtig ist. Es ist jedoch offensichtlich, dass Gründlichkeit auf Kosten der Zeit gehen muss. Wer schnell arbeitet, arbeitet zwangsläufig oberflächlicher, kann nicht alles bis ins Kleinste prüfen und macht mehr Fehler. In der heutigen Arbeitswelt ist aber genau das oft gefragt. Zeit, alles zu überprüfen, gibt es meistens nicht. Damit kommen viele Menschen mit Autismus-Spektrum-Störungen nicht klar. Sie können mit Zeitdruck und zu eng gesetzten Zeitplänen nicht umgehen. Arbeitgeber sollten dies bedenken und einem Menschen mit Autismus-Spektrum-Störung keine für ihn unerfüllbaren Zeitvorgaben machen. Bestenfalls sollten sie ihn so einsetzen, dass sein Blick und seine Hingabe fürs Detail gewinnbringend genutzt werden können.

5.6.7 Flexibel sein und Inflexibilität zulassen

In der Arbeitswelt ist heutzutage Flexibilität eine jener Fähigkeiten, die sehr viele Arbeitgeber von ihren Mitarbeitern erwarten. Die Angestellten sollen bereit sein, nach Bedarf Überstunden zu machen, fähig sein, ihre Arbeitsabläufe beständig zu ändern und an neue Gepflogenheiten anzupassen und genügend Mobilität mitbringen, um Dienstreisen für das Unternehmen durchzuführen. Im Extremfall sollen sie sogar umzuziehen, um an einem anderen Standort zu arbeiten.

All diese Dinge können Autisten in der Regel nur sehr bedingt leisten. Sie brauchen Routinen, geregelte Abläufe und möglichst viele Konstanten in ihrem Arbeitsalltag. Mit spontanen Änderungen kommen sie nicht zurecht. Wichtig ist für sie auch, dass der werkliche Tagesablauf einigermaßen planbar ist. Das betrifft vor allem das Arbeitsende. Kaum ein Mitarbeiter macht gerne Überstunden. Für Menschen mit Autismus kann es jedoch eine besondere Belastung sein, nicht um die geplante Uhrzeit nach Hause gehen zu können und weiterarbeiten zu müssen. Unter Umständen geraten sie durch die zeitliche Verzögerung in eine derartige Stresssituation, dass an ein sinnvolles Arbeiten ohnehin nicht mehr zu denken ist.

5.6.8 Weniger Licht bitte

Viele Menschen mit Autismus-Spektrum-Störungen haben Probleme mit hellem Tageslicht. Diese Empfindlichkeit geht auf eine besondere visuelle Sensibilität zurück. Betroffene Autisten empfinden infolge ihrer veränderten Wahrnehmung selbst normales Sonnenlicht als unerträglich hell. Sie fühlen sich geblendet und in ihrer Sehfähigkeit beeinträchtigt. Auch bestimmte Arten von Beleuchtung, beispielsweise mir Neonröhren, können sie irritieren.

In vielen geschlossenen Arbeitsräumen ist die Beleuchtung für Menschen mit Autismus nicht ideal. Bei Arbeitsplätzen unter freiem Himmel kann das Sonnenlicht zur Belastung werden. Bei manchen Betroffenen ist die Empfindlichkeit so extrem, dass selbst starke Sonnenbrillen keine Abhilfe mehr verschaffen können.

5.6.9 Nachsicht bei Kommunikationsschwierigkeiten

Menschen mit Autismus-Spektrum-Störungen stoßen im beruflichen Alltag auch oft dann an ihre Grenzen, wenn kommunikative Fähigkeiten gefragt sind. Schon der tägliche Umgang mit den Kollegen kann für sie höchst anstrengend sein. Sich über Projekte, Fortschritte und Schwierigkeiten auszutauschen, erscheint vielen Autisten fast als ebensolche Zeitverschwendung wie Small Talk zu führen oder sich dem Büroklatsch hinzugeben. Sie neigen dazu, nur dann mit anderen Menschen zu sprechen, wenn sie etwas von ihnen wollen bzw. wenn sie einen Zuhörer brauchen, um von einem für sie wichtigen Thema zu berichten. Miteinander zu sprechen, um in Kontakt zu kommen oder eine Beziehung aufrechtzuerhalten bzw. zu vertiefen, ist für sie eine eher sinnlose Beschäftigung. Viele Kollegen haben dafür jedoch kein Verständnis und empfinden das Verhalten des autistischen Menschen als unhöflich, unfreundlich, arrogant oder unkollegial. Es gilt oft zum Leidwesen vieler Autisten: Wer sich nicht am Firmenklatsch beteiligt, steht auch sonst außen vor und hat das Nachsehen.

Auch wenn aus Menschen mit Autismus-Spektrum-Störungen und ihren Kollegen nicht die besten Freunde werden müssen; es sollte dennoch ein von gegenseitigem Respekt, Hilfsbereitschaft und Toleranz geprägtes Klima herrschen. Gefördert werden kann dies zum Beispiel durch Schulungen von Autismus-Experten.

5.6.10 Mittagspause als kollegenfreie Zone

In den meisten Betrieben gibt es unter den Mitarbeitern bestimmte Rituale und Gepflogenheiten wie der gemeinsame mittägliche Gang in die Kantine, eine gemeinsame Frühstückspause oder ein morgendliches Plaudern in der Teeküche. Oft gibt es auch regelmäßige Zusammenkünfte außerhalb der Arbeitszeit wie einen gemeinsamen Stammtisch an einem bestimmten Wochentag, monatlich stattfindende Ausflüge mit der ganzen Abteilung oder gemeinsame Aktivitäten am Wochenende. Gesellschaftliche Großereignisse sind in vielen Firmen Sommerfeste und Weihnachtsfeiern. Auch wenn die Teilnahme in der Regel zumindest offiziell freiwillig ist, ist es nur in Ausnahmefällen empfehlenswert, als Arbeitnehmer nicht zu erscheinen.

Das soziale Miteinander spielt im beruflichen Alltag eine zunehmend große Rolle. Niemand kann sich dem problemlos auf Dauer entziehen. Auch von Menschen mit Autismus-Spektrum-Störungen wird sehr oft erwartet, dass sie zumindest ab und zu mit in die Mittagspause gehen und nicht jedes Jahr aufs Neue die Teilnahme an der Weihnachtsfeier absagen. Wünschenswert wäre hier, Kompromisse zu finden, mit denen alle leben können. Ab und zu etwas mit den Kollegen zu unternehmen, kann für Autisten durchaus eine bereichernde Erfahrung sein. Gelingen kann dies, wenn die Kollegen Rücksicht auf den Menschen mit Autismus nehmen und ihn mit ihrem Programm nicht überfordern.

5.6.11 Geeignete Rahmenbedingungen

Wünschenswert ist, dass in größeren Unternehmen mindestens ein Integrationshelfer beschäftigt ist. Die Fachkraft sollte sich speziell mit den Bedürfnissen von Menschen mit Autismus-Spektrum-Störungen auskennen und als Ansprechpartner für Angestellte mit Autismus zur Verfügung stehen. Sie sollte bei Problemen vermitteln, sich in regelmäßigen Gesprächen nach dem Wohlergehen des Autisten erkundigen und nach der aktuellen Arbeitsbelastung fragen. Die Betroffenen fühlen sich bei guter Betreuung mit ihren Besonderheiten ernst genommen und als Menschen wertgeschätzt.

Mit ihrer Arbeit fördern Integrationshilfskräfte das Funktionieren und den Erfolg des Unternehmens. Sie können Konflikten vorbeugen und mögliche Probleme erkennen, bevor diese eskalieren. Dadurch verbessern sie die Arbeitsbedingungen nicht nur für Menschen mit Autismus-Spektrum-Störungen und erhöhen die Leistungsfähigkeit aller Mitarbeiter.

Förderlich für eine gelungene Eingliederung von Autisten ist zudem, wenn ein Netzwerk aufgebaut wird mit Autismus-Experten. Als Autismus-Experten kommen Fachkräfte vom Autismus-Therapie-Zentrum ebenso in Frage wie niedergelassene Therapeuten. Sie können beispielsweise regelmäßige Fortbildungen im Betrieb anbieten und dadurch die Mitarbeiter sowie die Vorgesetzten über Autismus aufklären. Das kann zu mehr Verständnis und Akzeptanz von Menschen mit Autismus-Spektrum-Störungen führen und das Arbeitsklima insgesamt verbessern. Teilgeschützte Bereiche, die es auch stärker beeinträchtigten Autisten ermöglichen, in einem normalen Unternehmen ihre Fähigkeiten und ihr Wissen erfolgreich anzuwenden, sind ein weiterer Schritt auf dem Weg zur Öffnung der Arbeitswelt für Menschen mit Autismus.

Grundsätzlich sollten Arbeitgeber an Menschen mit Autismus-Spektrum-Störungen nicht dieselben Ansprüche stellen bezüglich Soft Skills, zu denen Teamwork, Flexibilität oder Stressresistenz gehören, wie an andere Mitarbeiter. Vielmehr sollten sie gezielt die Stärken dieser Menschen fördern, die in anderen Bereichen als in den hoch gehandelten Soft Skills liegen. Beispielsweise ist das exzellente Fachwissen vieler Menschen mit Autismus-Spektrum-Störungen eine viel zu oft brachliegende aber nichtsdestoweniger sehr wertvolle Ressource. Offenheit, Mut und der Wille zur Vielfalt sind von Unternehmen gefragt, wenn es darum geht, sich auf diese Menschen einzulassen und über ihre Beeinträchtigungen in der sozialen Interaktion und Kommunikation und ihre mangelnde Flexibilität hinwegzusehen. Belohnt werden Unternehmen, die passende Rahmenbedingungen geschaffen haben, mit zuverlässigen und fachlich erstklassigen Mitarbeitern.

5.7 Übungen für die Praxis

Damit Abläufe im Arbeitsalltag möglichst reibungslos erfolgen, müssen oft grundlegende Strukturen verändert werden, um den Arbeitsalltag an die Bedürfnisse von Menschen mit Autismus-Spektrum-Störungen anzupassen. Bis das flächendeckend erfolgt ist, werden gewiss noch viele Jahre vergehen. Solange werden es weiterhin die autistischen Menschen sein, die Schritte auf die Gesellschaft zumachen und sich an die Regeln und Gesetze der Arbeitswelt der Nicht-Autisten anpassen müssen. Auch wenn dies nicht der Sinn der Inklusion ist, so ist das Anpassen-Müssen für viele Autisten tägliche Realität. Aus diesem Grund werden im Folgenden einige Tipps zu häufigen ungeschriebenen Regeln in der Arbeitswelt gegeben.

5.7.1 Tue Gutes und rede darüber

Wer in die Arbeitswelt einsteigen und später im Job aufsteigen möchte, muss vor allem eins können: Sich selbst vermarkten. Oft kommt es heutzutage nicht mehr (nur) darauf an, was jemand kann, wie viel Fachwissen und welche Fähigkeiten er hat. Wichtiger wird immer mehr, wie die Person ihre Fähigkeiten und Leistungen präsentieren kann.

Viele Menschen mit Autismus-Spektrum-Störungen sind eher bescheiden. In ihrem Auftreten sind sie unauffällig und zurückhaltend. Sich selbst in den höchsten Tönen zu loben, zu übertreiben und sich beim Chef mit allen Mitteln beliebt zu machen, liegt vielen von ihnen fern. Doch genau darum geht es sehr oft in der Arbeitswelt. Um unter diesen Bedingungen mithalten und Erfolg haben zu können, muss man lernen, sich selbst darzustellen. Dazu sind ein gesundes Selbstvertrauen und das Wissen um die eigenen Qualitäten erforderlich. Es kann helfen, Listen anzulegen mit beruflichen Erfolgen und Leistungen sowie mit Dingen, die man gut kann und auf die man stolz ist. Schwieriger ist es, bei den richtigen Gelegenheiten auf die eigenen Leistungen hinzuweisen. Nicht-autistische Menschen sind hier klar im Vorteil, da ihnen ihr soziales Gespür sagt, wann ein günstiger Zeitpunkt zur Selbstdarstellung gekommen ist. Menschen mit Autismus-Spektrum-Störungen können aber schon mal damit beginnen, immer dann ihre eigenen Leistungen prägnant und mit Beispielen unterlegt zu präsentieren, wenn der Chef danach fragt oder im Kollegenkreis über Erfolge gesprochen wird.

5.7.2 Spreche die Sprache deines Betriebs

In vielen Branchen ist eine bestimmte Form der Sprache üblich. In einem Jeansladen mit lockerem Umgang wird anders mit Kunden geredet als in einer Bank. Es gilt, den branchenüblichen Jargon zu beherrschen. Mit Hilfe von lieben Kollegen oder einer Fachkraft für Coaching können Menschen mit Autismus-Spektrum-Störungen die Sprache ihres Jobs lernen. Hilfreich ist es, typische Situationen nachzustellen und sich dabei filmen zu lassen. Neben einer Analyse der gesprochenen Sprache kann zusätzlich auch gemeinsam ein Feedback zur Körpersprache erarbeitet werden.

Sehr wichtig für viele Berufe ist es zudem, gut telefonieren zu können. Auch das kann man üben. Typische Gespräche aus dem Arbeitsalltag können mit einem Trainer – beispielsweise einem Jobcoach oder dem Therapeuten – und zwei Handys nachgespielt werden. Wichtig ist, nur konstruktive Kritik zu üben. Auch ein Mensch mit Autismus-Spektrum-Störung braucht die Rückmeldung, dass etwas von dem, was er tut, gut ist.

5.7.3 Teamwork wagen

Eine der am häufigsten verlangten Soft Skills ist Teamwork. Die Fähigkeit, an Projekten zusammen mit anderen Menschen arbeiten zu können, Vorgänge abzusprechen und Arbeitsabläufe gemeinsam zu planen, ist in sehr vielen Berufen gefragt. Viele Autisten haben genau damit Probleme. Sie arbeiten am liebsten alleine und verwenden dann nur die ihnen richtig erscheinenden Vorgehensweisen. Meistens führt das bei ihnen sogar zu einem besseren Erfolg, als wenn sie zum Teamwork genötigt werden. Menschen mit Autismus-Spektrum-Störungen sollten daher auch bevorzugt so eingesetzt werden, dass sie weitgehend für sich alleine arbeiten können. Wenn dies im Traumberuf nicht möglich ist und der Betroffene an seinen Fähigkeiten arbeiten möchte, im Team zu funktionieren, kann diese Fähigkeit trainiert werden. Sinnvoll ist es, zunächst zusammen mit einem Trainer (dem Therapeuten, einem Jobcoach oder einer vertrauten Person) die Funktion von Teamarbeit und dann die eigene Rolle im Team zu reflektieren. Folgende Fragen können dabei beantwortet werden:

- Wie funktioniert Teamarbeit in meinem Job?
- Welche Regeln gelten bei uns?
- Wann funktioniert ein Team besonders gut?
- Bei welchem Verhalten funktioniert ein Team nicht?
- Welche Rolle habe ich meistens in Teams?
- Welche Rolle würde ich gerne einnehmen?

Anschließend kann zusammen mit vertrauten Kollegen oder Freunden in einem Rollenspiel das Arbeiten im Team geübt werden. Gut ist es, dabei zu filmen, um anschließend gezielt ein Feedback geben zu können.

5.8 Ziele für eine inklusive Arbeitswelt

Für viele Unternehmen zählt nur eins: Profit. Sie wollen die vorhandenen Ressourcen bestmöglich ausnutzen, um den höchstmöglichen Gewinn zu erzielen. Einen Menschen mit Autismus-Spektrum-Störung, also einer als Behinderung klassifizierten Besonderheit, einzustellen, mag dem im ersten Augenblick entgegenstehen. Immerhin bedeutet es einen zeitlichen und finanziellen Mehraufwand, einen solchen Kollegen einzuarbeiten, das Umfeld auf diese Person einzustellen und Arbeitsabläufe anzupassen.

Dennoch kann es sich lohnen und zum wirtschaftlichen Erfolg beitragen, wenn Unternehmen auch auf Menschen mit Autismus-Spektrum-Störungen setzen. Viele Autisten sind erstklassige Spezialisten. Vor allem Menschen mit dem Asperger-Syndrom fangen oft sehr früh an, sich mit einem bestimmten Themengebiet zu befassen. Manche lernen schon von klein an chemische Formeln, Fremdsprachen oder das Programmieren von Computern, waren in der Schule immer die Besten in ihrem Fach und haben auch an der Universität die Kommilitonen übertrumpft. Trotz ihrer Einschränkungen im kommunikativen und sozialen Bereich wäre es ein immenser Verlust, diesen Menschen keine Chance in der Arbeitswelt zu geben. Ihre Fähigkeiten auf Dauer brachliegen zu lassen, sollte sich unsere Gesellschaft nicht leisten. Viele Autisten arbeiten zudem in der Regel nicht in der ersten Linie darum, weil sie an Geld, Macht oder Statussymbolen interessiert sind. Gerade die Spezialisten unter ihnen arbeiten, weil sie ihre Tätigkeit lieben, weil sie für das Thema innerlich brennen und oft auch, weil bei ihnen Hobby und Arbeit verschmelzen.

Menschen mit Autismus-Spektrum-Störungen, die keine Fachkräfte sind, bringen dennoch Eigenschaften mit, die sie zu wertvollen Arbeitnehmern machen. Sie sind höchst loyal, zuverlässig, gewissenhaft und ehrlich. Eigenschaften, die in der oft oberflächlichen, profit- und karrierefokussierten Arbeitswelt selten geworden sind. Viele Menschen mit Autismus-Spektrum-Störungen sprechen zudem direkt aus, was sie denken. Auch wenn offene Worte im ersten Moment nicht immer willkommen sind, kann eine klar geäußerte Kritik auch eine Anregung für eine Veränderung sein. Viele Arbeitnehmer trauen sich nicht zu sagen, was nicht so gut ist, gehen lieber mit Unmut zur Arbeit oder wechseln ihre Stelle anstelle Probleme offen anzusprechen.

Jeder braucht mal jemanden, der auf den offen stehenden Hosenstall oder den aufgesprungenen Blusenknopf aufmerksam macht. Einem Mensch mit Autismus wird so etwas mit Sicherheit auffallen und bestenfalls spricht er das vor einer Besprechung an – und nicht mitten drin.

5.9 Projekte und Ansätze

Noch sind geeignete Arbeitsplätze für Menschen mit Autismus-Spektrum-Störungen auf dem ersten Arbeitsmarkt eine Seltenheit. Ein großer Anteil von ihnen ist arbeitslos oder arbeitet in Jobs, für die sie oder er überqualifiziert ist. Doch es gibt auch Positives zu vermelden: Es gibt bereits erste Unternehmen, die gezielt Menschen mit Autismus-Spektrum-Störungen als Fachkräfte suchen. Ein Beispiel dafür ist das dänische Unternehmen Specialisterne (dänisch für »die Spezialisten«), ein dänisches Sozialunternehmen oder Social Enterprise. Es zeichnet sich dadurch aus, dass es die Fähigkeiten von Menschen mit Autismus als Wettbewerbsvorteil am Markt nutzen möchte. Das Unternehmen bietet Dienstleistungen wie Software Testing, Qualitätssicherung oder Digitalisierung von Daten an. Dabei stellt das Unternehmen sicher, dass die Arbeitsbedingungen für die Consultants mit Diagnose aus dem Autismus-Spektrum geeignet sind. Gegründet wurde Specialisterne 2004 von Thorkil Sonne, dessen Sohn mit frühkindlichem Autismus diagnostiziert wurde. Sonne erkannte, dass sein Sohn bestimmte Begabungen aufweist, die auf dem Arbeitsmarkt speziell in der IT-Branche vorteilhaft sind. 2008 spendete Sonne alle Anteile an Specialisterne der Specialist People Foundation. Er verfolgte damit das Ziel, eine Million Jobs weltweit für Menschen mit Autismus zu schaffen. 2013 wurde Specialisterne in den USA gegründet, heute gibt es Specialisterne-Organisationen auch in Österreich, Island, Deutschland, Kanada, Schweiz, Irland, Großbritannien, Polen, Spanien, Schweiz und Norwegen. Ein Blickfang ist das Logo von Specialisterne. Es zeigt den Löwenzahn, eine Pflanze, die viele Menschen als lästiges Unkraut betrachten, die aber tatsächlich eine wertvolle medizinische Nutzpflanze ist. Damit wird angedeutet, dass auch Menschen Talente haben können, die nicht jedem gleich offensichtlich sind.[36]

Eine deutsche Initiative ist das IT-Dienstleistungsunternehmen Auticon GmbH (Eigenschreibweise: auticon), von Dirk Müller-Remus im November 2011 gegründet. Müller-Remus, Vater eines autistischen Kindes, erhielt Unterstützung des Münchner Ananda Social Venture Funds. Die Philosophie des Unternehmens:

---

36 https://at.specialisterne.com/

Ausschließlich Menschen mit Autismus-Spektrums-Störungen als IT-Consultants einstellen. Dabei sollen die spezifischen Fähigkeiten und Eigenschaften, die viele Menschen im Autismus-Spektrum aufweisen und zu denen ausgeprägtes logisches Denken, ein hohes Detailverständnis und die Fähigkeit, lange konzentriert zu arbeiten, gehören, zum Einsatz kommen, um bestimmte Aufgaben zu erfüllen. Geeignete Arbeitsfelder sind die Qualitätssicherung, insbesondere für das Testen und Optimieren von Software. Weiterhin sind im Unternehmen Integrationshelfer (Job Coaches genannt) beschäftigt. Sie sollen als Schnittstelle zwischen den autistischen Mitarbeitern und den Kunden fungieren und bei der Arbeitsplatzgestaltung und Kommunikation unterstützen. 2018 arbeiteten in diesen Konstellationen ca. 200 Mitarbeiter in der Firma, davon sind über 150 Menschen im Autismus-Spektrum. Die Vergütung der Consultants erfolgt zu marktüblichen Konditionen, auch eine Teilzeitbeschäftigung ist möglich. Das Unternehmen sieht sich selbst als ein Social Enterprise. Neben der Hauptniederlassung in Berlin und der neuen Hauptniederlassung in München gibt es noch Standorte in Düsseldorf, Frankfurt am Main, Stuttgart, Hamburg, London und Paris.[37]

Die Unternehmensgruppe »SALO + PARTNER« will am Arbeitsmarkt benachteiligte Menschen unterstützen, neue berufliche Perspektiven zu entwickeln. Seit 2004 arbeitet »SALO + PARTNER« mit Jugendlichen, jungen Erwachsenen und Erwachsenen zusammen, die entweder das Asperger-Syndrom, »High functioning« Autismus oder Atypischen Autismus haben. Zu ihrem Angebot gehört die Rehabilitationsmaßnahme AuReA (Autismus – Rehabilitation – Arbeit). Deren Ziel ist es, Autisten gezielt zu fördern, um ihnen den Zugang zum ersten Arbeitsmarkt im Sinne einer beruflichen Erst- oder Wiedereingliederung zu ermöglichen. Es findet dabei eine enge Zusammenarbeit mit dem Umfeld der Betroffenen statt, also vor allem mit der Familie, Betreuern und Therapeuten. Angestrebt wird eine Vermittlung in eine betriebliche Ausbildung oder in ein festes Arbeitsverhältnis. Experten von AuReA helfen vor Ort und begleiten den Menschen mit Autismus bei seinem beruflichen Einstieg. Zudem bauen sie unterstützende Netzwerke am Heimatort auf.[38]

Es gibt noch weitere Anlaufstellen in Deutschland, die Menschen mit Autismus-Spektrum-Störungen helfen, beruflich Fuß zu fassen. Ansprechpartner in Autismus-Therapiezentren können Auskunft darüber geben, ob es vor Ort entsprechende Organisationen gibt.

5.10 Inklusion in der Arbeitswelt – sinnvoll oder nicht?

Inklusion auf dem Arbeitsmarkt sollte eine Selbstverständlichkeit sein. Kein Mensch darf wegen einer Behinderung oder Krankheit diskriminiert werden.

---

37 https://auticon.de/
38 https://www.salo-partner.de/fuer-menschen-mit-autismus/

Das bedeutet aber nicht, dass jeder alles machen sollte und für alles gleich gut geeignet ist. Ein Rollstuhlfahrer sollte nicht als Dachdecker arbeiten wollen. Die meisten Menschen mit Autismus-Spektrum-Störungen sind eher schlecht beraten, wenn sie einen Beruf wählen, der hohe Ansprüche an die sozialen und kommunikativen Fähigkeiten stellt, bei dem Zeitdruck und Stress unvermeidlich sind oder der in einer reizüberfluteten Umgebung stattfindet. Barkeeper in einer Diskothek erscheint daher als eine ungeeignete Berufswahl.

Bei den allermeisten Arbeitsplätzen können aber auch Menschen mit Autismus-Spektrum-Störungen erfolgreich eingesetzt werden – ihre fachliche Qualifikation vorausgesetzt. Strukturen, die dann nicht passen, sollten im zumutbaren Rahmen so von dem Arbeitgeber verändert werden, dass der Autist ohne Einschränkungen arbeiten kann.

Viele Menschen mit Autismus-Spektrum-Störungen wollen den Zugang zum ersten Arbeitsmarkt. Sie wollen mit nicht-autistischen Menschen konkurrieren und wollen ihre Fähigkeiten und Qualifikationen nutzbringend einsetzen. Ihnen sollte genau das auch ermöglicht werden.

Betroffene jedoch, die sehr viel Hilfe im Alltag benötigen, die eine ständige unterstützende Begleitung brauchen und nur gering oder gar nicht qualifiziert sind, sollten nicht zwanghaft auf den ersten Arbeitsmarkt gedrängt werden. Hier sind Frustrationen und Enttäuschungen auf beiden Seiten vorprogrammiert. Sinnvoller und auch gesünder für schwer betroffene Menschen mit Autismus-Spektrum-Störungen ist es häufig, in einem geschützten Bereich zu arbeiten, wo Therapeuten und spezialisierte Fachkräfte eine enge Betreuung ermöglichen können. Dies sollte im Einzelfall und immer im Interesse des betroffenen Menschen entschieden werden. Zudem ist wichtig, regelmäßig zu überprüfen, ob ein Zugang zum »normalen« Arbeitsmarkt nach einiger Zeit nicht doch möglich ist.

5.11 »Menschen in die Gesellschaft holen«: Gedanken aus einer Diskussion mit der Autismus-Forschungs-Kooperation in Berlin über Inklusion

Die »Autismus-Forschungs-Kooperation« (AFK) ist ein Zusammenschluss von Menschen mit Autismus-Spektrum-Störung und Wissenschaftlern von der Freien Universität Berlin. Die 2007 gegründete Arbeitsgruppe beschäftigt sich mit Fragen, die für Menschen mit Autismus relevant sind und erforscht diese mit verschiedenen wissenschaftlichen Methoden. Regelmäßig stellt die Gruppe ihre Ergebnisse auf wissenschaftlichen Tagungen vor. Die AFK ist die erste Gruppe im deutschsprachigen Raum, bei der nicht-autistische Wissenschaftler und Autisten mit Erfolg gemeinsam und auf Augenhöhe forschen. Sie kann als Beispiel für eine besondere Art der Inklusion gelten. Zu beachten ist freilich, dass es sich bei den Wissenschaftlern um Autismus-Experten handelt, also Menschen, die sich

Jahre lange mit Autismus und autistischen Menschen befasst haben. Sie wissen genau, wo die Grenzen von Menschen mit Autismus-Spektrum-Störung liegen und wie der Umgang mit ihnen gelingen kann.

Beim Thema Inklusion und Autismus-Spektrum-Störung ist zunächst zu erklären, warum die betroffenen Menschen, die sich oft gar nicht als behindert empfinden und sehr empfindlich reagieren können auf den Begriff »Behinderung«, überhaupt der Inklusion bedürfen. Diese Frage wurde sehr kontrovers diskutiert.

Zu unterscheiden ist erst einmal, wie stark der Autismus ausgeprägt ist. Bei schweren Fällen ist in jedem Fall von einer Behinderung zu sprechen. Menschen mit Asperger-Syndrom empfinden sich jedoch häufiger von der Gesellschaft behindert als dass die Behinderung ein Teil von ihnen wäre. Dennoch ist Inklusion auch bei Menschen mit leichten Autismus-Formen vonnöten. Schließlich ist eine Benachteiligung dieser Menschen aufgrund ihrer unterschiedlich ausgeprägten Besonderheiten sehr oft Realität in nahezu jedem Lebensbereich. Der Begriff »Behinderung« kann hier insofern zweckdienlich sein, um der unaufgeklärten Gesellschaft beizubringen, dass auch sehr intelligente und körperlich unversehrte Menschen der Inklusion bedürfen. Doch was verstehen Menschen mit Autismus-Spektrum-Störung unter Inklusion? Welche Wünsche haben sie diesbezüglich an die Gesellschaft?

Betont wurde, dass die Vorstellungen und Interpretationen von Inklusion bei Autisten individuell sehr unterschiedlich ausfallen können. So gibt es auch Fälle und Situationen, in denen Menschen mit Autismus-Spektrum-Störung gar nicht nach Inklusion streben, etwa in sehr gruppendynamisch geprägten Bereichen. Hier bevorzugen es einige sogar, ein Stück außen vorzustehen.

Allgemein lässt sich vielleicht am ehesten sagen, dass Inklusion als die Einbringung von Menschen in die Gesellschaft verstanden wird, die durch individuell unterschiedliche Faktoren begründet Probleme mit der gesellschaftlichen Teilhabe haben. Vielen Autisten geht es in einem ersten Schritt der Inklusion um die Anerkennung dessen, dass alle Menschen unterschiedlich sind, d. h. alle unterschiedliche Stärken und Schwächen, Fähigkeiten und Interessen haben. Inklusion bedeutet dann, dass jeder die Chance bekommen sollte, sich mit seiner Ausstattung an Fähigkeiten und Interessen gleichberechtigt und gleichwertig in die Gesellschaft einzubringen. Den gleichen Maßstab an alle anzusetzen, etwa bei der Beurteilung der Leistung, schließt das aber aus. Dies fordert freilich von der Gesellschaft ein hohes Maß an Flexibilität, Lernbereitschaft, Toleranz und Anpassungsvermögen. Inklusion muss umfassend sein und alle Lebensbereiche einschließen. Sie darf nicht Halt machen bei den beiden großen Komplexen Bildung und Berufswelt. Auch in politischen Parteien, Interessenverbänden, Gewerkschaften etc. muss Inklusion gelebt werden. Dies erfordert wiederum grundlegende Aufklärung über das Phänomen Autismus bei so zentralen Stellen wie Gewerkschaften, Arbeitsagenturen bzw. Jobcentern und in politischen Parteien. Verbesserungen sind nur dann möglich, wenn Menschen an den entscheidenden Schalthebeln wissen, wo die Probleme liegen. Gerade vonseiten der Politik erleben viele Menschen Inklusion in Deutschland als noch zu wenig gewollt und gefördert. Es fehlt noch zu oft an positiven Initiativen und Bemühungen.

So zeigten die Erfahrungen vieler AFKler beim Blickpunkt Schule, dass an staatlichen Schulen noch ein großer Nachholbedarf besteht. Am System Schule sind besonders die vielen verschiedenen Lehrer, die häufigen Lehrerwechsel, fehlende Ruheräume, zu viel Lärm, zu viel Unvorhersehbares, unstrukturiertes Lehrmaterial, zu viele formale Zwänge ungeeignet für Autisten. Ähnlich sieht es im beruflichen Alltag aus. Verbesserungen müssen individuell ausfallen und persönliche Bedürfnisse des einzelnen berücksichtigen, denn, da sind sich die meisten AFKler einig, den einen idealen Arbeitsplatz für alle Menschen mit Autismus gibt es nicht. Für einige Menschen kann Heimarbeit eine Lösung sein, längst aber nicht für alle. Wichtig ist, dass nicht nur Stärken genutzt, sondern auch Schwächen berücksichtigt und akzeptiert werden. Viele Menschen mit Autismus wollen von ihrem Umfeld nicht als Behinderte oder Kranke bezeichnet werden. Helfen können hingegen eine umfassende Aufklärung des Umfelds sowie ein Coach, der regelmäßig schaut, ob alles in Ordnung ist und bei Fragen und Problemen unterstützend zur Seite steht.

Inklusion um jeden Preis, für jeden und überall erzwingen zu wollen, ist hingegen abzulehnen. Das kann Menschen mit Autismus-Spektrum-Störungen überfordern. So sollten Ausbildungsmöglichkeiten oder Arbeitsplätze zwar herausfordern, aber nicht die Grenzen des Leistungsvermögens überschreiten.

Vereinzelt wurde auch von positiven Erlebnissen berichtet. Von Arbeitsplätzen, auf denen Menschen mit Autismus einerseits ihre Besonderheiten als Stärke einbringen können und wo man andererseits ihre speziellen Bedürfnisse (erhöhtes Ruhebedürfnis, Abneigung gegenüber körperlichen Berührungen etc.) akzeptiert hat. Es könne helfen, offen darüber zu sprechen, was man braucht, möchte und was man ablehnt oder nicht gut kann. Es zeigte sich zudem, dass gelungene Inklusion manchmal auch nur auf einen oder wenige Menschen zurückgehen kann, nämlich auf Personen, die sich besonders dafür eingesetzt haben. Während das Wissen um die Wichtigkeit von Inklusion und die Bemühungen darum bei einigen Menschen stark ausgeprägt sind, können gleichzeitig große Teile der Gesellschaft mit dem Begriff Inklusion noch wenig oder gar nichts anfangen. Bei Diskriminierung oder Benachteiligung von Behinderten entsteht noch zu selten ein Unrechtsbewusstsein, so die Erfahrung der AFKler. Des Weiteren falle es weiten Teilen der Geschafft schwer, Inklusion und Integration zu trennen.

Die aktuelle Realität für viele Menschen mit Autismus zeigt, dass zumeist sie es sind, die versuchen, sich anzupassen und an die Gesellschaft anzugleichen. Das Recht auf ihr Anderssein wird ihnen fast nie zuerkannt. Zu selten erleben sie, dass auch mal die Gesellschaft oder einzelne Personen Zugeständnisse machen und einen Schritt auf sie zugehen. Es soll hier noch mal betont werden, dass Autist nicht gleich Autist ist. Schon alleine die große Spannbreite des autistischen Spektrums macht Pauschalisierungen unmöglich. Offene Kommunikation auf beiden Seiten ist daher unverzichtbar. Als Pioniere auf dem Weg, Menschen mit Autismus so einzusetzen, dass sie sich wohl fühlen und leistungsfähig arbeiten können, sind Unternehmen wie die dänische Firma »Specialisterne« zu nennen. Sie sind darauf spezialisiert, Menschen mit Autismus-Spektrum-Störungen und bestimmten Fähigkeiten einzustellen. Allerdings finde dort eine Art positiver Diskriminierung statt, da entsprechende Arbeitsplätze Nicht-Autisten oft nicht offenstehen und somit noch keine wirkliche Inklusion stattfindet.

Voraussetzungen für Inklusion sind, dass alle bereit sind, Kompromisse zu schließen und aufeinander zuzugehen. Ohne, dass die Gesellschaft Vielfalt zulässt und will, kann es nicht gehen. Ein Mentalitätswandel und in manchen Kreisen gar eine gesellschaftliche Revolution erscheinen vonnöten. Ein langer Weg liegt also noch vor uns.

5.12 Links zum Thema

Die BAG SELBSTHILFE (Bundesarbeitsgemeinschaft Selbsthilfe von Menschen mit Behinderung und chronischer Erkrankung und ihren Angehörigen, früher BAGH) ist die Vereinigung der Selbsthilfeverbände behinderter und chronisch kranker Menschen und ihrer Angehörigen in Deutschland:

- www.bag-selbsthilfe.de

Die Bundesagentur für Arbeit stellt Seiten im Internet für Menschen mit Behinderungen zur Verfügung:

- www.arbeitsagentur.de/nn_26198/Navigation/zentral/Buerger/Behinderungen/Behinderungen-Nav.html

Materialsammlung zum Thema Autismus und Arbeit:

- https://www.autismus.de/detailseite/47.html

Weitere Links zum Thema Autismus und Beruf:

- https://www.aubi-plus.de/blog/ausbildung-mit-autismus-gute-berufe-fuer-autisten-4275/
- www.autismus-verstehen.de/erwachsene/beruf.html
- www.autismushamburg.de/beruf.html
- https://www.autismus.de/service-und-materialien/arbeit-und-berufliche-bildung.html
- www.bildungsserver.de/Autismus-Asperger-Syndrom-2643.html
- www.autismus-nordbaden-pfalz.de/beruf.htm
- www.integrationsaemter.de/aktuell/72c/index.html
- https://karrierebibel.de/autismus-im-job/
- https://www.salo-partner.de/fuer-menschen-mit-autismus/

6 Inklusion auf allen Ebenen

6.1 Karlas Tagebuch

Liebes Tagebuch,
Bens Leben hat mittlerweile einen geordneten Gang genommen Er arbeitet mit gutem Erfolg in der Goldschmiede. Er fühlt sich nach wie vor wohl in der kleinen Wohnung, die wir ihm unterm Dach eingerichtet haben. Und doch gibt es immer wieder Alltagssituationen, die schwierig für ihn sind und ihn verzweifeln lassen.

Da wäre zum Beispiel Bens Angst vor öffentlichen Einrichtungen und im Straßenverkehr. Egal ob Bürgeramt, Stadtbibliothek oder im Bus zur Arbeit: Überall gibt es Probleme, überall zieht Ben komische Blicke auf sich. Ich gebe zu, dass sein Erscheinen nicht ganz »normal« wirkt: Ben wippt hin und her, wenn er sitzt oder steht, sein Kopf bewegt sich auf und ab und er gibt grunzende Laute von sich. Er macht das, um sich zu beruhigen. Und das sollte doch auch okay sein. Ben tut niemandem etwas zuleide, ist nicht aggressiv und belästigt die Menschen nicht. Gleichwohl fangen fast immer Menschen in seiner Nähe an zu flüstern, Kinder kichern und machen Witze über ihn, manche Jugendlichen pöbeln ihn sogar an. Diese Schikane muss Ben tagtäglich auf dem Weg zur Arbeit aushalten.

Er spricht nicht darüber und tut so, als wäre es ihm egal. Ich weiß aber, dass es ihm nicht egal ist. Es tut Ben weh, wenn andere ihn wie eine Sache behandeln, über die man sich lustig machen darf. Hat eigentlich schon mal jemand darüber nachgedacht, dass auch Bern Gefühle hat? Genau das frage ich mich auch, wenn ich die Bibliothekarin und ihr Verhalten Ben gegenüber erlebe. Ben geht jeden Freitagnachmittag in die Stadtbücherei, um sich neue Bücher auszuleihen. Die Dame sitzt dann immer hinter dem Schalter, taxiert Ben durch ihre Designerbrille und rümpft die Nase abschätzig, wenn er an ihr vorbei auf das Regel mit seinen Lieblingsbüchern über antike Schätze zusteuert. Ben leiht oft dieselben Bücher aus. Dazu muss er sich häufig Kommentare anhören wie »Hast du schon wieder vergessen, was drin steht?«. Abgesehen von den unverschämten Worten finde ich es auch eine Frechheit, dass die Frau Ben einfach duzt. Immerhin ist er 24 Jahre alt und mit seiner Körpergröße von 1,90 Meter mindestens einen Kopf größer als die Dame. Einmal habe ich die Dame auf ihr Verhalten angesprochen und erklärt, dass Ben Autist ist. Daraufhin meinte sie nur »Na, das erklärt alles.« Ihr Verhalten hat sie seitdem nicht geändert.

Ähnlich schwierig ist es, einen vernünftigen Arzt für Ben zu finden. Nur mit unserem Hausarzt sind wir sehr zufrieden. Er kennt Ben seit fünf Jahren und geht wunderbar mit ihm um. Ein großes Problem sind aber Fachärzte und besonders Zahnärzte. Drei haben wir in den letzten zwei Jahren schon »verbraucht«. Erst mal ist da Bens panische Angst vor Zahnärzten. Er lässt sich kaum dazu bewegen, auf dem Behandlungsstuhl den Mund aufzumachen. Eine Zahnärztin hatte dafür zwar viel Verständnis. Doch dann biss Ben ihr – ich weiß nicht, was in ihn gefahren ist – so kräftig in den Finger, dass die Ärztin sich im Krankenhaus behandeln lassen musste. Danach wollte sie Ben nicht mehr behandeln. Bei zwei anderen Zahnärzten war er nicht dazu zu bewegen, den Mund überhaupt zu öffnen. Der eine gab sofort auf und verließ das Behandlungszimmer nach einer Minute mit dem Kommentar »Dann eben nicht«, anstelle mal ein paar nette und beruhigende Worte an Ben zu richten.

Mittlerweile lehnt Ben es völlig ab, zu einem Zahnarzt zu gehen. Ähnlich ist es mit anderen Fachärzten. Weder beim Orthopäden noch beim Augenarzt scheint sich jemand mit Autisten auszukennen. Überall wird man komisch angesehen, nicht für voll genommen und muss noch dankbar sein, überhaupt zum Doktor vorgelassen zu werden.

Traurig finde ich auch, dass Bens Freizeitgestaltung so karg ist. Er sitzt immer nur zu Hause in seiner kleinen Wohnung rum, liest in seinen Büchern, hört Musik oder beschäftigt sich am Computer. Es würde ihm bestimmt gut tun, auch mal raus und unter Menschen zu kommen und an der frischen Luft zu sein.

Ich habe zwei Mal versucht, Ben zu bewegen, einem Verein beizutreten bzw. einen Kurs zu besuchen. Beide Male war es erfolglos. Im Schwimmverein meinte der Trainer, dass es mit Ben keinen Sinn hätte, da seine Bewegungsabläufe beim Schwimmen völlig falsch wären und man das in seinem Alter auch nicht mehr korrigieren könne. Ich glaube, das war nur eine Ausrede, um Ben loszuwerden. Warum sollte ein guter Trainer nicht helfen können, Bewegungsabläufe zu verbessern? Ist dazu nicht ein Trainer da? Beim Kochkurs von der Volkshochschule wurde Ben gleich am ersten Tag rausgeschmissen. Begründung: Betrunkene haben hier nichts zu suchen. Ich habe gar nicht erst versucht, zu erklären, dass Ben nie Alkohol anrührt und es ihm wegen seiner Behinderung Mühe bereitet, in ganzen Sätzen ohne stocken zu sprechen und dass er oft zittert, wenn er nervös ist.

Was ich mir wünsche, ist mehr Offenheit. Warum können Menschen andere Menschen nicht einfach so sein lassen und so nehmen, wie sie sind? Warum müssen sie Menschen wie Ben von vorneherein nur wegen deren äußeren Erscheinungs- und Verhaltensbild ablehnen? Warum müssen sie von Angewohnheiten wie dem Hin und Her-Schaukeln oder dem Äußern von grunzenden Lauten gleich darauf schließen, dass Ben minderbemittelt sein muss und nicht für voll zu nehmen ist? Warum kann die Gesellschaft nicht einfach solche Menschen zulassen? Bei anderen Behinderungsformen wie einer fehlenden Sehfähigkeit oder Querschnittslähmung klappt das doch schon viel besser. Am meisten Ausgrenzung erfahren leider oft die, denen man zwar ein ungewöhnliches Verhalten anmerkt, deren Behinderung aber nicht auf den ersten Blick ersichtlich ist.

6.2 Inklusion in Behörden

Ob Einwohnermeldeamt, Straßenverkehrsamt oder Rathaus – auch Menschen mit Autismus-Spektrum-Störungen müssen sich hin und wieder mit Behörden konfrontieren.

Ein Behördengang ist für jeden mit Unannehmlichkeiten verbunden. Die Wartezeiten sind meistens lang und wenn man endlich dran ist, wird man mit Formularen und Fragen überhäuft. Ziel ist eine schnelle Abfertigung. Die Beamten haben in der Regel wenig Zeit, Vorgänge genau zu erklären. Dafür ist der Andrang in der Regel zu groß. Zudem wird erwartet, dass Menschen, die zum Amt gehen, ziemlich genau wissen, was sie erledigt haben wollen. Für Menschen mit Autismus-Spektrum-Störungen kann der Besuch einer Behörde Stress pur sein. Ihre Anspannung steigt, wenn sie lange mit vielen anderen Menschen im Warteraum ausharren müssen. Vor dem Beamten kann es passieren, dass sie ein totales Blackout bekommen. Vor Aufregung können sie selbst einfache Fragen nicht mehr beantworten und können auch nicht erklären, was sie eigentlich genau wollen. Es kann auch passieren, dass sie in Stereotypien oder anderes Autismus-typisches Verhalten verfallen. Beamte können damit oft nicht umgehen. Viele von ihnen wissen nicht genug über Autismus, als dass sie angemessen auf diese Menschen eingehen könnten.

Menschen mit Autismus-Spektrum-Störungen ist daher sehr zu empfehlen, wichtige Termine auf einem Amt nicht alleine, sondern zusammen mit einer vertrauten Person wahrzunehmen. Des Weiteren sollten sie sich informieren, welchen Service ihre Behörde online anbietet. In immer mehr Orten ist es so, dass Behörden Anträge und ähnliches ins Internet einstellen. Diese Formulare können daheim ausgedruckt und in Ruhe und gegebenenfalls mit Unterstützung einer vertrauten Person ausgefüllt werden. Die ausgefüllten Formulare brauchen dann nur noch am Amt abgegeben zu werden. Manche Prozeduren können sogar ganz ohne eine persönliche Vorstellung beim Amt ablaufen und beispielsweise online erfolgen.

Wünschenswert ist, dass Aufklärung auch an Schalterstellen des öffentlichen Lebens wie in Behörden stattfindet. Für Menschen mit Autismus-Spektrum-Störungen kann es eine Erleichterung darstellen, wenn sie wissen, dass sie am Amt wegen ihres Verhaltens nicht verurteilt oder komisch angeguckt werden. Gleichwohl ist klar, dass im hektischen Alltagsbetrieb selten genug Zeit und Möglichkeiten sind, auf einen Menschen mit Autismus-Spektrum-Störung richtig einzugehen. Erleichterung verschaffen könnten Spezialsprechzeiten, die man zum Beispiel nicht nur für Autisten, sondern generell für Menschen mit Behinderungen anbieten könnte. Die Beamten sollten darauf hingewiesen werden, mit diesem Klientel besonders sensibel umzugehen. Zudem sollten sie die Zeit haben, Vorgänge genau zu erklären, auch unnötig erscheinende Fragen zu beantworten und beim Ausfüllen von Formularen zu helfen. Des Weiteren wäre es schön, wenn auch in Ämtern mindestens eine Integrationshilfskraft zur Verfügung stände, die Menschen mit Autismus-Spektrum-Störungen zu den Beamten begleitet, vermittelt, durch ihre Anwesenheit für Ruhe sorgt und Angst nimmt.

Zu bedenken ist allerdings, dass sich manche Menschen mit Autismus-Spektrum-Störungen entmündigt fühlen können, wenn sie die Hilfe einer Begleitperson in Anspruch nehmen müssen, um die Gespräche mit dem Sachbearbeiter zu führen. Die meisten Autisten wollen Fürsprecher für die eigene Sache sein. Sie wollen ernst genommen werden als erwachsene Personen. Dass die Abläufe am Amt für sie Barrieren darstellen, darf eben nicht bedeuten, dass sich Menschen mit Autismus-Spektrum-Störungen ändern sollten. Vielmehr sollten sich Ämter so weit öffnen, dass sie auch für Menschen mit Autismus-Spektrum-Störungen barrierefrei werden. Ein Schritt in die richtige Richtung kann schon sein, wenn Autisten freigestellt ist, ihre Anliegen gegenüber Behörden schriftlich von zu Hause aus zu erledigen. Dies sollte auch möglich sein, wenn das jeweilige Amt noch keine starke Internetpräsenz hat und Vorgänge gewöhnlich erst bei persönlichem Erscheinen bearbeitet werden.

Der Stress beim Amtsbesuch beginnt aber oft nicht erst beim Betreten des Gebäudes sondern bereits auf der Anfahrt. Ebenso wie die Fahrt zum Arbeitsplatz, zu einem Arzt oder zu einer Freizeitaktivität kann sie eine Barriere darstellen. Viele Menschen mit Autismus-Spektrum-Störungen fühlen sich in öffentlichen Verkehrsmitteln nicht wohl. Zu viele Menschen, zu viele Gerüche, zu viel Lärm – das alles ist Stress pur für sie. Danach noch ein wichtiges Gespräch am Amt auf sich nehmen, kann zu viel sein. Damit die Anfahrt nicht eine der größten Barrieren darstellt, wünschen sich Betroffene zum Beispiel verbindliche Ruhebereiche. Viele Menschen und nicht nur Autisten stören sich in Bus und Bahn am Handygespräch des Nachbarn oder der lauten Unterhaltung der Jugendlichen von der letzten Bank. Den Einsatz von bestimmten Ruhe-Bussen, also Bussen, in denen höchstens Flüstern erlaubt ist, würden bestimmt viele Menschen begrüßen.

6.2.1 Versorgungsamt und Co.

Viele Menschen mit Autismus-Spektrum-Störungen möchten einen Schwerbehindertenausweis beantragen. Doch bis sie diesen bewilligt bekommen, kann ihnen eine lange Auseinandersetzung mit Behörden und Amtsärzten bevorstehen.

Einen Schwerbehindertenausweis muss man beim zuständigen Ver-sorgungsamt beantragen. Dazu muss man den entsprechenden Antrag ausgefüllt zusammen mit einem ärztlichen Gutachten der Diagnose, einem Lichtbild für den Ausweis sowie gegebenenfalls weiteren Attesten und Bescheinigungen ans Amt schicken. Gut ist, wenn bereits im Diagnoseschreiben die mit dem Autismus verbundenen Beeinträchtigungen in verschiedenen Lebensbereichen dargestellt werden. Die Chancen, dass der Schwerbehindertenausweis genehmigt wird, erhöhen sich, wenn der Unterstützungsbedarf genau dargelegt und erläutert ist. Sind die Unterlagen abgeschickt, ist Geduld gefragt. Es kann einige Monate dauern, bis ein Bescheid kommt. Ist alles gut gegangen, so stellt das zuständige Versorgungsamt in seinem Bescheid je nach Ausmaß der Einschränkungen einen bestimmten Grad der Behinderung (GdB) fest. Ab einem GdB von 50 gilt eine Person als schwerbehindert. Mit einem GdB von 30 hat eine Person das Anrecht, sich mit Schwerbehinderten gleichstellen zu lassen.

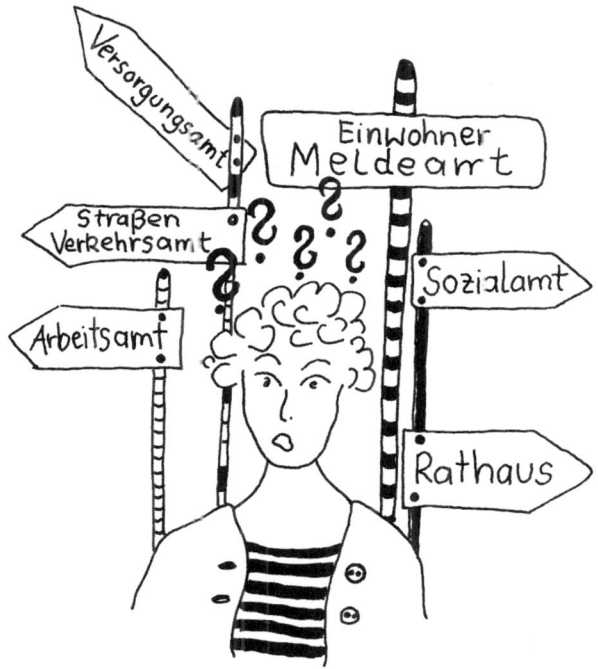

Nach der aktuellen Versorgungsmedizin-Verordnung (VersMedV) vom 01. 01. 2011 kann bei Menschen mit Autismus ein Hilfebedarf zur Teilhabe in der Gesellschaft festgemacht werden. In vier Graden wird aufgeteilt, wie groß dieser Hilfebedarf ist. Ein GdB von 10 bis 20 entspricht der Feststellung »ohne soziale Anpassungsschwierigkeiten«, bei einem GdB von 30 bis 40 liegen »leichte soziale Anpassungsschwierigkeiten« vor, »mittlere soziale Anpassungsschwierigkeiten« entsprechen dem GdB von 50 bis 70 und bei einem GdB von 80 bis 100 sind »schwere soziale Anpassungsschwierigkeiten« vorhanden. Besteht die Diagnose Autismus sollte mindestens von leichten sozialen Anpassungsschwierigkeiten ausgegangen werden. Damit verbunden ist die Möglichkeit der Gleichstellung mit Schwerbehinderten. Dies aber bewilligt zu bekommen, kann ein langer Weg sein. Die Realität sieht so aus, dass ein großer Teil der Anträge zunächst abgelehnt wird. Den Betroffenen bleibt dann der Weg, Widerspruch einzulegen und gegebenenfalls ihr Recht vor dem Sozialgericht einzuklagen.

Menschen mit dem Asperger-Syndrom bekommen – wenn sie dann endlich einen positiven Bescheid erhalten – oft nur einen GdB von 30 zugesprochen, auch wenn ihre Schwierigkeiten erheblich sein können. In sehr schweren Fällen stellen Ämter aber auch beim Asperger-Syndrom einen GdB von 100 fest.

Mit einem GdB von 30 bis 40 können Menschen sich bei der Bundesagentur für Arbeit mit Schwerbehinderten gleichstellen lassen. Dies sollte man dann tun, wenn man ohne Gleichstellung verringerte Chancen hat, einen Arbeitsplatz zu bekommen oder zu behalten. Betroffene haben dann zwar den Status »schwerbehindert«, jedoch kein Anrecht auf Nachteilsausgleiche wie Sonderurlaub.

Mit dem Schwerbehindertenausweis verbunden sind Merkzeichen, die zu einem bestimmten Nachteilsausgleich berechtigen. Für Menschen mit Autismus-Spektrum-Störungen kommen je nach Ausprägung ihrer Beschwerden verschiedene dieser Merkzeichen in Betracht. Eines davon ist das Merkzeichen H (Hilflosigkeit). Die Betroffenen haben unter anderem das Recht, unentgeltlich den öffentlichen Nahverkehr zu benutzen, sie brauchen keine Kraftfahrzeugsteuer zu bezahlen, sofern sie ein Fahrzeug auf ihren Namen zugelassen haben, und sie können einen Pauschbetrag und außergewöhnliche Belastungen in der Einkommensteuer geltend machen. Das Merkzeichen »G« beschreibt eine Einschränkung des Gehvermögens und kann bei sehr starken motorischen Problemen erforderlich sein. Das Merkzeichen B beschreibt die Notwendigkeit ständiger Begleitung.

Wer einen Schwerbehindertenausweis hat, ist oft unsicher, ob eine Verpflichtung besteht, diesen vorzuzeigen. Das ist zu verneinen. Auch bei einer Bewerbung muss man den Schwerbehindertenstatus nicht angeben. Es sei denn, man möchte eventuelle Nachteilsausgleiche und Vergünstigungen in Anspruch nehmen.

Einiges spricht also dafür, einen Schwerbehindertenausweis zu beantragen. Einige Betroffene schrecken jedoch schon im Vorfeld vor einem bevorstehenden Papierkrieg mit den Ämtern zurück. Sie verzichten lieber auf die Hilfe, anstelle sich eine lange und zermürbende Auseinandersetzung anzutun.

6.2.2 Sozialämter: Kampf um die Schulbegleitung

Ähnlich wie bei der Beantragung eines Schwerbehindertenausweises scheinen Betroffenen und ihren Familien auch bei der Genehmigung einer Schulbegleitung oft unnötig Steine in den Weg gelegt zu werden. Viele Eltern müssen eine lange und kraftraubende Prozedur auf sich nehmen, um für ihr autistisches Kind eine Integrationshilfskraft für die Schule zu bekommen. Zuständig sind für die Kostenübernahme die Sozialämter. Gegenüber dem Amt müssen die Eltern den Hilfsbedarf ihres Kindes herausstellen. Ärztliche Atteste und Stellungnahmen der Schulen können hier helfen. Doch bleibt es immer noch in vielen Fällen Interpretationssache des Amtes, ob tatsächlich ein Hilfsbedarf besteht. Reagiert das Amt mit einem ablehnenden Bescheid, können Eltern dagegen Widerspruch einlegen oder mit einer Klage dagegen vorgehen. Prozeduren, die wieder viel Kraft,

Zeit und Engagement erfordern. Es gibt Eltern, die sich von dem Kampf mit den Behörden zermürbt fühlen. Sie haben nicht nur ein autistisches Kind zu Hause, das sehr viel mehr Zeit und Aufmerksamkeit beansprucht als ein Kind ohne Behinderung, sie müssen auch noch mit Behörden darum ringen, das an Unterstützung zu bekommen, was ihnen von Gesetz her zusteht.

Es wäre wünschenswert, Eltern hier zu entlasten. Wenn Inklusion gelebt werden soll, dann sind Integrationshelfer unverzichtbar. Wie die Situation jetzt erscheint – Inklusion ja, aber Integrationshilfskräfte nur vielleicht – erscheint der Wille zur wirklichen Inklusion noch fraglich.

6.2.3 Bundesagentur für Arbeit

Eine beachtliche Gruppe von Menschen mit Autismus-Spektrum-Störungen bezieht Arbeitslosengeld. Entsprechend gehören Auseinandersetzungen mit dem Arbeitsamt für viele von ihnen zum Alltag. Dabei muss beachtet werden, dass die sozialen Kompetenzen der Betroffenen nicht immer ausreichen können, um die eigenen Bedürfnisse gegenüber dem Amt geltend zu machen.

Viele Autisten sind mit einem Besuch in der Arbeitsagentur überfordert. Schon die Atmosphäre dort – viele Menschen, Lärm, helles Licht – kann zu viel sein und reizt die Grenzen der Belastbarkeit aus. Im Gespräch mit den Jobcenter-Mitarbeitern fühlen sich viele Menschen mit Autismus nicht ernst genommen. Oft reden diese in einem Fort auf sie ein. Sie geben nicht genug Zeit zum Antworten und werden ungeduldig, wenn der Autist nicht gleich etwas sagt. Viele Menschen mit Autismus-Spektrum-Störungen brauchen aber nun mal Zeit zum Antworten, zumal wenn es um so wichtige Dinge wie Geld und Arbeitssuche geht. Sie müssen sich genau überlegen, was sie sagen. Andere befürchten, etwas Falsches zu sagen, und grübeln lange, wie sie ihre Gedanken korrekt ausdrücken können. Es kann so weit kommen, dass der Sachbearbeiter aus Ungeduld nur noch Suggestiv-fragen stellt, denen der Mensch mit Autismus-Spektrum-Störung vor Erschöpfung nichts mehr entgegenzusetzen hat und alles einfach abnickt.

Es ist offensichtlich, dass solch eine Art der Gesprächsführung den Interessen des autistischen Menschen nicht förderlich ist und einer nutzbringenden Beratung im Arbeitsamt im Wege steht. Der autistische Mensch fühlt sich ausgeliefert, ist frustriert und verzweifelt. Würde das Personal in Arbeitsämtern mehr über Autismus wissen, dann gäbe es mit Sicherheit auch mehr Verständnis für die Betroffenen und die Stresssituation, die ein Besuch in der Arbeitsagentur für sie bedeutet. Entgegengebrachtes Verständnis ist für viele Menschen mit Autismus-Spektrum-Störungen schon ein großer Schritt hin zur Barrierefreiheit.

6.2.4 Wünsche und Anregungen für Verbesserungen

Oft braucht es nicht viel, um Menschen mit Autismus-Spektrum-Störungen den Umgang mit Behörden zu erleichtern. Im Folgenden werden einige Punkte dargestellt, die als besonders wichtig erscheinen.

Aufklärung

Menschen mit Kundenkontakt in Behörden sollten regelmäßig Fortbildungen zu »unsichtbaren« Behinderungsformen wie denen aus dem autistischen Spektrum erhalten. Es gilt, Vorurteilen und Schnellverurteilungen vorzubeugen und ein Mehr an Verständnis zu erzeugen. Des Weiteren muss den Sachbearbeitern die Tragweite auch einer leichten autistischen Störung wie dem Asperger-Syndrom verdeutlicht werden. Nur dann können sie einsehen, dass diese Menschen einen tatsächlichen Leidensdruck und eine tatsächliche Hilfsbedürftigkeit haben und sich nicht etwa nur anstellen.

Informationen

Für Menschen mit Autismus-Spektrum-Störungen wäre es eine große Erleichterung, wenn sie sich vorab im Internet über Abläufe, Prozeduren etc. genauestens informieren können. Wenn sie spontan und schnell einer Sachbearbeiterin oder einem Sachbearbeiter gegenübersitzend antworten müssen, sind sie sehr schnell überfordert. Wichtig: Für Menschen mit Autismus-Spektrum-Störungen kann die Unplanbarkeit von Behördenbesuchen und die Gefahr, mit Unvorhergesehenem konfrontiert zu werden, eine Barriere darstellen.

Schriftliche Form

Eine weitere große Erleichterung wäre es, wenn Amtsgeschäfte nicht mehr zwangsläufig mit einem persönlichen Erscheinen verbunden sein müssen. Mancherorts lassen sich Anträge schon heute von zu Hause aus übers Internet abwickeln. Dies sollte im Interesse von Menschen mit Autismus-Spektrum-Störungen unbedingt ausgeweitet werden. Auch wenn diese Möglichkeit nicht besteht, sollte zumindest die schriftliche Kommunikationsform mittels Briefen, E-Mails oder Faxen zugelassen werden. Telefonieren ist indes eher ungeeignet für Autisten.

6.3 Ärztliche Versorgung

Menschen mit Autismus-Spektrum-Störungen müssen wie andere Menschen auch hin und wieder zum Arzt gehen. Ein barrierefreier Zugang zur ärztlichen Versorgung ist aber sehr oft nicht gegeben. Das hat verschiedene Ursachen.
   Zum einen sind sensorische Empfindlichkeiten der Betroffenen zu bedenken. Schon das Warten im Wartezimmer kann sie völlig erschöpfen: Ein verhältnismäßig kleiner Raum, viele Menschen, angespannte Stimmung, teils unangenehme Gerüche, Gemurmel, Hintergrundgeräusche wie ein Zeitungsblättern, Furcht

vor Bakterien und Ansteckung sowie die ansteigende Angst vor der Konfrontation mit dem Arzt.

Mit Körperberührungen und dem Angefasstwerden haben viele Autisten ein großes Problem. Ohne Körperkontakt können aber nur die wenigsten Untersuchungen durchgeführt werden. Hier ist es wichtig, dass sich der Arzt Zeit nimmt, behutsam Untersuchungen erklärt und aufhört, wenn es dem autistischen Patienten zu viel wird. Zudem sollten körperliche Berührungen auf ein Minimum beschränkt werden.

Zu beachten für Mediziner ist auch, dass Autisten eine reduzierte oder veränderte Schmerzwahrnehmung haben können. Es kommt vor, dass Betroffene noch nicht mal eine Blinddarmentzündung als sonderlich schmerzhaft empfinden. Ebenfalls zu berücksichtigen ist, dass die Körpersprache der Betroffenen nicht immer übereinstimmen muss mit den vorliegenden Beschwerden. Auch ist bekannt, dass sie Probleme haben können, Schmerzen genau zu lokalisieren oder zu beschreiben. Manchen Patienten fällt es zudem sehr schwer, ihre Beschwerden in Worte zu fassen. Es kann sein, dass sie erst mal einige Minuten überlegen müssen, bis sie auf eine Frage antworten können. Um Missverständnissen vorzubeugen, sollten Fragen präzise, klar und frei von Redewendungen, Floskeln oder Ironie gestellt werden. All dies sollten Ärzte bei der Behandlung und Untersuchung eines Menschen mit Autismus-Spektrum-Störung beachten. Es besteht sonst die Gefahr, dass Symptome falsch beschrieben und verstanden werden und es zu Fehldiagnosen kommt.

Auch die Rahmenbedingungen des Arztbesuches gilt es zu verbessern.

Das gesamte Praxispersonal sollte berücksichtigen, dass sich manche Menschen mit Autismus-Spektrum-Störung Tage lange auf einen Arztbesuch vorbereiten müssen. Die organisatorischen, sozialen und sensorischen Herausforderungen sind für sie ohne Vorbereitung sonst nicht zu bewältigen. Entsprechend erleichternd ist für sie, wenn sie in der Praxis mit Verständnis empfangen werden und man dort versucht, den Arztbesuch so stressfrei wie möglich für sie zu gestalten. Wünschenswert wäre zum Beispiel, dass Termine so gelegt werden, dass Menschen mit Autismus-Spektrum-Störungen nicht lange im vollen Wartezimmer ausharren müssen. Ihnen sollte zumindest angeboten werden, die Wartezeit nicht im Wartezimmer, sondern in einem anderen Raum oder draußen verbringen zu dürfen.[39]

Letzten Endes geht das nicht ohne Aufklärung. Und so erscheint es als dringend erforderlich, dass auch bei den medizinischen Experten Fortbildungen zum Autismus stattfinden. Schon im Rahmen des medizinischen Studiums wäre es wünschenswert, den Umgang mit Menschen aus dem autistischen Spektrum zu lehren. Es ist anzunehmen, dass jeder Arzt in seiner praktizierenden Zeit Kontakt zu Autisten haben wird. Es ist entsprechend wichtig, dass das Fachpersonal auch mit diesen Menschen umgehen kann.[40]

---

39 Mehr dazu siehe Faltblatt der AFK: Autisten beim Hausarzt. Für eine Sprechstunde ohne Hindernisse (AFK) http://www.autismus-forschungs-kooperation.de/infomaterial
40 Ein Übersichtsartikel über Barrieren bei der medizinischen Versorgung autistischer Erwachsener im gesamten IQ-Bereich wurde im Deutschen Ärzteblatt veröffentlicht (Sappok und Dern 2011).

6.4 Freizeit und Vereine

Die Möglichkeiten der Freizeitgestaltung vieler Menschen mit Autismus-Spektrum-Störungen erscheinen karg. Die meisten verbringen ihre freie Zeit zu Hause, gerne vor dem Computer. Andere gehen alleine ihren Hobbys oder monotonen Beschäftigungen nach. Viele von ihnen sind alleine aber auch zu keiner sinnvollen Betätigung fähig. Ein wichtiger Teil der Inklusion betrifft daher auch die Teilhabe von Menschen mit Autismus-Spektrum-Störungen im Bereich Freizeit. Gerade bei Kindern können sich durch den regelmäßigen Kontakt zu anderen Menschen und die Einbindung in eine soziale Struktur Verbesserungen im sozialen Bereich zeigen. Zu berücksichtigen ist ferner, dass durch eine Eingliederung in Freizeitangebote auch Familien und Angehörige entlastet werden. Voraussetzung ist aber, dass sich Vereine, Anbieter von Kursen und Betreiber von Freizeiteinrichtungen auf diese Menschen einstellen. Sie sollten ihnen im übertragenen Sinne »Rampen« bauen und die Hand entgegenstrecken, um die Teilnahme zu erleichtern.

6.4 Freizeit und Vereine

Herausforderungen gibt es dabei genügend zu bewältigen. Menschen mit Autismus-Spektrum-Störungen bringen Einschränkungen mit, die für den normalen Ablauf in einem Verein problematisch sein können. Ihre mangelnde Teamfähigkeit und die Beeinträchtigung der Kommunikation sind nur zwei Beispiele.

Zur Verdeutlichung der Schwierigkeiten soll die Teilhabe in einem Sportverein beschrieben werden. Probleme und Grenzen bereiten hier Unfähigkeit sowie manchmal auch der Unwille, etwas im Team zu machen, Schwierigkeiten in der Abstimmung mit anderen und die Weigerung, als unsinnig empfundene Spielregeln zu beachten. Des Weiteren sind motorische Schwierigkeiten und eine allgemeine Unsportlichkeit bei vielen Autisten zu bedenken. Auch Ängste, in der Vergangenheit gemachte schlechte Erfahrungen, Motivationsprobleme und schlimmstenfalls auch Mobbing von anderen Mitgliedern können die Teilhabe erschweren oder gar verhindern. Dies sollte allen Beteiligten im Vorfeld klar sein. Gelingen kann die Inklusion auch nur dann, wenn alle sie wollen. Hier fällt den Trainern eine entscheidende Rolle zu. Entsprechend wichtig ist es, dass diese Menschen über Autismus aufgeklärt sind. Da es nicht realistisch ist, alle Trainer im Umgang mit Autisten zu schulen, steht zu bedenken, ob nicht in größeren Vereinen eine fachlich ausgebildete Integrationshilfskraft tätig sein sollte, um die Eingliederung von Menschen mit Autismus-Spektrum-Störungen zu begleiten und bei Konflikten vermitteln zu können. Diese Kräfte sollten auch in der Deeskalation geschult sein und so weit involviert werden, dass sie beispielsweise Mobbing in frühen Stadien erkennen und bekämpfen können. Autisten können wie jeder andere auch durch die Mitgliedschaft in einem Sportverein profitieren. Abgesehen vom körperlichen Nutzen gewinnen sie im besten Fall an Selbstvertrauen, fühlen sich zugehörig, können Kontakte knüpfen und lernen auch, mit Frustrationen wie einem verlorenen Spiel besser umzugehen. Genug Gründe also, »ja« zu Inklusion in Vereinen zu sagen.

Doch zur Freizeitgestaltung gehören nicht nur Hobbys und Vereine. Auch Aktivitäten zur Grundversorgung wie Einkäufe müssen in der arbeitsfreien Zeit gemacht werden. Besorgungen im Supermarkt erweisen sich für Menschen mit Autismus jedoch oft als herausfordernd. Die typische Supermarkt-Atmosphäre charakterisiert durch viele, in der Regel hektische Menschen, unzählige Gerüche, visuelle Eindrücke und Beschallungen aus Lautsprechern gemischt mit dem Lärm der Menschen ist genau das, was Autisten gar nicht gut vertragen. Das ganze Durcheinander kann zu einer Reizüberflutung führen und den Stresspegel bedrohlich ansteigen lassen. In Deutschland bietet es sich als Lösung an, zu beobachten, wann die heimischen Supermärkte am wenigsten frequentiert werden und die Einkäufe zu diesen Zeitpunkten zu erledigen – sofern sich das organisatorisch im persönlichen Tagesablauf regeln lässt. In anderen Ländern ist man da bereits weiter. Eine Supermarktkette in Neuseeland bietet extra Einkaufs-Slots für Autismus-sensible Einkäufe. Lidl hat mit Filialen in Irland und Nordirland nachgezogen. Es bleibt abzuwarten, ob Supermarkt- und Discounterriesen solche Angebote in Zukunft weiter ausweiten werden und vielleicht auch irgendwann in Deutschland Menschen mit Autismus barrierefreier Waren und Nahrungsmittel einkaufen können.

6.5 Präsenz von Autisten in den Medien: Fortschritt oder »Zurschaustellung«?

In den letzten Jahren gerieten immer wieder Menschen aus dem Autismus-Spektrum in die Schlagzeilen. Das vermutlich prominenteste aktuelle Beispiel ist die Klima-Aktivistin und Asperger-Autistin Greta Thunberg. Im Zusammenhang mit Thunberg gerät auch das Autismus-Spektrum-Syndrom verstärkt in den Fokus. Beispiele wie das von Thunberg zeigen, dass Autismus nicht zwangsläufig eine Behinderung sein muss, die Erfolg verhindert, wenn man wirklich »für etwas brennt«. Im Gegenteil sind sich viele einig, dass das Asperger-Syndrom bei Thunberg einen Teil dazu beigetragen hat, dass sie so beflissentlich für ihr Ziel – verstärkten Klimaschutz – kämpfen kann.

Doch es gibt auch eine Schattenseite. Es gibt Stimmen, die Thunbergs Erfolge auch darauf zurückführen, dass sie eine sogenannte Behinderung hat und dadurch verstärkt die Aufmerksamkeit auf sich ziehen kann. Auch führen einige Menschen ungeschickte, sehr direkte oder als unverschämt empfundene Äußerungen von Thunberg darauf zurück, dass sie Autistin sei und die Welt nur in schwarz-weiß sehe. Damit macht man es sich aber zu einfach. Nicht jeder Mensch mit Asperger-Syndrom/Autismus teilt die Welt in nur Gut und nur Böse ein. Einen Menschen als Paradebeispiel für eine Störung oder ein Krankheitsbild heranziehen zu wollen, kann schwerlich einem Syndrom in seiner Komplexität gerecht werden und noch weniger allen Menschen, die daran leiden.

Gleichwohl sollte sich hoffentlich nie ein Mensch mit einer Störung aus dem Autismus-Spektrum davon abhalten lassen, für seine Ziele und Ideale einzustehen. Er spricht dann aber nur für sich und sollte sich nicht dazu instrumentalisieren lassen, für alle Menschen mit Autismus zu sprechen, und er sollte gleichzeitig aufpassen, die Aufmerksamkeit, die er wegen seines Andersseins bekommt, nicht zu missbrauchen. Letzteres kann jedoch leicht und auch unbeabsichtigt passieren, wozu die modernen, schnelllebigen und von Meinungsmache getriebenen sozialen Medien beitragen.

Unter den gegenwärtig einflussreichen Menschen gibt es noch weitere Personen, die mit dem Autismus-Spektrum im Zusammenhang stehen. So outete sich im Mai 2021 auch der US-amerikanische Unternehmer Elon Musk als Mensch mit Asperger-Autismus.[41] Während er das Bild vom Asperger-Autisten als exzentrisches Genie mit außerordentlichen Ideen verstärkt, zeigen andere Menschen mit Autismus-Spektrum-Störungen, die in der Öffentlichkeit stehen wie die schottische Sängerin Susan Boyle[42], der Schauspieler und Drehbuchautor Dan Aykroyd[43] oder der

---

41 spiegel.de. »Dachtet ihr wirklich, ich wäre ein gechillter, normaler Kerl?« 9. Mai 2021, https://www.spiegel.de/kultur/tv/elon-musk-bei-saturday-night-live-dachtet-ihr-ernsthaft-ich-bin-ein-gechillter-normaler-typ-a-2ff6e95a-6e69-4aa5-9abf-afef03f1f79b
42 Der Spiegel. Talentshow-Star: Susan Boyle leidet unter Asperger-Syndrom, 12/2013, https://www.spiegel.de/panorama/leute/susan-boyle-leidet-unter-asperger-syndrom-a-937873.html
43 dailymail.co.uk. »I have Asperger's – one of my symptoms included being obsessed with ghosts«: Under the microscope with Dan Aykroyd. 10 December 2013, https://

Schauspieler Anthony Hopkins[44], dass man als Autist auch ganz andere, nämlich künstlerisch-kreative Wege einschlagen und Erfolg haben kann.

Auch im Unterhaltungssektor im Fernsehen nimmt die Präsenz von Menschen mit Autismus zu. Die australische Netflix-Serie »Liebe im Spektrum« begleitet Menschen mit einer Autismus-Spektrum-Störung beim Dating. Die Dating-Show will zeigen, dass sich auch Menschen mit Autismus verlieben können, die Zuschauer sollen dabei mitfiebern. Doch es bleiben ein fader Beigeschmack und das Gefühl, dass hier Autisten zur Unterhaltung von Nicht-Autisten zur Schau gestellt werden.

Ähnlich verhält es sich mit dem deutschen VOX-Dating-Format »Besonders verliebt«, in dem Menschen mit einem physischen oder psychischen Handicap auf Partnersuche gehen. Auch hier spielen Menschen auf dem Autismus-Spektrum mit.

Die Frage, ob mehr Präsenz mehr Aufklärung oder eher Zurschaustellung bedeutet, lässt sich nicht pauschal beantworten. Es kommt immer auf den Einzelfall und die genauen Umstände und Zusammenhänge an. Grundsätzlich ist es freilich zu begrüßen, wenn auch Menschen mit Behinderungen oder Krankheiten wie Autismus verstärkt einen Platz in der Medienwelt haben. Zu bedenken ist jedoch, dass deren Handeln mitunter nur noch im Kontext ihrer Störung gesehen wird, was möglicherweise weder für die Ziele der Betroffenen noch für die Aufklärung über das Autismus-Spektrum vorteilhaft ist. Was nicht passieren darf, ist, dass die autistischen Züge der Beteiligten als Kuriosum zur Schau gestellt werden und andere Themen, um die es eigentlich gehen sollte, in den Hintergrund rücken.

Im Rahmen der neuen Bewegung, die dazu aufruft, mehr »Diversity«, also Vielfalt, zu wagen, ist es aber insgesamt ein eher gutes Zeichen, wenn auch Menschen mit Autismus in den Medien einen Platz haben und man sie hoffentlich irgendwann als genau das allgemein akzeptiert, was sie sind: ein ganz normaler Teil der Gesellschaft. So wie Homosexuelle, People of Colour und viele andere Gruppen, zeigen auch sie, dass unsere Gesellschaft bunt ist und bitte jeder so leben sollte, wie es ihm guttut, solange er dabei die Freiheiten eines anderen nicht beschneidet.

---

www.dailymail.co.uk/health/article-2521032/Dan-Aykroyd-I-Aspergers–symptoms-included-obsessed-ghosts.html

44 Bovermann, Philipp. Anthony Hopkins wird 80. Einer, der es mag, in Köpfe reinzugehen, 31. Dezember 2017, https://www.sueddeutsche.de/kultur/anthony-hopkins-ein-hochkultivierter-kannibale-1.3807621

6.6 Links zum Thema

- www.aerzteblatt.de/pdf.asp?id=112474
- www.autismus.de/pages/startseite/denkschrift/soziale-eingliederung/wohnen-und-freizeit.php
- https://www.autismus.de/service-und-materialien/urlaub-und-freizeit.html
- https://www.autismus.de/service-und-materialien/wohnen-angebote-und-gesuche.html
- www.autismus-nordbaden-pfalz.de/haupt.html
- www.thz-autismus.de/d1/thz-ggmbh/einrichtungen/wohngruppen/leben-in-den-wohngruppen.html
- www.autea.de/eingeschraenktes-verhaltensrepetoire

7 Autismus und Inklusion: Aktueller Stand

7.1 Corona-Pandemie: Auswirkungen der globalen Krise

2020 haben SARS-CoV-2 und die dadurch ausgelöste Pandemie das Leben grundlegend verändert und es zeichnet sich ab, dass einiges auch nach der Krise nicht mehr so sein wird wie zuvor. Die Pandemie hat der Digitalisierung einen nachhaltigen Schub verliehen, während der persönliche, zwischenmenschliche Kontakt in vielerlei Beziehung an Relevanz verloren hat. Im Job werden Besprechungen nun verstärkt ins Virtuelle verlegt, Online-Shopping und kontaktloses Einkaufen haben einen Boom erlebt. Das kann sich in vielerlei Hinsicht positiv auf Inklusions-Bemühungen auswirken, da »remote« oft auch barrierefreier ist. Man kann – der Pandemie sei »Dank« – vom geschützten Raum aus am Leben teilhaben, beruflich aktiv sein und auch verstärkt behördliche Angelegenheiten erledigen oder ärztliche Konsultationen einholen. Das entlastet viele Menschen mit Autismus.

Auch unser soziales Leben hat die Krise geprägt und verändert: Mund-Nase-Schutzmasken verbergen große Teile des Gesichts, so dass auch Nicht-Autisten Schwierigkeiten haben, die Mimik ihres Gegenübers zu erkennen. Sich selbst zu isolieren, zu Hause zu bleiben, Veranstaltungen mit mehreren Menschen und erst recht Massenzusammenkünfte zu meiden, wurden zeitweise als vorbildliches Verhalten propagiert. Zumindest in dieser Phase sind Menschen mit Autismus-Spektrum-Störungen etwas gleicher oder weniger anders geworden.

Die Maßnahmen des sogenannten »social distancing« können für Menschen mit Autismus-Störungen eine Erleichterung darstellen. Sie ermöglichen, dass die Einschränkungen in der sozialen Interaktion und in der Kommunikation der Betroffenen weniger zutage treten. Körperlicher Nähe, die von Fremden ausgeht, ist man durch »social distancing« weniger stark ausgesetzt. Mehr Abstand in der Schlange im Supermarkt oder weniger Menschen in kleinen Räumen kommen dem Wohlbefinden nicht nur vieler Menschen mit Autismus entgegen. Die Gefahr von Reizüberflutungen sinkt. Findet Kommunikation mehr online statt als in der persönlichen Begegnung, können Aspekte wie Körpersprache, Mimik oder Tonlage auch für Nicht-Autisten schwieriger zu erkennen und zu interpretieren sein. Auf dem Weg zu einem neuen sozialen und zwischenmenschlichen Miteinander, das weniger auf körperlicher Nähe basiert, sind die Ausgangsvoraussetzungen von Menschen mit Autismus nicht mehr ganz so gravierend schlechter als bei einem direkten Kontakt.

War die Pandemie für die Inklusion von Menschen mit Autismus also nur von Vorteil? Auf den ersten Blick erscheint das neue oder vorübergehende »Normal« tatsächlich als ein Lebensweg, der Autisten entgegenkommen sollte. Sie lehnten schon vor der Pandemie oft den Händedruck zur Begrüßung ab, mieden Menschenansammlungen und fühlten sich im Klassenzimmer oder Großraumbüro reizüberflutet und überfordert. Doch die Medaille hat wie so oft zwei Seiten. Auch für Menschen mit Autismus-Spektrum-Störung brachte die Pandemie Nachteile mit sich. Routinen waren teilweise nicht mehr möglich. Gewohnte Therapien oder Selbsthilfe-Gruppen-Angebote fielen weg. Die Störung von Routinen und Sicherheiten bedeutet für viele Menschen mit Autismus eine gewaltige Belastung. Die wachsende Unvorhersehbarkeit des Lebens, die Bedrohung der persönlichen Unversehrtheit, mögliche wirtschaftliche und allgemeine Zukunftssorgen können ebenfalls die Betroffenen aus dem Gleichgewicht bringen und persönliche Krisen vielleicht noch stärker als bei neurotypischen Menschen auslösen.

Auch ist fraglich, inwieweit es für die Entwicklung gerade von Kindern mit Autismus-Spektrum-Störungen förderlich ist, wenn der persönliche Kontakt mit anderen Kindern oder Erwachsenen wegfällt. Im ersten Moment mag das bequem sein, doch was sind die Langzeitfolgen? Nur im Reiben und Mit- und manchmal auch Gegeneinander mit anderen kann man soziale Fähigkeiten (weiter)entwickeln. In der Selbstisolation hingegen entwickeln sich diese eher zurück. Das eigene Selbstvertrauen, mit anderen interagieren zu können, sinkt, und bei Autisten ist auch zu befürchten, dass ihre Bereitschaft dazu abnimmt, da es ja anscheinend auch wunderbar ohne funktioniert.

Zu bedenken ist auch, dass die Pandemie auch bei Autisten das Gefühl von Lebenssicherheit und Berechenbarkeit der Welt beschädigt hat. Diffuse Ängste und Verunsicherungen prägen das Leben, auch viele Menschen mit Autismus fürchten das Virus und eine Infektion damit, ihre wirtschaftliche Situation wird unsicherer und vieles, was einmal als gewiss galt, hat sich nun als unvorhersehbar erwiesen. Die eigene Verwundbarkeit und die Endlichkeit des Lebens werden vielen Menschen schmerzlich bewusst und können zu einer depressiven Stimmungslage führen. Bei Menschen, die psychisch ohnehin nicht sehr stabil sind, kann das zu einer weiteren Bedrohung ihrer seelischen Gesundheit werden.

Andererseits gibt es aber auch Menschen mit psychischen Erkrankungen wie Depressionen in der Vorgeschichte, die mit der Pandemiesituation erstaunlich gut zurechtgekommen sind. Vielleicht, weil Isolation und Ängstlichkeit plötzlich »normal« waren? Weil alle unsicher und verängstigt waren?

Die Corona-Pandemie bleibt hoffentlich eine Ausnahmesituation. Sie mag zwar in mancherlei Hinsicht Bequemlichkeiten mit sich gebracht haben, doch nicht all diese Bequemlichkeiten bringen den einzelnen und die Gesellschaft als Ganzes voran. Wie die langfristigen Veränderungen aussehen werden, was sie für den Bereich Inklusion bedeuten und wie das zwischenmenschliche Miteinander in Zukunft aussehen wird, ist noch offen. Es scheint jedoch, dass die Veränderungen für Menschen mit Autismus weniger Probleme als Chancen bedeuten könnten. Anas Nashef aus dem Autismus-Therapiezentrum in Bremerhaven, zieht im Beitrag »Autismus und Autismustherapie in Zeiten von Corona: eine Chance?« folgendes Fazit zu den Auswirkungen der Pandemie, dem man sich nur anschließen kann: »Menschen mit Autismus werden an Sicherheit gewinnen und näher ans Zentrum der Gesellschaft rücken, Menschen ohne Autismus werden sich offener für Neues zeigen.«[45] Der Inklusion könnte also gerade eine Gesundheitskrise einen Schub verleihen.

7.2 Der »autistische Way of Life« als neues Erfolgsmodell?

Vieles, was früher normal war, ist seit der Corona-Pandemie nun ungewohnt geworden. Manches hat sich entschleunigt, vielen Menschen ist bewusst geworden, welche Werte für sie wirklich wichtig sind. Andere Veränderungen bedeuten tiefere Einschnitte und belasten vor allem das Sozialleben zahlreicher Menschen empfindlich.

Viele der Regeln, etwa die Maßnahmen bezüglich Abstandhalten und Hygiene, entsprechen dem natürlichen Bedürfnis vieler Menschen mit Autismus. Auch mehr »remote« – ob in der Schule oder im Job – gehört zur bevorzugten Lebensweise vieler Autisten und könnte nicht nur pandemiebedingt, sondern auch aus Sicht des Klimaschutzes ein Trend für die Zukunft sein. Ob das vor der Krise obligatorische Händeschütteln zur Begrüßung zurückkommen wird, ist noch ungewiss. Für viele Menschen mit Autismus war es immer unangenehm, für manche sogar ekelerregend. Hygieniker können dem sicherlich zustimmen. Wie viele Keine, Viren und Bakterien auf diesem Weg übertragen wurden, kann man nur erahnen. Freilich lösen diese nur selten mal eine Infektion aus, im Normalfall kann unser Immunsystem die Erreger locker abwehren. Doch bei sehr ansteckenden Krankheitserregern oder immunschwachen Menschen kann Händeschütteln ein nicht zu ignorierendes Risiko darstellen. Das Bewusstsein dafür ist jetzt jedenfalls gestiegen, wie viele Menschen auch andere Aspekte des »alten« Lebens wie Massenveranstaltungen, übermäßiges Konsumverhalten und hektische Tagesabläufe mit viel Zeit im Straßenverkehr infrage stellen. Wie viel vom Umdenken bleiben wird, ist ungewiss. Doch zumindest in Pandemiezeiten haben sich einige typische Verhaltensweisen von Menschen mit Autismus bewährt. Anas Nashef schreibt dazu: »Gezwungen durch die Krise, hat sich die Welt gewissermaßen für den autistischen Weg entschieden, für einen autistischen Way of Life.«[46] Das be-

---

45 Nashef, Anas. Autismus und Autismustherapie in Zeiten von Corona: eine Chance? psychopraxis neuropraxis. 2020 Apr 29 : 1–4, doi: 10.1007/s00739-020-00641-9 [Epub ahead of print]
46 Nashef, Anas. Autismus und Autismustherapie in Zeiten von Corona: eine Chance? psychopraxis neuropraxis. 2020 Apr 29 : 1–4, doi: 10.1007/s00739-020-00641-9 [Epub ahead of print]

deutet auch, dass eine Lebensweise nicht pauschal als gut oder schlecht bewertet werden sollte, sondern im Zusammenhang und in Abhängigkeiten von den allgemeinen Umständen und Bedürfnissen betrachtet werden sollte. Mehr Offenheit und Toleranz und weniger Ablehnung und Ausgrenzung erweisen sich einmal mehr als Schlüssel zu mehr Erfüllung und Wohlbefinden für alle.

8 Innovative, experimentelle Ideen für die Praxis

8.1 Selbstversuch: Wie Reize reizen

Autisten haben ein großes Ruhebedürfnis. Sie funktionieren im Allgemeinen nur dann richtig gut, wenn sie sich in einer möglichst reizarmen Gegend ohne Ablenkungsfaktoren befinden. Grund ist ihre veränderte Wahrnehmung von Reizen. Viele reagieren übersensibel auf Reize und sind entsprechend schneller überfordert vom Reizangebot, ermüden, bekommen Kopfschmerzen und können nicht mehr klar denken. Rücksicht darauf zu nehmen, ist ein wesentlicher Bestandteil der Inklusion von Menschen mit Autismus-Spektrum-Störungen.

In der Schule ist es oft schwierig, den Schülern zu vermitteln, dass Ruhe wichtig ist, um konzentriert arbeiten zu können. Helfen kann dabei die Selbsterfahrung. Jedes Kind bekommt zwei Tests mit Denkaufgaben derselben Schwierigkeitsstufe, beispielsweise zwei Intelligenztests, bei denen sich die Aufgaben nur minimal unterscheiden. Einmal sollen sich die Kinder zur Bearbeitung in einen Raum setzen, in dem ein bis zwei Radios eingeschaltet sind sowie ein Fernseher, mehrere Menschen durch die Gänge laufen und sich unterhalten und in dem buntes Licht, beispielsweise eine Disco-Beleuchtung, flackert. In der zweiten Runde (am besten an einem anderen Tag) lösen die Kinder den Test in einem absolut ruhigen Raum mit gleichmäßigem Licht und ohne jeden Störfaktor.

Das Ergebnis wird bei dem Test ohne die übermäßige Reizbeschallung um einiges besser ausfallen. Wenn Kinder den Unterschied erst mal selbst in Zahlen ausgedrückt vor sich sehen, kann sie das zum Nachdenken anregen. Die Erfahrung, wie viel schwerer es ist, sich zu konzentrieren, wenn es laut und unruhig ist und visuelle Reize ablenken, kann Schülern helfen, Verständnis dafür aufzubringen, dass Menschen mit Autismus eine sehr reizarme Umgebung zum Arbeiten brauchen.

8.2 Methoden entwickeln und auf Erfolg überprüfen

Behinderten Menschen ihren Platz in der Gesellschaft geben: Dieses Ziel ist wichtig und richtig. Doch offen bleibt die Frage: Wie erreichen wir als Gesellschaft dieses Ziel am besten? Oder anders ausgedrückt: Welcher Ansatz zur Inklusion und Integration ist am besten geeignet, den Bedürfnissen der Menschen mit Autismus und den Bedürfnissen der Gesellschaft gerecht zu werden? Welches Mittel, welche Methode wirkt am besten? Die Frage nach der Effektivität muss sich die klinische Forschung andauernd stellen. Standard, um diese Fragen zu beantworten, sind hier klinische Studien. Bei diesen zumeist randomisierten, kontrollierten Versuchen erhalten zwei oder mehrere Gruppen eine unterschiedliche Behandlung und am Ende der Untersuchung wird ausgewertet, welche Behandlung zu welchem Ergebnis geführt hat.

> **Randomisierung** bedeutet, dass die Studienteilnehmer durch das Zufallsprinzip einer bestimmten Behandlung zugeordnet werden. Ziel soll sein, ausgeglichene Gruppen zu erhalten, etwa gleich viele Frauen und Männer oder ähnlich viele Raucher und Nichtraucher in jeder Gruppe. Zudem wird durch das Zufallsprinzip verhindert, dass der Untersucher die Ergebnisse durch eine bestimmte Zuordnung die Ergebnisse beeinflusst.
>
> Eine Studie bezeichnet man als kontrolliert, wenn die Ergebnisse der Studiengruppe mit den Ergebnissen einer oder mehrere Vergleichsgruppen (»Kontrollgruppen«) verglichen wird, die eine andere Behandlung oder gar keine Behandlung erhält. Bei klinischen Studien ist das ein Placebo, in den unten aufgeführten Beispielen der Verzicht auf ein Eingreifen.

Mit Studien lassen sich nicht nur Medikamente und Behandlungsmethoden testen, sondern auch andere Fragestellungen, zum Beispiel aus dem sozialen oder ökonomischen Bereich. Zur Inklusion könnte das wie folgt aussehen: Eine bestimmte Gruppe von Menschen mit Autismus wird per Zufallsgenerator auf drei »Behandlungsgruppen« aufgeteilt. Dazu einige Beispiele:

1. Kindergarten
   Fragestellung: Wie lassen sich Eltern autistischer Kinder motivieren, ihren Nachwuchs in einen integrativen Kindergarten zu bringen?
   Prüfen könnte man den Erfolg folgender Strategien:
   a) Nicht eingreifen
   b) Regelmäßig die Erzieher über Autismus fortbilden
   c) Eltern autistischer Kinder Therapiegutscheine für jeden Monat schenken, den sie ihr Kind in den Kindergarten schicken

   Messgröße: Anzahl der autistischen Kinder in einem integrativen Kindergarten

2. Schule
   Fragestellung: Wie kann ich das Kind mit Autismus zur Teamarbeit motivieren?
   Prüfen könnte man den Erfolg folgender Strategien:
   a) Nicht eingreifen
   b) Nach einer erfolgreichen Gruppenarbeit darf das Kind alleine eine Schulstunde lang seinem Spezialinteresse nachgehen

c) Dem Kind verstandesmäßig erklären, was an Gruppenarbeit so wichtig ist und wie es davon profitieren kann (auch andere haben gute Ideen, man lernt zu diskutieren und sich durchzusetzen ...)

Messgröße: Anzahl der Schulstunden, die ein autistisches Kind mit Gruppenarbeit verbringt

3. Studium
Fragestellung: Wie lassen sich hochbegabte Menschen mit Autismus dazu bewegen, ein Studium aufzunehmen und erfolgreich zu Ende zu bringen?
Prüfen könnte man den Erfolg folgender Strategien:
a) Nicht eingreifen
b) Sämtliche Studiengebühren und Semesterbeiträge erlassen und Büchergutscheine verteilen
c) Präsenzveranstaltungen für Autisten als Online-Meeting (zum Beispiel über Skype) anbieten

Messgröße: Anzahl der autistischen Studierenden

4. Beruf
Fragestellung: Wie kann man autistische Arbeitslose in die Arbeitswelt zurückholen?
Prüfen könnte man den Erfolg folgender Strategien:
a) Nicht eingreifen
b) Autisten Heimarbeit anbieten (wenn möglich)
c) Autisten eine Integrationshilfskraft zur Seite stellen

Messgröße: Anzahl der erfolgreich in die Berufswelt (wieder)eingegliederten Autistinnen und Autisten

5. Vereine
Fragestellung: Wie kann man Autisten motivieren, einem Verein beizutreten?
Prüfen könnte man den Erfolg folgender Strategien:
a) Nicht eingreifen
b) Autisten Angebote von Vereinen zukommen lassen, in denen es um ihr Spezialinteresse geht
c) Autisten eine Integrationshilfskraft im Verein zur Seite stellen

Messgröße: Anteil autistischer Menschen in Vereinen

8.3 Probleme lösen nach dem SOAP-Schema

SOAP ist ein englisches Akronym für subjektive, objektive, Assessment und Plan. Diese Methode wendet vor allem die Medizin zur Behandlungsplanung an. Nach dem SOAP-Schema können Patientendaten strukturiert und lösungsorientiert verarbeitet werden.

Dabei wird wie folgt vorgegangen.

1. Subjektives Befinden
Der Patient wird gefragt, wie es ihm subjektiv geht. Ergebnis: Subjektives Befinden.

2. Objektive Befunde
Der Zustand wird objektiv mit Messdaten und ähnlichem erfasst. Ergebnis: Objektive Befunde.

3. Assessment
Die subjektiven und objektiven Daten werden zusammengefasst und es wird eine Diagnose gestellt.

4. Plan
Es wird ein Plan zur Problemlösung, d. h. eine Therapie aufgestellt.

Modifiziert und auf Autismus und Inklusion angepasst könnte ein SOAP-Schema am Beispiel eines schulischen Problems wie folgt aussehen.

1. Subjektives Befinden
Das Kind mit Autismus fühlt sich nicht zugehörig in der Klasse. Es fühlt sich ausgeschlossen und abgelehnt. Es ist traurig, dass es mit niemandem über sein Lieblingsthema Dinosaurier sprechen kann.

2. Objektive Befunde
In der Klasse haben sich zwei große Cliquen gebildet, deren Mitglieder unter sich bleiben. Die übrigen Schüler sind überwiegend Einzelgänger.

3. Assessment
Geld und Anpassungsbereitschaft bestimmen das Klima in der Klasse: Um zu einer der beiden In-Cliquen zu gehören, muss man sehr angepasst sein und die nötigen Statussymbole wie Markenklamotten und bestimmte Smartphones besitzen. Einige Schüler würden gerne dazugehören, ihre Eltern haben aber nicht das nötige Geld, ihre Kinder entsprechend auszurüsten. Die übrigen Schüler wollen sich nicht an die Regeln einer der Cliquen anpassen und sind ganz froh, außen vorzustehen. Das Kind mit Autismus durchschaut die sozialen Zusammenhänge nicht und leidet nur darunter, keinen Anschluss zu haben.

4. Plan
Mit den Eltern der Klasse kann überlegt werden, ob eine Klassenkleidung eingeführt wird, um den Markendruck zu reduzieren. Es sollte diskutiert werden, ob teure Handys nicht besser zu Hause bleiben sollten.

Der nächste Klassenausflug könnte in ein Dinosauriermuseum gehen. Dort kann das Kind mit Autismus die anderen an seinem Wissen teilhaben lassen.

In der Klasse sollte gezielt versucht werden, das autistische Kind mit den anderen Einzelgängern zusammenzubringen. Das kann zum Beispiel über das Hobby »Dinosaurier« gehen, das vielleicht auch die anderen Kinder interessant finden.

Literaturempfehlungen

Aarons, Maureen, Tessa Gittens: Das Handbuch des Autismus. Weinheim 1994.
Albers, Timm: Mittendrin statt nur dabei: Inklusion in Krippe und Kindergarten. München 2011.
Amrhein, Bettina: Inklusion in der Sekundarstufe. Eine empirische Analyse. Bad Heilbrunn 2011.
Anderlik, Lore: Montessori – Ein Weg zur Inklusion: Überlegungen aus der Praxis für die Praxis. Dortmund 2011.
Asperger, Hans: Heilpädagogik. Einführung in die Psychopathologie des Kindes für Ärzte, Lehrer, Psychologen, Richter und Fürsorgerinnen. Wien/New York 1952.
Asperger-Syndrom – Strategien und Tipps für den Unterricht. Eine Handreichung für Lehrer: Autismus Deutschland e. V. 2006 (Übersetzung einer Broschüre der National Autistic Society).
Attwood, Tony: Das Asperger-Syndrom. Ein Ratgeber für Eltern. Stuttgart 2000.
Attwood, Tony: Ein ganzes Leben mit dem Asperger-Syndrom. Alle Fragen – alle Antworten. Stuttgart 2008.
Autismus Deutschland e. V. (Hrsg.): Inklusion von Menschen mit Autismus. Karlsruhe 2011.
Baron-Cohen, Simon u. a.: Diagnose und Therapie von Autismus-Spektrum-Störungen: Grundlagen und Praxis. Stuttgart 2010.
Bernard-Opitz, Vera, Anne Häußler: Praktische Hilfen für Kinder mit Autismus-Spektrum-Störungen (ASS) – Fördermaterialien für visuell Lernende. 3. Auflage. Stuttgart 2017.
Bernard- Opitz, Vera: Kinder mit Autismus Spektrum Störungen. Ein Praxishandbuch für Therapeuten, Eltern und Lehrer. 4. Auflage. Stuttgart 2020.
Bernard-Opitz, Vera: Lernziel: Positives Sozial- und Kommunikationsverhalten. Soziale Cartoons für Kinder im Grundschulalter. Stuttgart 2020.
Bölte, Sven: Autismus. Spektrum, Ursachen, Diagnostik, Intervention, Perspektiven. Bern 2009.
Brauns, Axel: Buntschatten und Fledermäuse. Hamburg 2002.
Bürli, Alois, Urs Strasser, Anne-Dore Stein (Hrsg.): Integration/Inklusion aus internationaler Sicht. Bad Heilbrunn 2009.
Bundesverband autismus Deutschland e. V. (Hrsg.): Inklusion von Menschen mit Autismus. Karlsruhe 2011.
Bundesverband autismus Deutschland e. V. (Hrsg.): Autismus in Forschung und Gesellschaft. Karlsruhe 2014.
Bundesverband autismus Deutschland e. V.: Rechte von Menschen mit Autismus und ihrer Angehörigen. Hamburg 2015.
Bundesverband autismus Deutschland e. V. (Hrsg.): Autismus. Lernen – Arbeit – Lebensqualität. Karlsruhe 2017.
Bundesverband autismus Deutschland e. V. (Hrsg.): Autismus. Stärke oder Störung. Karlsruhe 2020.
Cholemkery, Hannah; Kitzerow, Janina; Soll, Sophie; Freitag, Christine M. Ratgeber Autismus-Spektrum-Störungen. Informationen für Betroffene, Eltern, Lehrer und Erzieher (Ratgeber Kinder- und Jugendpsychotherapie). Göttingen 2017.
Dodd, Susan, Andreas Nohl: Autismus: Was Betreuer und Eltern wissen müssen. Heidelberg 2011.

Döpfner, Manfred u. a.: Autistische Störungen. Göttingen 2003.
Fediuk, Friedhold: Inklusion als bewegungspädagogische Aufgabe: Menschen mit und ohne Behinderungen gemeinsam im Sport. Hohengehren 2008.
Fink, Franz, Thorsten Hinz: Inklusion in Behindertenhilfe und Psychiatrie: Vom Traum zur Wirklichkeit. Freiburg im Breisgau. 2010.
Flieger, Petra, Volker Schönwiese (Hrsg.): Menschenrechte – Integration – Inklusion: Aktuelle Perspektiven aus der Forschung. Bad Heilbrunn 2011.
Freitag, Christine M., Janina Kitzerow, Juliane Medda, Sophie Soll, Hannah Cholemkery: Autismus-Spektrum-Störungen. Leitfaden Kinder und Jugendpsychotherapie, Band 24. Göttingen 2017.
Friebe, Jens u. a.: Inklusion und Weiterbildung: Reflexionen zur gesellschaftlichen Teilhabe in der Gegenwart. Bielefeld 2029.
Frith, Uta: Autism. Explaing the Enigma. Malden. Oxford 2003.
Frith, Uta (Hrsg.): Autism and Asperger syndrome. London 2003.
Gawronski, Astrid, Kathleen Pfeiffer, Kai Vogeley: Hochfunktionaler Autismus im Erwachsenenalter: Verhaltenstherapeutisches Gruppenmanual. Mit Online-Materialien. Hamburg 2012.
Grandin, Temple: Thinking in Pictures: and other Reports from My Life with Autism. New York 1995.
Grandin, Temple: »Ich bin die Anthropologin auf dem Mars«. Mein Leben als Autistin. München 1997.
Grandin, Temple: Emergence: Labeled Autistic. A true story. New York 2005.
Grandin, Temple: Ich sehe die Welt wie ein frohes Tier. Berlin 2005.
Gray, Carol: The Sixth Sense II. Arlington (USA) 2002.
Gray, Carol: The New Social Story Book. Illustrated Edition. Arlington (USA) 2000.
Gray, Carol: Comic Strip Gespräche: Illustrierte Interaktionen – Wie man Schülern mit Autismus und ähnlichen Beeinträchtigungen Konversationsfähigkeiten vermitteln kann. Welden 2011.
Gusy, Christoph, Heinz-Gerhard Haupt: Inklusion und Partizipation: Politische Kommunikation im historischen Wandel Frankfurt 2005.
Häußler, Anne: Der TEACCH Ansatz zur Förderung von Menschen mit Autismus: Einführung in Theorie und Praxis. Dortmund 2012.
Heimlich, Ulrich, Isabel Behr: Inklusion in der frühen Kindheit. Berlin 2009.
Henning, Birgit, Christoph Leyendecker, Britta Gebhard: Frühförderung und Inklusion. Stuttgart 2011.
Herm, Sabine: Gemeinsam spielen, lernen und wachsen. Weinheim 2002.
Hermelin, Beate: Rätselhafte Begabungen. Eine Entdeckungsreise in die faszinierende Welt außergewöhnlicher Autisten. Stuttgart 2002.
Hilfe für das autistische Kind, RV Mittelfranken (Hrsg.): Asperger-Autisten verstehen lernen.
Informations- und Beratungsstelle Studium und Behinderung des deutschen Studentenwerkes (Hrsg.): Studium und Behinderung, 6. Aufl., Berlin 2005.
Jenny, Bettina u. a.: KOMPASS -Zürcher Kompetenztraining für Jugendliche mit Autismus-Spektrum-Störungen; Ein Praxishandbuch für Gruppen- und Einzelinterventionen. 2. Auflage. Stuttgart 2021.
Jørgensen, Ole Sylvester: Asperger: Syndrom zwischen Autismus und Normalität. Weinheim 1998.
Kehrer, Hans E.: Autismus. Diagnostische, therapeutische und soziale Aspekte. 7. Auflage. Heidelberg 2005.
Kessel, Tamara: Empfehlungen und Leitlinien für barrierefreie und ›autismusfreundliche‹ Schulen und Kindergärten. Stuttgart 2015.
Klicpera, Christian, Paul Innerhofer: Die Welt des frühkindlichen Autismus. Befunde, Analysen, Anstöße. München 2001.
Kornherr, Stefan: Inklusion als Utopie der Offenen Behindertenarbeit: Wandel von Integration zu Inklusion als Aufgabe des Sozialmanagements. Books on Demand 2008.

Kreuzer, Max, Borgunn Ytterhus: Dabeisein ist nicht alles – Inklusion und Zusammenleben im Kindergarten. München 2011.
Lienhard-Tuggener, Peter, Klaus Joller-Graf, Belinda Mettauer Szaday: Rezeptbuch Schulische Integration: Auf dem Weg zu einer inklusiven Schule. Bern 2011.
Matzies, Melanie: Sozialtraining für Menschen mit Autismus-Spektrum-Störungen (ASS). Ein Praxisbuch. 2. Auflage. Stuttgart 2014.
Mueller, Dagmar H., Verena Ballhaus: Davids Welt: Vom Leben mit Autismus. Wien 2011.
Murray, Dinah: Coming Out Asperger: Diagnosis, Disclosure and Self-confidence. London/Philadeplia 2005.
Poscher, Ralf, Johannes Rux, Thomas Langer: Von der Integration zur Inklusion: Das Recht auf Bildung aus der Behindertenrechtskonvention der Vereinten Nationen und seine innerstaatliche Umsetzung. Baden Baden 2008.
Preißmann, Christine: … und dass jeder Tag Weihnachten wär! Berlin 2005.
Preißmann, Christine: Psychotherapie und Beratung bei Menschen mit Asperger-Syndrom. 4. Auflage. Stuttgart 2018.
Preißmann, Christine: Asperger – Leben in zwei Welten: Betroffene berichten: Das hilft mir in Beruf, Partnerschaft und Alltag. Stuttgart 2012.
Remschmidt, Helmut: Autismus: Erscheinungsformen, Ursachen, Hilfen. München 2008.
Rittmann, Barbara, Wolfgang Rickert-Bolg: Autismus-Therapie in der Praxis. Methoden, Vorgehensweisen, Falldarstellungen. Stuttgart 2017.
Rollett, Brigitte u. a.: Praxisbuch Autismus: für Eltern, Erzieher, Lehrer und Therapeuten. München 2006.
Schabert, Martina: Teilhabe am Arbeitsleben von Menschen mit Autismus-Spektrum-Störung und hohem Assistenzbedarf. Karlsruhe 2012.
Schäfer, Susanne: Sterne, Äpfel und rundes Glas. Stuttgart 1997.
Schatz, Yvette, Silke Schellbach: Ideenkiste Nr. 1 Eine Kiste voller Ideen zur praktischen Umsetzung von pädagogischen Inhalten nach dem TEACCH-Ansatz. Nordhausen 2008.
Schirmer, Brita: Elternleitfaden Autismus. Stuttgart 2006.
Schmidt, Peter: Ein Kaktus zum Valentinstag. Ein Autist und die Liebe. Ostfildern 2012.
Schneider, Lucia: Gelingende Schulen: Gemeinsamer Unterricht kann gelingen. Schulen auf dem Weg zur Inklusion. Hohengehren 2010.
Schuster, Nicole. Ein guter Tag ist ein Tag mit Wirsing. Berlin 2007.
Schuster, Nicole, Melanie Matzies-Köhler: Colines Welt hat tausend Rätsel. 3. Auflage. Stuttgart 2014.
Schuster, Nicole: Colines Welt hat neue Rätsel – Alltagsgeschichten und praktische Hinweise für junge Erwachsene mit Asperger-Syndrom. Stuttgart 2010.
Schuster, Nicole: Schüler mit Autismus-Spektrum-Störungen – Eine Innen- und Außenansicht mit praktischen Tipps für Lehrer, Psychologen und Eltern. 5. Auflage. Stuttgart 2020.
Schwalb, Helmut, Georg Theunissen (Hrsg.): Inklusion, Partizipation und Empowerment in der Behindertenarbeit. 3. Auflage. Stuttgart 2018.
Schwalb, Helmut, Georg Theunissen: Unbehindert arbeiten, unbehindert leben: Inklusion von Menschen mit Behinderungen im Arbeitsleben. Stuttgart 2012.
Seger, Britta, Anika Wilms: Was ist mit Tom? Geschichten zur Aufklärung über Autismus (Aspergersyndrom) in Kindergarten und Grundschule. Viersen 2011.
Simone, Rudy, Ursula Bischoff: Aspergirls: Die Welt der Frauen und Mädchen mit Asperger. Weinheim 2012.
Solzbacher, Heike: Von der Dose bis zur Arbeitsmappe: Ideen und Anregungen für strukturierte Beschäftigungen in Anlehnung an den TEACCH- Ansatz. Dortmund 2011.
Spek, Annelies, Susanne Bonn: Achtsamkeit für Menschen mit Autismus: Ein Ratgeber für Erwachsene mit ASS und deren Betreuer. Bern 2012.
Stein, Anne-Dore, Stefanie Krach, Imke Niediek: Integration und Inklusion auf dem Weg ins Gemeinwesen: Möglichkeiten und Perspektiven. Bad Heilbrunn 2010.
Stähling, Reinhard: »Du gehörst zu uns«. Inklusive Grundschule: Ein Praxisbuch für den Umbau der Schule. Baltmannsweiler 2010.

Stichweh, Rudolf: Inklusion und Exklusion: Studien zur Gesellschaftstheorie. Bielefeld 2005.
Tammet, Daniel: Elf ist freundlich und Fünf ist laut: Ein genialer Autist erklärt seine Welt. München 2008.
Tebartz van Elst, Ludger (Hrsg.) Das Asperger-Syndrom im Erwachsenenalter: und andere hochfunktionale Autismus-Spektrum-Störungen. Berlin 2012.
Tebartz van Elst, Ludger: Autismus und ADHS. Zwischen Normvariante, Persönlichkeitsstörung und neuropsychologischer Krankheit. 2. Auflage. Stuttgart 2018.
Theunissen, Georg: Empowerment und Inklusion behinderter Menschen: Eine Einführung in Heilpädagogik und Soziale Arbeit. Freiburg im Breisgau 2008.
Theunissen, Georg, Kerstin Schirbort: Inklusion geistig behinderter Menschen: Zeitgemässe Wohnformen – soziale Netze – Unterstützungsangebote. 2. Auflage. Stuttgart 2010.
Theunissen, Georg: Autismus und herausforderndes Verhalten. Praxisleitfaden Positive Verhaltensunterstützung. Freiburg im Breisgau 2017.
Uekermann, Stefan: Probleme und Perspektiven bei Autismus im beruflichen Alltag. Hamburg 2012.
Vogeley, Kai: Anders sein: Asperger-Syndrom und Hochfunktionaler Autismus im Erwachsenenalter – Ein Ratgeber. Walluf 2012.
Vojtova, Vera, Wolf Bloemers, David Johnstone: Pädagogische Wurzeln der Inklusion. Berlin 2006.
Wansing, Gudrun: Teilhabe an der Gesellschaft: Menschen mit Behinderung zwischen Inklusion und Exklusion. Wiesbaden 2005.
Willey, Liane: Ich bin Autistin, aber ich zeige es nicht. Freiburg 2003.

5., aktual. Auflage 2020
152 Seiten. Kart.
€ 24,–
ISBN 978-3-17-039150-5

Die Inklusion von Schülerinnen und Schülern mit Autismus-Spektrum-Störungen ist eine Herausforderung. Viele der Kinder leiden unter Lernproblemen, lassen sich kaum sozial eingliedern und weigern sich, Anweisungen zu befolgen. Wie sollen Lehrer mit dem oft unberechenbaren Verhalten umgehen?
Wie können sie die Kinder fachlich am besten fördern?
Auch Eltern haben Fragen:
Welche Unterstützungen gibt es? Hilft eine Schulbegleitung?

Die Autorin betrachtet sowohl die Rahmenbedingungen an der Schule als auch die Innenwelt autistischer Schüler. Mit praxisorientierten Tipps gibt sie Lehrern Anleitungen an die Hand, wie sie schwierige Situationen des Schulalltags meistern können. Die Lektüre hilft, das Schulkind mit Autismus besser zu verstehen. Die Autorin hat ihr Standardwerk aktualisiert und beschreibt jetzt auch speziell die Situation hochbegabter Schüler mit Autismus-Spektrum-Störungen.

Auch als E-Book erhältlich.
Leseproben und weitere Informationen: **shop.kohlhammer.de**

2022. 165 Seiten mit 50 Abb. Kart.
€ 29,–
ISBN 978-3-17-039198-7

Familien mit Kindern oder Jugendlichen aus dem Autismus-Spektrum sind im Alltag mit vielfältigen Herausforderungen konfrontiert. Dieses praktische Buch bietet sehr konkrete Hilfestellungen für alle erdenklichen Situationen und Probleme, wie etwa sozialer Umgang, Erziehung, Schule und Lernen, Freizeit, Zeitmanagement u. v. m. Neben fachlichen Hintergrundinformationen bildet eine Sammlung von „Rezepten" den Schwerpunkt des Buchs. Die modellhaften Handlungsabläufe folgen einem bestimmten Erziehungsansatz und sind für junge Menschen im Spektrum besonders geeignet. Die spielerischen Handlungsanleitungen zum Download können individuell angepasst werden und helfen so dabei, gemeinsam den Alltag zu meistern.

Auch als E-Book erhältlich.
Leseproben und weitere Informationen: **shop.kohlhammer.de**

2022. 249 Seiten mit 24 Abb. Kart.
€ 40,–
ISBN 978-3-17-039504-6

Geschichten bieten Stoff zum Reden. Sie lösen Gefühle aus, und sie vermögen die Welt zu erklären, wenn sie eine Verbindung zum Alltagserleben herstellen. Die im Buch versammelten und illustrierten Geschichten geben Kindern mit und ohne Autismus im Vor- und Grundschulalter Beispiele für ein Miteinander ohne Hürden und Berührungsängste. Jede Geschichte beschäftigt sich mit bestimmten Aspekten, die mit der Diagnose Autismus assoziiert werden.
Ziel ist es, Kinder einander näherzubringen und gemeinsame Aktivitäten zu ermöglichen. Die Arbeitsteile des Buches richten sich an familiäre und professionelle erwachsene Bezugspersonen. Sie liefern das Hintergrundwissen zum Gebrauch des Geschichtenbuches und eine Vielzahl an Ideen für Spiele und Aktivitäten, die sich aus den Geschichten ergeben oder ableiten lassen.
Im Anhang des Buches findet sich zu jeder Geschichtenillustration ein ganzseitiges Ausmalbild.

Auch als E-Book erhältlich.
Leseproben und weitere Informationen: **shop.kohlhammer.de**